海派书画领袖

吴昌硕评传

王琪森·著

文匯出版社

吴昌硕（1844 — 1927）

吴昌硕与王一亭

吴昌硕与吴臧龛（右）、河井仙郎（左）

吴昌硕在西泠印社锦带桥

任伯年画酸寒尉像

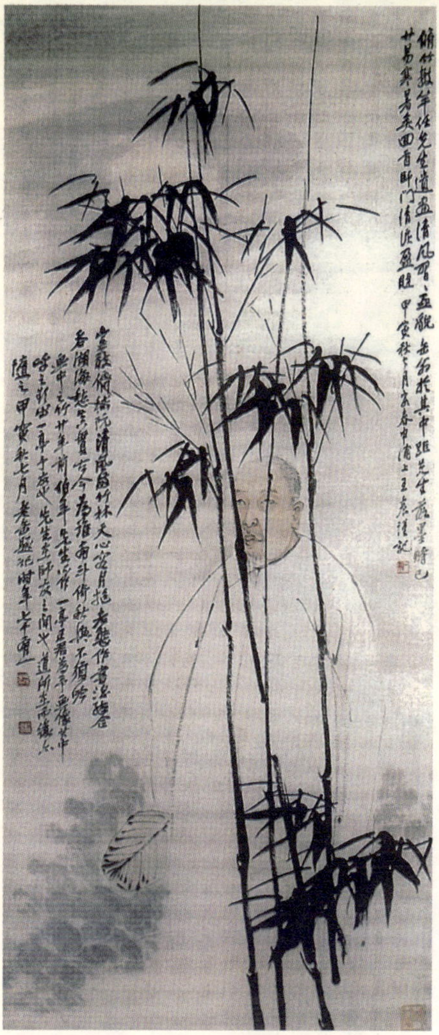

任伯年画竹 王一亭画像 吴昌硕题字

明月前身

缶翁

人生只合驻湖州

西泠印社中人

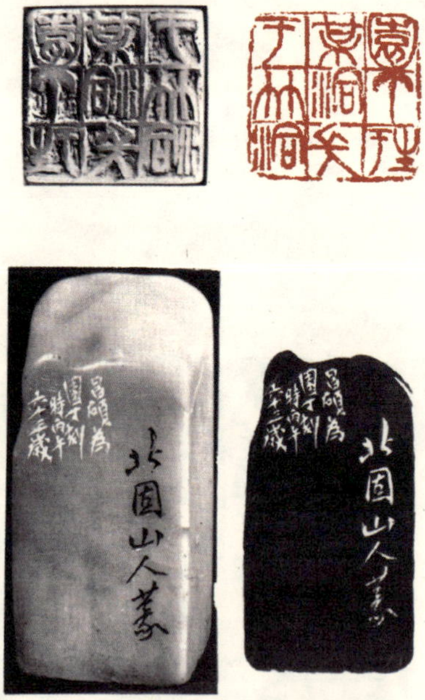

园丁生于梅洞长于竹洞

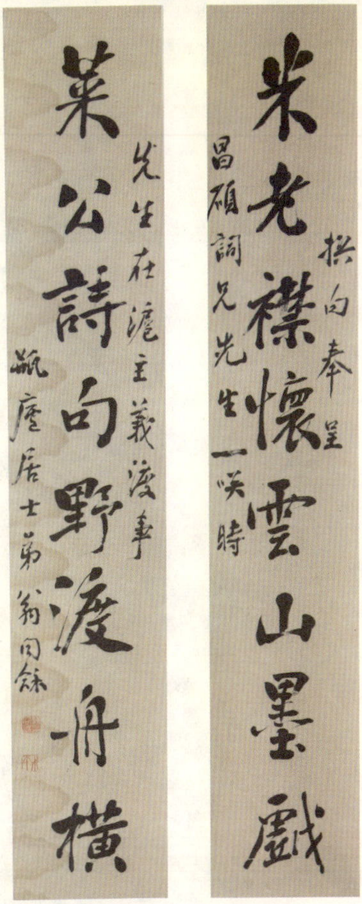

翁同龢赠吴昌硕对联

吴昌硕书法

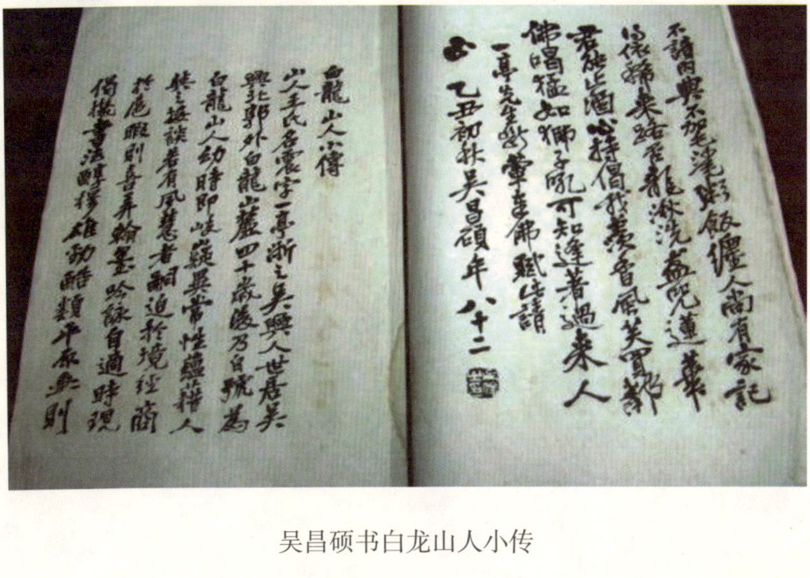

吴昌硕书白龙山人小传

吴昌硕隶书对联

吴昌硕画菊花图

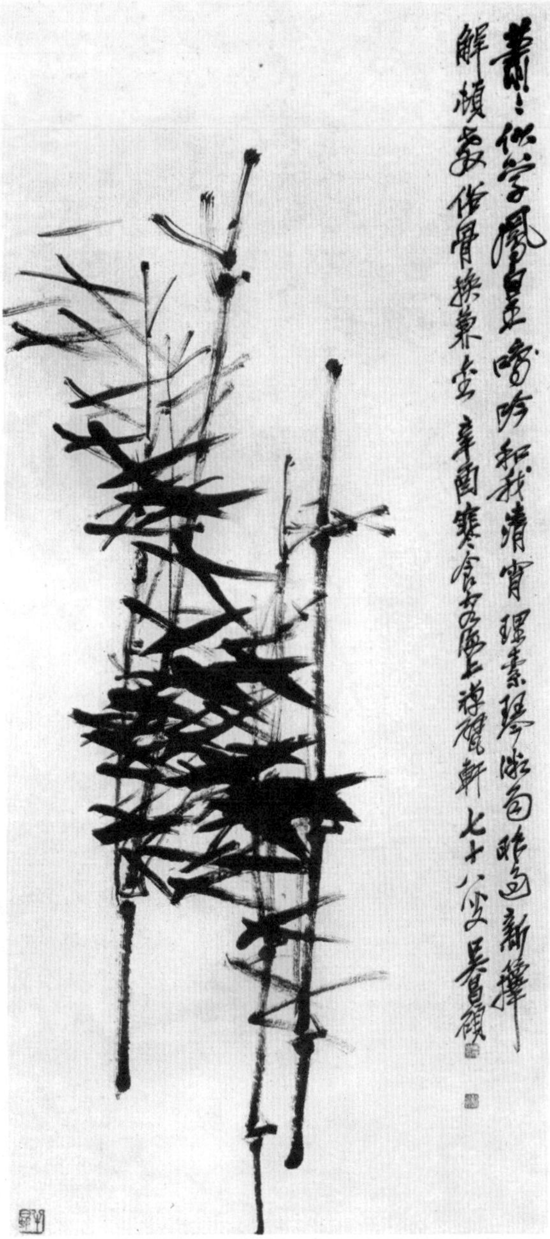

吴昌硕画墨竹

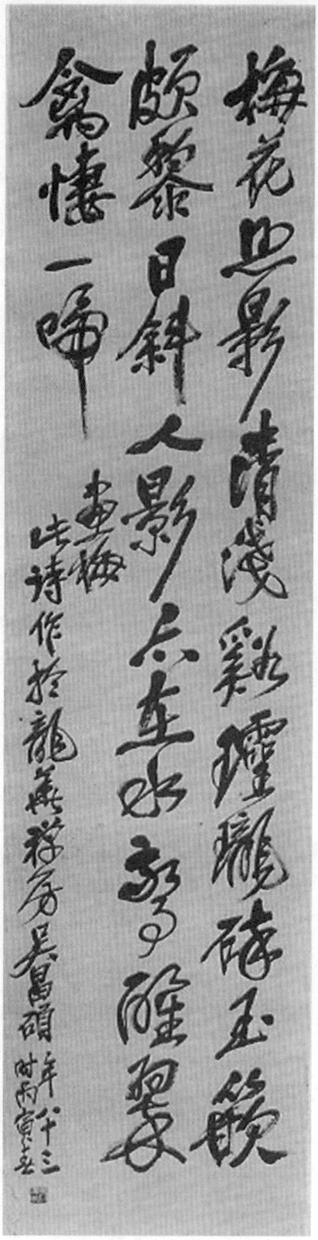

吴昌硕书法

吴昌硕画牡丹

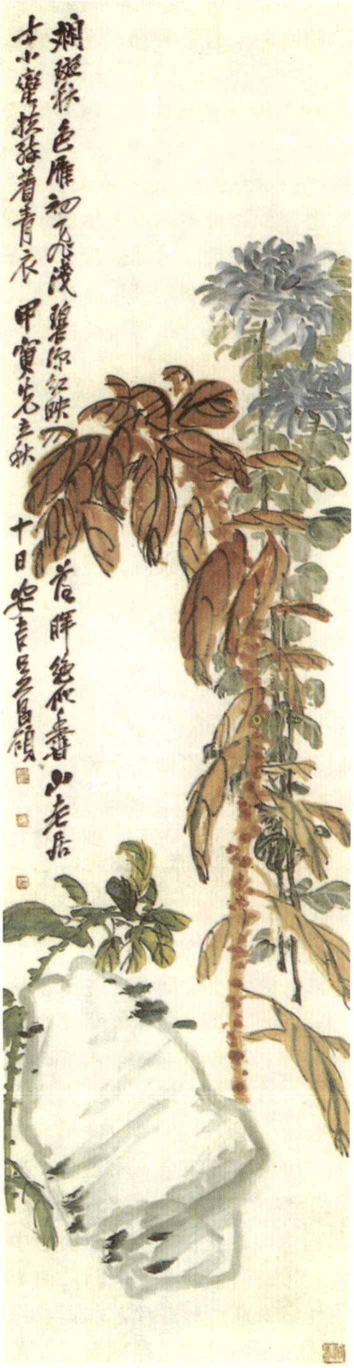

吴昌硕画花卉

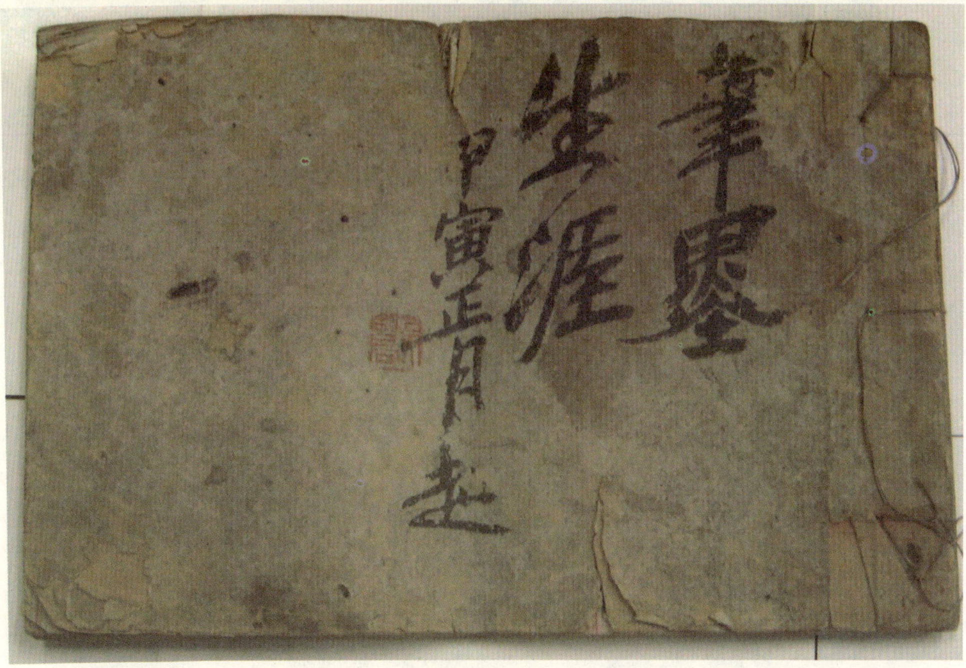

吴昌硕 1914 年笔墨生涯账本

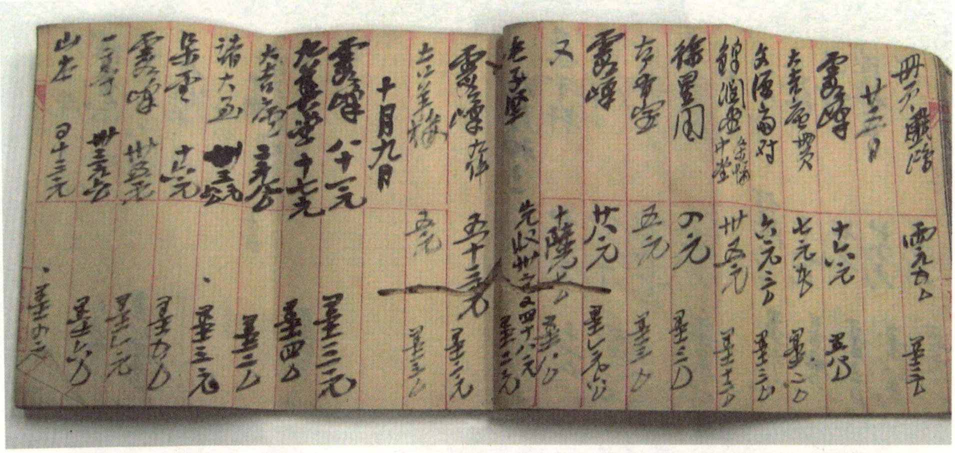

账本细目

作者访问吴昌硕故居

本文作者采访吴昌硕曾孙吴长邺先生

目录

引言

我的著书常态是，确立一个选题后，经过相关的准备及整体的构思，即上手开笔。然而，我撰写此本《海派书画领袖——吴昌硕评传》，却是经过数年的材料准备及相关的考察探访，在开笔前又思考了数月的。我是走向一个平凡朴实而又历经坎坷的画坛大师，一位大道至情而又天才睿智的艺界领袖。

历史地看，一个艺术大师，往往是开创了一种风格或流派；而一位艺界领袖，却往往是开创了一个时代与辉煌。自 1912 年（69 岁）正式定居上海，一直到 1927 年（84 岁）归道山，这十五年间，正是吴昌硕一生中最辉煌、最有建树的时期，从而最终实现了从画坛大师到艺界领袖的华丽转身。应当确认：海派书画艺术正是随着吴昌硕的到来，正式进入了一个精英云集、大师辈出、声望日隆的鼎盛期。

“风波即大道，尘土有至情。”回眸海上艺苑，丹青流芳，翰墨留香，金石传神……

第一章　鄣吴半日村乡愁

浙江安吉鄣吴村是个历史悠久、人杰地灵的古村名镇。它安谧幽然地静卧于竹海苍翠、溪水清碧的山林之间，似有超脱红尘、远离俗世的隐逸之感。吴昌硕的故居就在绿树掩映的村落中间，屋后是峰峦奇秀的金华山，与之遥相对望的是山势逶迤的玉华山。两山呵护的鄣吴村，绿竹摇曳，松柏巍然，空翠蔽日，故而又有"半日邨"之名。故居屋前还有一条清澈的小溪在阳光的映照下泛出碎金般的光泽，水源来自浙北的最高峰天目山麓。依山傍林，两峰相拥，前有活水，可谓风水绝佳之处。清代安吉诗人王显承的《竹枝词》曾写道："行到吴村香雨亭，柳丝斜拂酒旗青。玉华金华双峰峙，流水落花出晚汀。"

迈步进入故居，前是一座古朴斑驳的明代三孔石桥，横跨于半月形的小池上，当地人称"状元桥"，又曰"四进士桥"。据史料载，吴昌硕先祖乃淮安望族吴谨，南宋初年为避战乱而乘舟泛水，卜居在这林密山深的鄣吴古村。吴昌硕在《吴氏列祖诸传》中说："不欲居都会，挐舟泛苕水，曲折寻其源"，及至鄣吴村而"乐其风土，遂家焉"。至明嘉靖年间，吴氏家族曾先后有四人成为进士。这就是《明史》上有名的"父子兄弟四进士"，即吴昌硕的十一、十二代祖吴龙、吴麟、吴维岳、吴维京进士及第，尤其是吴维岳官至尚书之位。由此奠定了吴氏家庭书香门第、簪缨望族的社会地位。至此，鄣吴村也进入了全盛期，粉墙黛瓦的民居鳞次栉比，府第庭院与牌坊祠堂建筑气派，村道小巷纵横交错而人丁兴旺，物产丰富而商贾繁荣。当时的民谣就曾唱道："小小孝丰城，大大鄣吴村。"而今"四进士桥"下潺潺流水，不仅诉说着那远去的辉煌，也洇润着一个家族的人文脉络。

门楣的题匾"吴昌硕故居"为其孙吴长邺所书，笔画遒劲酣畅，颇有缶翁遗韵。故居分为前后二进，第一进为平屋，粉墙木窗，青砖铺地，传导了淳朴的家风。现已辟为"吴昌硕在家乡"的展室，简要地介绍了吴昌硕的家世和简历。右边墙上挂着《吴氏世系图》，墙的左边陈列着“文革”时期出土的“吴氏父子四进士”的墓碑，而那块“吴麟墓志铭”的残碑，则是明代大学士、大书法家文徵明所书，其中隐藏的也许是大师与大师的艺缘文脉及曾经的相约相望。

穿过二道门，便是一个小天井，虽为枣栗之地，但却是吴昌硕童年时的乐园。其后就是三间楼房，系吴昌硕故居的主体建筑。当中是客厅，堂上布置典雅简洁，雕花长案上是一幅《紫藤》，两边是一副对联：诗书画而外复作印人，绝艺飞行全世界；元明清以来及于民国，风流占断百名家。弥散出一派书香之气和儒雅之风。左边是吴辛甲夫妇的卧室，窗外的一束春阳抚摩着一张古老的雕花架子床，泛出岁月的氤氲之气。清道光二十四年八月初一（1844 年 9 月 12 日），这正是金桂飘香、枫叶含丹的仲秋时节，吴昌硕就出生在这张古床上。那几块木纹清晰的床板，是那么荣幸地承载了一代大师的降临。那一声响亮的婴啼，似也宣告了鄣吴古村将走向山外，名闻遐迩。

吴昌硕初名俊、俊卿，字苍石、昌石、昌硕，亦有缶庐、老缶、苦铁、大聋、酸寒尉、破荷亭长等别署。吴昌硕的父亲吴辛甲其时 24 岁，正在为博取功名而寒窗苦读。其母万氏，共生有三子三女，吴昌硕系次子，长子有宾幼时即夭折，三子祥卿及女儿后死于战乱。尽管吴家到吴昌硕的父辈时已家道中落，但诗文传家之风依然相袭，吴昌硕的父亲吴辛甲精于诗文，著有《半日邨诗稿》，同时还喜爱金石篆刻。因此，在二楼吴昌硕简陋的书斋内，笔墨和刻刀相伴，旁边还有一块一尺见方的古砖砚。小昌硕不仅随父亲开蒙识字读书，还跟着父亲捉刀刻印。由于他外貌瘦弱、生性文静，又喜好长时间伏案在方砖上练字或刻印，所以村民们及小伙伴们笑称他为“乡阿姐”。后来，吴昌硕常在他的书画得意之作上，钤有他手刻的“古鄣”印。乡恋，成了他维系终生的思念。乡愁，亦是他相伴一世的情结。

人生，有时会有一种奇妙的地域缘分与独特的人文渊源。吴昌硕出生之地安吉鄣吴村，有着相当悠久的历史。当那一轮“秦时明月”升起时，秦始皇就在这里设立了郡县。其时天目山脉北支称为鄣山，故而郡以山名为“鄣县”。东汉灵帝中平二年（185），鄣县南部另设为县，以《诗经》“安且吉兮”为立意，取名“安吉”。吴昌硕对“安吉”是情有独钟，爱之深切。尤其是晚年，在不少书画作品上均落款为“安吉吴昌硕”。而从安吉那青山秀峰、竹海松涛间流出的一脉苕溪之水，一路奔腾向东汇入鱼米之乡的湖州，再流向千年姑苏城外的太湖，最后汇入“江海之通津，东南之都会”的上海黄浦江。因此，安吉之水，成为上海的母亲河——黄浦江的源头之一。这也似乎预示着这位小名“乡阿姐”的文静少年，日后也将走出这翠谷碧溪的浙北山村，循着苕溪之水，走向湖州、苏州，“去住且随缘”，最终定居于黄浦江畔，在那里开拓出了一片艺术天地。这一切不必去遐想，这是前世今生的约定；也不必去追溯，这是可遇不可求的契合。一个人的生命谱系与人生形态，与一个地方、一座城市是有对应与因果关联的。

“安吉吴昌硕”，是一代大师对赋予其生命之地的敬重，也是对自我身份的确认，更是对父母之邦的皈依。然而，对吴昌硕究竟出生在安吉鄣吴村，还是出生在安吉县城，却是历来众说不一，成为吴昌硕研究之谜之一。当然，随着探寻吴昌硕人生轨迹的深入，在这位颇有传奇色彩又享高寿的大师的一生中，的确存有不少研究之谜。如：他究竟何年定居上海？他与海派书画另一领军人物王一亭究竟是师生关系还是朋友关系？他与日本艺妓叶娘究竟有没有情感纠葛？等等。那么，不妨就从探寻大师的出生地开始。

吴昌硕出生的鄣吴村，在当时还属于孝丰县，即自明弘治元年（1488）直至新中国成立后的 1958 年，都归属于孝丰县。然而，在明弘治元年以前，鄣吴村是归属于安吉县的。再往前追溯，孝丰县亦是从安吉县分出。而吴昌硕的先祖自宋室南渡迁徙到鄣吴村定居时，鄣吴村还属安吉。可见吴昌硕落款“安吉吴昌硕”乃是在籍贯上归宗返祖，对先辈的怀缅、追思与先前的身份认同。

吴昌硕的三子吴东迈在其所著的《艺术大师吴昌硕》（浙江人民出版社，1958 年版）及《吴昌硕》（上海人民美术出版社，1962 年版）中，将吴昌硕的出生之地定为鄣吴村。吴昌硕的嫡孙吴长邺在其所著的《我的祖父吴昌硕》（上海书店出版社，1997 年版）中，亦说：“道光二十四年甲辰（1844），八月初一（9 月 12 日）先生生于浙江安吉县鄣吴村。”

吴昌硕的曾孙吴民先在《古缶庐钩摭四则》（《名家翰墨》1993 年 2 月 37 期）中，则根据其父与吴昌硕的一封信中所谈，认为“吴昌硕出生于安城东街”。安城，即安吉县城东街的读书楼。

一为儿子、嫡孙之说，一为曾孙之说。那么，如何来评判其真实可靠性？吴东迈是侍奉其父吴昌硕终生之人，亦是吴氏艺术的嫡传之人。吴昌硕长子名育，字半仓，天才早熟，十四五岁即能赋诗作文，但 16 岁即夭逝。次子涵，字子茹，号臧堪，工于书画金石，精于鉴赏古物，但亦在 53 岁时去世。家人为安抚已 84 岁的吴昌硕，说其赴日本游历。吴东迈系三子，乳名苏儿，名迈，字东迈，号臧龛。幼承庭训，家学渊源，书画篆刻深得吴门真传。在吴昌硕逝世后，为弘扬吴氏艺术而不惜余力，出巨资创办昌明艺术专科学校，培养青年艺术才俊。新中国成立后，任上海中国画院画师、上海文史研究馆馆员、西泠印社社员、上海书法篆刻研究会会员等，他所撰写的《艺术大师吴昌硕》及《吴昌硕》二书，是相当重要的吴氏研究专著，所披露的也是第一手资料。因此，就吴东迈个人的学养品训及侍奉其父终老这一无人能取代的情况来判断，对于其父出生之地这样重要的问题，他不会自编自造，他肯定会询问其父或听父讲过。可见吴昌硕出生于鄣吴村之说是有依据的。

吴东迈的儿子、吴昌硕的嫡孙吴长邺在《我的祖父吴昌硕》中，也持吴昌硕出生于安吉鄣吴村之说。笔者曾于2007年10月在上海南昌路一条幽静的弄堂内，与吴长邺做过一次有关吴昌硕艺术人生的长谈，其中专门问了吴昌硕出生之地，吴长邺用肯定的语气说是出生在鄣吴村，并讲吴昌硕的童年亦是在鄣吴村度过的。吴昌硕日后为此写下了不少以鄣吴村为题的诗，如《鄣吴村杂诗》之二："高阁动晨眺，愀然闻鸽铃。长风披落叶，秋色散荒坰。树带邮亭古，山浮别县青。数行题墨处，清泪忆趋庭。"趋庭，即是忆念在出生之地聆听父亲教导（《吴昌硕诗集·缶庐诗卷一》，华东师范大学出版社2009年12月版）。又如《鄣吴邨诗梦中作》亦云："玉华峰抱天梯入，石马岭登樵径通。川涌似翻斜谷出，邨虚还坠劫灰中。耕荒叱叱驱晨犊，倚树沙沙落晚虫。秋兴苍凉吟不得，年年棲凤央梧桐。"（《吴昌硕诗集·缶庐诗卷四》）在这首诗中，吴昌硕写下了鄣吴村的山景风情及所遭的劫难，更重要的是写出了他少年时在乡村的"耕读"生活，这是吴昌硕本人对出生地直接的记述和确认的凭证。

吴民先的吴昌硕出生于安吉县城东街之说，仅是听其父吴瑶华之说，并无具体的说明，亦无其他的旁证，而且仅是一封信中所言。其依据可能是当时吴昌硕的祖父吴渊正在安吉县城任古桃书院山长，因而依此类推吴昌硕的父母吴辛甲及万氏也随其祖父同居安吉县城。实际上这是不足为凭的，其理由有七：一是按当地风俗，养育出生应选祖居之地，这可以得到祖上的庇荫与保佑；二是吴昌硕系次子，其兄有宾亦是出生于老屋祖居；三是当时吴昌硕的父亲吴辛甲在准备应试科考，正在安静的鄣吴村中苦读，以避县城的车马之喧与市井之闹；四是在吴昌硕大量的篆刻作品中，有一个相当重要的题材表现，即是出生地情结，从"古鄣"印、"古桃州"印、"半日邨"印、"归仁里民"印直至"小名乡阿姐"印，均系出生地追忆之印；五是吴民先系吴昌硕的曾孙辈，他对吴昌硕出生地之说，怎能和与吴昌硕长期生活过的儿子吴东迈之说的可信度相比；六是即使是晚年的吴昌硕已功成名就，在他出任西泠印社首任社长后，为此所撰写的长联中，也直言不讳地讲："一耕夫来自田间"，而不是"一耕夫来自安城"；七是吴昌硕尽管也刻有数方"安吉吴俊章"、"安吉吴俊卿之章"等，在书画上亦落款"安吉吴俊卿”及“安吉吴昌硕”等。但这仅是指籍贯地，而不是指出生地。笔者曾查看了吴昌硕所有的籍贯印边款，没有一方讲到安城，有的是“擬汉凿印”，有的是刻其自作诗草，而在其出生地之印中，均有深切的情感表达，如“半日邨”边款为：“孝丰鄣吴邨，一名半日村。”“古桃州”一印边款为：“为故乡旧邑名。”尤其是他在定居上海后，在其晚年72岁时，还专门刻了一方“小名乡阿姐”，在其边款上，他深情地怀缅道：“老缶小名乡阿姐，幼时族中父老尝呼之以嬉，今不可复闻矣！追忆刻及。”又如他在“归仁里民”印的边款中云：“归仁，吾鄣吴村里名。亦里仁为美之意。”这些印的边款，都佐证了他对出生地鄣吴村的确认。唯其如此，可以确定吴昌硕的出生地是祖居的鄣吴村，而不是安吉县城东街。

关于吴昌硕究竟是出生于鄣吴村还是出生于安吉县城东街，看似一个出生地之争，而从社会学意义上来讲，吴昌硕究竟是出生于村还是出生于城，其社会化的身份认同及其后来个人化的角色确立是不同的。正因吴昌硕是出生于村而非城，这使他终生保持了乡村草根性，并使他的人生观、价值观、从艺观等深受影响，使他具有了土地般朴实憨厚的胸怀心志和耕耘般勤奋通达的处世从艺。即使他后来已跻身于士大夫的行列，成为海上画坛的领袖人物，但依然怀有乡土意识和乡村情结，并作为一种潜意识影响着他的艺术创作。如他的花卉画常以梅、兰、竹、菊为题材外，还钟情于乡村蔬菜瓜果，如竹笋、南瓜、玉米、青菜、萝卜、桃子、白菜等，并专门刻了一方闲章：“园菜瓜果助米粮。”边款曰：“予居乡时，时涉此境。”他在不少诗文中亦流露了对乡村田园生活的怀念与向往，如《海上上已》中写道：“不如归去饮苕水，老屋破抵兰亭撑。”苕水，即鄣吴村的苕溪。在《舟中书感》中亦感叹曰：“不如归去寻生活，数亩湖田种秫桑。”（《缶庐诗卷四》）在题《墨菜》中深情地诉说：“菜根常咬能救饥，家园寒菜满一畦。如今画菜思故里，馋涎三尺湿透纸。”（《缶庐别存》）即使他在人生的暮年定居海上时，已吃上了昔日曾向往的肉饭，但依然思乡之蔬菜。在题画《菜》中序曰：“山居冬日蚤起，呼童锄把下饭，齿颊清寒，有霜露气。比来海上，买菜佣隔夜以水侵之，大失真味，令人欲不思乡，得乎？花猪肉瘦每登盘，自笑酸寒不耐餐。可惜芜园残雪里，一畦肥菜野风干。”（《缶庐别存》）此种至老不变、老而弥浓的乡愁情感，维系了他整个生命的历程。

第二章　予少操刀好篆刻

鄣吴村的吴氏家庭在明代天顺、成化至嘉靖、万历年间曾门庭显赫，可谓是官宦世族、诗礼传家。但从明末及清之后，却家道中落，境遇清贫，仅是社会底层的耕读人家。

吴昌硕的祖父虽然在清嘉庆年间就为举人，但一直候选，直至年近五十，才遇皇恩浩荡，总算获授截取知县衔这样一个七品芝麻官。吴渊已无意于此，后来改授嘉兴府海盐县管教育的教谕，年届六十即返回故里，在安吉县城的陋巷出任古桃书院山长（安吉县古名桃州，故称古桃州），以传道授业解惑为终老志趣，成为安城的学界耆宿，以《天目山房诗稿》传世。其父吴辛甲，亦系清咸丰辛亥举人，后虽也截取（候选）知县，但无意于仕途，甘为耕读传家，闲暇时寄情于翰墨金石诗文，著有《半日邨诗稿》，但并未付梓。他在一首题画诗中曾写道："故乡有金麓（金华山别称），结庐聊可谋。"可见其乐于乡居，淡泊明志。吴昌硕的母亲万氏也出身书香门第，其外公万人杰系邑例贡生。由此可见，吴昌硕家境并不富裕，但门风清望、青箱家学，使他耳濡目染，自小养成了文静的性格。

道光二十八年戊申（1848），吴昌硕5岁了，每当父亲吴辛甲在看书或写字时，小小年纪的他总会好奇地站在父亲的身边，看上好一阵时间。有时趁父亲不在，他会拿起父亲放在书桌上的毛笔在纸上涂鸦。有时见父亲在摇头晃脑地吟诗，他也扭动着小腰模仿，发出谁也听不懂的"唔唔呀呀"的声音，引得专门从安吉县城来鄣吴村照顾他的老祖母笑得直不起腰。

这一年的秋收过后，吴家院里的菊花开得十分茂盛，在阳光的映照下泛出金灿灿的色泽。宅门外的桂花树上也缀满了一簇簇、一团团黄色的小花，不时散发出馥郁的芳香。村后金华山的万竹丛中，偶尔露出几株高高的枫树，那霜染后的红叶如胭脂般的美艳，把这浙皖相交处的一座幽深宁静的山林，渲染出了酣畅而醉人的秋景。

也就在这一个有些凉意的清晨，母亲特地为小昌硕换上了一套洗干净的衣服，老祖母还在他脑后梳好的细细的小发辫末梢，系上了一根红丝线，随着脑袋的晃动，犹如一只红蝴蝶在上下飞动，显得颇有喜气。对于这一切，小昌硕还似乎懵懵懂懂的。父亲却把他领到二楼他的书房内，在靠窗的地方，放着一张小木桌和一只小板凳。父亲让他坐下后，郑重地拿起桌上的一支笔和一本已卷角的旧书，对他说："从今天起你就要开始识字写字了。""嗯。"小昌硕从父亲手中接过笔，似懂非懂地点了点头，一个乡村幼童的发蒙仪式就是如此简单而直观，但一颗读书种子就在这样一个"霜叶红于二月花"的时节开始萌芽了。

老祖父吴渊尽管在安吉县城担任着书院院长的职务，但对吴昌硕的学习情况也很关心，有时老祖母带着小昌硕到县城去看老祖父时，吴渊总要问问他最近又新学了哪几个字，还一边喝着茶，一边问道："大字上面加一横，是什么字呀？""是天。"小昌硕稚声稚气地答道。"嗯，是天。那天字上加个口是什么字呢？"老祖父又启发性地提示道。"那是，吴。"他扑闪着眼睛，脱口而出。"好！好！大有进步。"吴渊高兴地牵起孙子的小手，"来，我们一起到书院里去兜兜看看。"于是，这一老一小的脚步，踏着书院内琅琅读书声的节拍，从前院走到后院，那浓郁清醇的书香也熏染了一个学童的心灵。

在鄣吴村那条清亮的小溪之上，有一座玲珑的小桥，步过小桥有几间黛瓦粉墙的建筑掩映于南亭子山下的松林翠竹之中，这就是吴氏宗祠。自南宋吴瑾始的历代祖宗神位就陈列在大厅内，按时节进行族祭。门楣上挂着"父子三天官"，"一门四进士"等匾额。当时吴氏的族长由不仕举人、吴昌硕的父亲吴辛甲担任。他时常和族里的长者在这里议事，而在祠堂里设馆办学为家塾，也是在当时颇为流行的。吴氏家塾的名称谓"溪南静室"。其创办人是鄣吴村热心于乡村教育的吴松，奉行的是"吴氏子弟，不论贫富，皆可入学"的乡村宗族教育观。吴昌硕7岁之后，父亲就把他送入了这所吴氏家塾就读，一方面让小昌硕从小受到传统家塾亲情化的启蒙教育，另一方面也是让他融入同龄小乡亲的群体，从小培养一种家族亲情意识。从此以后，尽管吴昌硕已功成名就，蜚声中外，但他的乡民本真与乡情本色至老愈加厚重。

他在《自题小像》二首中，以极富诗情画意的笔墨，描绘了那段纯真而静好的童年时光："别墅下溪南，绕屋种松树。秋空巢鹤归，明月照山路。下有读书堂，是我旧吟处。离居十七载，乡社鼠狐兔。桃州今小住，屋近桃花渡。锄梅引春气，种菊待秋暮。安得移灵根，南轩养风露。"（《缶庐诗集卷一》）在53岁时，他还专门刻了"溪南老人"之印，以纪念他儿时的读书郎生活。他晚年还乡探亲时，专门走过村前的小桥，来到当年的溪南静室寻寻觅觅，并在家塾门口石坊上以苍劲而凝重的笔触题写了“溪南静室”四字。尤其是在年届七十还乡时乘月明星稀之夜来到“溪南静室”前漫步，并以深情的笔调写道：“青天笠戴归斜谷，野屋月明来故人。”（《缶庐诗补遗·溪南闲步》）从“溪南静室”到“溪南老人”，从“下有读书堂”到“南轩养风露”，这段家族私塾的孩提启蒙时段，维系了一位大师漫长的人生记忆，也由此基本奠定了他一生好学不倦的性格。

旧时传统的农耕教育大致是三个阶段，儿童一般是由父辈在家进行最初的破蒙，随之入家族私塾启蒙，然后入乡村私塾开蒙，这样才算是完成了孩提时代的初级教育，与之相应的是在这个破蒙、启蒙、开蒙的过程中，对孩子进行忠、孝、节、义及礼、仪、廉、耻的思想灌输、道德培养和意识影响，从而进行最初的人格塑造和人文认知。对于这种传统的幼教模式，究竟如何来评判？现在人们常说的不要输在人生起跑线上的理念，在当时似乎还未曾考虑，《幼学琼林》、《三字经》、《千字文》、《弟子规》这些幼教读物，凸显出的是对孩子性情的陶冶和文化的开蒙。只要看日后吴昌硕人品的温良恭俭让及艺品的博雅雄健正，就可解读到当年这种幼教的底子与铺垫。

咸丰三年癸丑（1853），吴昌硕10岁了，他结束了在“溪南静室”家塾的学习，父亲把他送至邻村的私塾继续读书。这家私塾有一定的规模，教学也比较规范，因而在当地乡间颇得人们的推崇。只是私塾离鄣吴村较远，往返有十多里路，而且这里本来就是山区，岭高峰险，道路崎岖。尤其是下雨刮风，更是相当艰辛。但身体单薄、个子也显得矮小的吴昌硕却从未缺课。从春雨秋霜到冬雪夏暑，在那条逶迤起伏的山道上，一个小小读书郎的身影成了一道穿越四季的风景。“先生（10岁）至邻村学塾就读。离家虽远，而能风雨无阻，苦学不倦。”（吴长邺《我的祖父吴昌硕》）吴昌硕的学习相当勤奋、刻苦，凡是先生布置的作业、要求背诵的诗文，他都按时完成。上学的路途虽然要翻山越岭，但他可以和大自然亲密地接触。春天山花烂漫，夏天蝉叫蛙鸣，秋天层林尽染，冬天银装素裹，这一切都为他日后成为一名丹青高手提供了视觉形态的记忆和色彩组合的印象。而这种求学的跋涉，不仅使他走出了鄣吴古村，开阔了视野，为他日后游艺生涯作了最初的引导，而且正是这段幼时艰苦的求学历练，培养了他坚忍不拔的性格和知难而进的意志。

吴昌硕晚年的入室弟子王个簃曾说过：“人谓先生书过于画，诗过于书，篆刻过于诗，德性尤过于篆刻，盖有五绝焉。”吴昌硕的人品德性与高风亮节，除了世传口碑外，他在书、画、印、诗方面亦取得了全方位的突破，这使他具有了担当艺界巨擘的资质和海派领袖的能力。然而，在吴昌硕所涉足的诸艺中，应当讲金石篆刻是发轫开山，是他的童子功之艺，这也形成了他独特的从艺结构。

在《西泠印社记》中，吴昌硕曾深情地缅怀道："予少好篆刻，自少至老与印不一日离。"他与印结下终身之缘，应当讲是受到父亲吴辛甲的影响与鼓励。吴辛甲虽然获得了科举功名，但他无意于仕途官场，却寄意于诗词，尤喜好铁笔之功的金石篆刻，这也许是当时金石学兴盛的社会背景使然。而浙江又是中国篆刻的重镇，杭州的西泠印派更是大师名家辈出。从清代中期乾隆、嘉庆年间之后，丁敬、蒋仁、黄易、奚冈、陈豫钟、陈鸿寿等人崛起于印坛，有力地推动了篆刻艺术的整体性发展，因而在当时文人间的社会风气是"人人篆籀、个个操刀"。吴辛甲每当操刀刻印时，年幼的吴昌硕总是在一旁颇有兴趣地观看。但篆刻需要一定的文化根基及相应的体力、腕力支撑，因而待吴昌硕长到 14 岁时，吴辛甲才正式教其篆印操刀。

篆刻之艺，先篆后刻。吴昌硕先是将父亲写好的印稿描摹到印上，然后再操刀刻石。当他第一次将刻好的印章"吴俊卿"钤盖在纸上后，望着鲜若桃花的印花，他颇有成就感，还拿给老祖母去看，高兴而自豪地说："我也有自己的图章了。"为了提高印艺，他还在父亲的指导下，临刻当时印坛上影响最大的两大流派印，如浙派领军丁敬、蒋仁、黄易等，皖派的邓石如、吴熙载等。当时他在私塾中就读，书箧里常带着印石与刻刀，稍有闲暇，就埋头奏刀。他用的刻刀是用大铁钉改磨而成，印章石则大部分就地取材，从溪边河滩的石头中挑选，有时兴趣上来时，则在旧砖破瓦上操刀，从而练就了他过人的腕力与指力。吴昌硕篆刻日后的雄浑老辣、酣畅刚健从中可见最初的端倪。而父亲给的、仅有的二三方石章，经他反复刻磨后，已成了石片。正因为他对篆刻情有独钟，痴迷有加，开始影响到学业。在科举唯上、推崇功名的时代，读书取仕毕竟是大道，私塾的先生见他不如初上私塾时那么认真，甚至有些懈怠功课，就对他进行批评责备，不该主次不分，甚至禁止他带石带刀来私塾。但是他在家中，依然乐此不疲地篆印走刀，开明的父亲也支持他继续攻习印艺，从而深深地奠定了他诸艺之首——印学的根基。应当感谢其父吴辛甲先生，正是他的尽力支持，为未来的中国金石篆刻艺坛培养了一代宗师。

吴昌硕为篆刻付出了血的代价。14 岁那年年底，因刻印时间太长，再加上天气已冷，手僵眼倦，不慎将刀滑出印面切入左手无名指，顿时血流不止，指甲也脱落了。由于山村无医无药，致使无名指烂去了半截。后来，吴昌硕每当谈及早年学印之事，都要举起秃指，以示自己学印致残的艰苦经历。虽其如此，他还带仿刻印，更加用功努力，印技日进，遂得门径。吴辛甲看后，益加鼓励。

当我们在对一位艺术大师进行整体的研究时，常常要寻找其主体的从艺精神，由此及彼，登堂入奥。而作为吴昌硕主体的入世从艺形式，无疑是金石精神。而追溯这种精神的渊源，即“予少好篆刻”所孕育。他更是把金石精神自觉地渗透进了自己的从艺追求及相关的姊妹艺术——书法、绘画、诗文之中，这真是一种应当加以深入研究的文化现象。历史地看，篆刻家——在更高层次上又称金石家，因篆刻所用的文字大都来自青铜、钟鼎、彝器、石刻、碑碣等，故明代印学家朱简在《印经》中指出：“碑鼓所遗，鼎彝所识，惟金石是则。爰契以蕃，分隶代兴，惟金石是证，作渊源。”即金石资源成为篆刻最初的文字及雕刻技艺资源。所以，金石成为篆刻的别称或雅称，而后在发展历程中又由审美及理念演变进化为一种金石精神，即内蕴着无坚不摧、坚忍不拔、砥砺意志的指向。最著名的就是《荀子·劝学》中的“锲而不舍，金石可镂”，金石与锲刻天人合一、物我相应，从而打造了中国特有的民族精神的一种范式：金石精神。由此联想到：任何一种艺术样式或是文化图式，也许都没有像篆刻印章这样直观地展现和尊贵地体现人生的物化形态与精神内涵。一方印章，就是一个生命个体的印证。一方闲章，就是一种思想理念的彰显。由此，我们才解读了金石精神与民族精神的一种同质化的内涵与对应性的外延。

吴昌硕的艺术生涯，恰恰是以金石为发端，而后在他一生漫长的从艺生涯中，他始终高扬起金石精神的大旗，由此铸造了自己那种坚韧的性格、奋进的意识和高迈的精神。同时，他还把这种金石精神融会贯通在书画诗文领域，从而取得了全方位的突破。这对于清末民初的艺坛，具有精神层面与艺术层面双重的引导意义，从而形成了那种雄浑郁勃、豪放刚健的艺术审美新走向。这在当时那种颓废萎靡、积弱积弊的社会背景中，无疑具有强烈的国民精神震撼作用和鲜明的民族情感振奋效应。

第三章　贡院乡试捉入泮

从咸丰三年癸丑年（1853）10 岁，至咸丰八年戊午年（1858）15 岁的六年间，吴昌硕是在私塾中度过的，他从一个束发蒙童成了一个少年学子。这六年传统而正规的私塾教育，使他在文化基础和人文认知上都有了扎实的基础。虽然家境并不富裕，但在父母及老祖母的主持下，日子过得还算平静安逸，粗茶淡饭亦能温饱。

吴昌硕的父亲吴辛甲不仅颇有艺术造诣，工于金石篆刻，而且他平时以诗言志，以诗抒怀，常常是自己面对清风明月浅唱低诵，或是对春花秋月吟哦觅句。吴昌硕自然是深受熏陶，就像喜爱篆刻那样喜爱作诗。尽管他最早所作的诗已无从查考，但从他最早的诗集《红木瓜馆初草》中，可以看到他最初涉足诗坛的留痕。从中亦可见吴辛甲对吴昌硕的人生之途与从艺之路的两大影响：一为金石篆刻，一为以诗为友，忝为诗人行列。而吴昌硕对自己诗人的角色也是十分看重的。他后来所写的大量的诗作，具有浓郁的生活气息和独特的风骨气韵。

作为耕读人家本色，吴昌硕在 12 岁时，就时常跟着父亲吴辛甲到村口的农田里干活了，从春播到秋收，脸朝黄土背朝天，田间劳作的辛苦是可想而知的。少年吴昌硕虽然不是身强力壮，那单薄的身影在广袤的田野中越发显得瘦小，可他从不叫苦叫累，表现得很有意志力。当时离农田不远处有一座龙安寺，旁有一处茂密的松林及一条清澈的小溪，景色很是明丽。每当田间休息时，吴昌硕就来到林下溪边洗洗脸，喝上几口有些甘甜的溪水。近小溪处还有一个水潭，潭上建有一座玲珑的小亭，那是吴昌硕的第 14 世祖南山翁（名松）所建，因年代久远已很破旧，但亭内的石桌石凳还在。吴昌硕喜欢在亭内休息片刻，有时还取出书来读上一会儿。正是这样在乡间田野的耕作，使他建立了深厚的劳动观和淳朴的乡土情，不但明白了盘中之餐，粒粒皆辛苦，而且直接接触到了民间生活的地气，产生了耕耘意识，即使日后成了天下名社西泠印社的首任社长，以一代书画领袖名满天下时，依然没有忘本，坦诚自信地称自己为“一耕夫”。

从吴昌硕的出生及以后的十多年间看，他的生活空间还是局促在这个闭塞的鄣吴村一隅，当时风云变幻的社会大环境还未影响到这个山水相依、松竹相映的偏远古村落。但一个人的命运和一个时代的命运是分不开的，终究会在这个时代的长河中浮沉。而这种历史的因缘和时代的命运，离吴昌硕已越来越近。吴昌硕之所以成为一个时代的艺界领袖和巅峰性人物，是时代、社会、命运、性格使然。

在吴昌硕出生前四年，1840 年，震惊中外的鸦片战争爆发了。这个闭关锁国、关起门来自称“天朝上国”的大清帝国，至此已是国防空虚、军备废弛、政治腐败、民不聊生，因而在洋人的坚船利炮前是不堪一击，清王朝岌岌可危。1842 年 8 月 4 日，英国军舰长驱直入南京下关江面，并从燕子矶登陆，六朝古都南京已在英军的炮口之下。8 月 29 日，在英军旗舰“康华丽”号上，清朝钦差大臣耆英与英军代表璞鼎查签订了丧权辱国的《南京条约》。一纸条约，拉开了中国近代史的开端，中国由此开始沦为半殖民地半封建社会。

作为《南京条约》中的第二款内容是：“开放广州、厦门、福州、宁波、上海为通商口岸，允许英国人在通商口岸设驻领事馆。”也就在《南京条约》签订后的第二年，即 1843 年 11 月 8 日，英国首任驻沪领事巴富尔率领一个代表团来到上海，这个曾在印度马德拉斯陆战队服役的上尉军官，当他踏上黄浦江畔的土地时，才 34 岁。但凭借着殖民统治的经验和办事效率，他来到上海的第一天就和上海道台宫慕久商谈开埠事宜。面对这种城下之盟，宫道台也只能做些无奈的技术性商榷。于是，殖民野心驱使下的巴富尔，于 14 日就发出公告：“上海将于本月 17 日正式开为商埠，所有条约规定各项，均于该日发生效力。”于是，1843 年 11 月 17 日，正式镌刻进了上海的历史，是日为上海开埠日。

开埠后，不少英国商人纷至沓来，如怡和洋行、和记洋行、仁记洋行等都在上海租地经营。随着英商租地量的增加扩大，引发了各种社会矛盾。1845 年 11 月 29 日，巴富尔和宫慕久商定签署了《上海土地章程》，确定将洋泾浜（今延安东路）以北，李家庄（今北京东路外滩处）以西作为英国居留地，即租界的正式建立。其后在 1848 年、1849 年，美国、法国亦相继建立了自己的租界。如后来上海公共租界的主干道就是为了纪念《南京条约》的签订及上海开埠而被命名为南京路。

上海开埠后，特别是在 19 世纪末至 20 世纪初，已成为中国及至东南亚最大城市。随着商品贸易的展开，银行金融业的崛起，工业投资的兴盛及国外生活方式的引进等，上海已被誉为“东南之都会，江海之通津”，从而为来自各地的书画、金石家们（主要是来自江浙地区）构建了一个充满希望与活力的大平台。最直接的佐证是张鸣珂在《寒松阁谈艺琐录·卷六》中曾说：“当时的上海，自海禁一开，贸易之盛，无过上海一隅。而以砚田为生者，亦皆于而来，侨居卖画，公寿、伯年最为杰出。”海上画坛的兴盛，海上画家的声望，海上画界的活跃，这对吴昌硕有极大的影响力和感召力，使他与这座城市结下了不解之缘。尽管吴昌硕走向上海的步履是坎坷而漫长的，但最终在年近七十之际定居于海上，从而为这座城市增添了艺术的风采，创造了一个时代的辉煌。没有上海所提供的创作条件、人文环境、经济基础及推介辅佐，吴昌硕也许不会成为海派书画的大师与领袖。而上海如果没有吴昌硕的到来，也许不会成为海派书画艺术的领军之地及大师之门。

对吴昌硕人生产生重大影响的，还有太平天国运动。道光三十年庚戌（1850），吴昌硕 7 岁，此年 11 月 4 日，远在广西金田村的洪秀全、杨秀清、萧朝贵、冯云山、韦昌辉、石达开等集结了 2 万多人，正式揭竿而起，宣布起义，建号太平天国。由此拉开了长达 14 年、纵横 18 省的与清廷血与火的生死交战。咸丰三年癸丑（1851），吴昌硕 10 岁。此年的 1 月，洪秀全在攻克武昌后，按照“专意金陵，据为根本”的战略决策，率军号称 50 万，船 1 万多艘，沿江而下，连续占领九江、安庆、芜湖等沿江城市，兵锋直逼江南重镇江宁（南京），遂发动了规模甚大的江宁之役，江上大炮轰鸣，岸上杀声震天。3 月 19 日，太平天国的旗帜插上了六朝古都的城头。于是，洪秀全定都金陵，在此登基，黄袍加身，号称天京。清廷深为惊恐震动，在太平天国定都后不久，即派钦差大臣向荣率万余将卒在天京城东建立江南大营，派钦差大臣琦善率万余将卒在扬州外围建立了江北大营。自此，太平天国与清廷的战争规模日趋扩大，激烈程度也日趋严酷。大江南北均开辟成为战场，不少地方被炮火摧毁，成了一片废墟。老百姓流离失所，生灵涂炭，死伤无数，即使是偏远的山乡鄣吴村也难以幸免。这种厄运已开始逼近还在私塾求学、并为功名而努力的青年吴昌硕。

咸丰九年己未（1859），吴昌硕已 16 岁，虽然一身布衣，但举止文雅，彬彬有礼。按山村的风俗，到了这个年纪是应当择女办婚了，况且吴昌硕又是家中长子，给吴氏延续香火更是重大之事。因而在父母之命、媒妁之言下，和邻近过山村的章氏订了婚。尽管是传统的包办，但章氏秀美的外貌、文静的性格和温柔的举止，使吴昌硕对她也颇生情愫。由于是订婚待聘，因而吴昌硕与章氏似乎没有花前月下的浪漫和卿卿我我的缠绵，只是在逢年过节时见见面，拜望双方的父母，但他们的心还是相通的。这只要看吴昌硕日后对章氏刻骨铭心的思念，就可解读到这种爱之深、情之切。

咸丰十年庚申（1860），吴昌硕 17 岁，已是到了谋取功名的年龄。吴昌硕对此显得并不急迫，身为学子的他，心怀深深的艺术情结，对于仕途还有些朦胧。而孝丰县的学官却十分卖力地催着他去孝丰县报名参加府试，因为他毕竟出身书香门第，“一门四进士”的荣耀还未被人忘记。另一方面，由于太平天国与清廷的战争，江南江北不少省份已数年不能按常规举行科举之试，而使清廷感到尴尬的是，太平天国的“长毛”们却在攻下的省份中开科取士网罗人才。于是，咸丰皇帝在内忧外患中想到了朝廷在这方面的被动，千万别断了读书人的仕途梦，这可是危及朝廷之事，从而下旨特开恩科考试。

吴昌硕在还未做好充分的应试准备的情况下，仓促进入了县贡院的考场。这就是吴昌硕在日后诗中所写的“未精帖括捉入泮”，清代称考中秀才的人为“入泮”。当吴昌硕手拿毛笔、墨盒进入搜身检查、气氛森严的考场时，望着那些神情紧张的学子，尤其是那些上了年纪的老考生忐忑的面容，他却显得不是十分紧张，反正是今年既不中，明年再来吧。也许是家学渊源、学业扎实，也许是临场发挥甚好，吴昌硕竟然在众多考生中脱颖而出。在贡院圜形的发榜单前，人头攒动，他个子不高，只能挤到前面去看。当他擦着额头上的汗，细看榜单时，“吴俊卿”三字一下跃入他的眼帘。

亲属、友人、乡亲们纷纷到吴昌硕的家中祝贺道喜，老屋中洋溢着热闹的气氛。一位留着长须的老者对吴辛甲拱手道：“可喜可贺呀，公子金榜题名，头试即中，可是光宗耀祖的大好事，前程不可估量也。”昔日也曾入泮，但至今未仕的吴辛甲却颇为平静，拱手还礼道：“多谢！多谢！乡阿姐中了秀才，乃是祖上的庇荫，乡贤的关照！日后嘛，还得看他自己的造化。”吴辛甲作为有一定见识的读书人，对这个末世封建王朝衰败的乱象还是有所了解的。入泮，看来也未必能改变这个家族及儿子个人的命运。况且他也听说了山外清廷和“长毛”打得昏天黑地，鄣吴村里，也时常有三三两两逃难的人群走过，这都是乱世中的不祥之兆，虽说如今是长子入泮的喜庆日子，但他心中难免有种莫名的担忧。

对于吴昌硕的入泮中秀才，在以往的研究者中有不同的看法，有的认为吴昌硕延误了考试日期，因此没有进入考场应试，有的认为考试是参加了，但是否金榜题名不得而知，因为考后不久还未发榜，“洪杨之乱”的战火就烧到了这里，秀才名籍等原始资料均被毁，故吴昌硕是否入泮，没有实证。但据笔者考证，吴昌硕是按时应试并中秀才的，这可以以印为证，以诗为凭。

吴昌硕在咸丰十年庚申（1860）应试入泮后，随即遇到了太平军与清军在他家乡的交战，秀才名籍亦被毁。五年后的同治四年乙丑（1865），太平天国运动已于前一年失败、这年同治皇帝重开恩科，县贡院再开乡试。此时的吴昌硕已22岁，他经过五年离乱后，对此已心灰意冷，不想应考。但他的恩师潘芝畦极其爱才，他觉得吴昌硕不应弃试而自断仕途，就此埋没于乡间。于是几乎是硬拉着他的弟子去赴乡试的。结果发榜时，吴昌硕列名贡生。五年前咸丰的秀才，如今却变成了同治的贡生，这真是颇有调侃意义的。然而，在“万般皆下品，唯有读书高”的科举时代，入泮毕竟是学子们人生的一个重大事件，从而形成了一个特有的科举仪式：即入泮后的一个甲子，那些当年金榜题名的学子需重返贡院，再游泮池，并行簪花之礼，重开鹿鸣之宴，以谢皇恩浩荡，以显仕途荣耀，以证科举至尊。

然而，吴昌硕却相当清醒地把“重游泮水”之日，择定在77岁时的庚申年（1920），此年离他入泮的咸丰八年（1860），正好一个甲子轮回。如以同治四年才算正式入泮论，那么他的“重游泮水”之日，应该是乙丑年（1925）。特别需要指出的是，吴昌硕在76岁时，就为次年的“重游泮水”之日做了准备，先是秉笔赋诗，作了两首《重游泮水》诗，其一为：“秀才乙丑补庚申，天日回头梦已陈。诗逸鹿鸣芹且赋，年增马齿谷为神。县瓢饮择涓涓水，乞米书成盎盎春。珍重吴刚频历劫，可怜孤负月前身。”其二为：“皇皇群仪当中兴，大隐冯谁识子陵。饮泮介眉今眠昔，凌霜晞发我非僧。华风黯淡栖穷鸟，海色苍茫徙大鹏。畦菜�（嫩）黄池满绿，技衰倔强一枝藤。”（《缶庐诗卷第八》）这二首诗中，汇聚着这位老人太多的人生回忆和沧桑变迁。后来，他又精心刻了一方“重游泮水”朱文印，并将《重游泮水》诗全部刻于四面边款。并在最后感叹道：“前尘忽忽，不知老之将至也。七十六叟缶翁。”似乎是为了再次强调，或是为了再次纪念自己的庚申入泮，吴昌硕在78岁那年又奏刀镌刻了一方朱文大印：“同治童生咸丰秀才”，其边款谓：“予生不辰，于咸丰十年庚申，随侍先君子避洪杨之难，流离转徙，学殖荒落。同治四年乙丑乱靖，广文潘芝畦师，强曳之应试，乃入学，予赋《重游泮水》诗云：‘秀才乙丑补庚申’，记其实也。”由此可见，吴昌硕在庚申年乡试入泮，应是铁定之事。后因“学殖”即秀才名籍“荒落”才在乙丑年再去应试，也就是吴昌硕所自嘲的“秀才乙丑补庚申”。

第四章　逃难生涯悲凄惶

吴昌硕是在咸丰十年庚申（1860）的早春二月入贡院乡试中秀才的，当亲友们的贺喜声还未散去，太平军与清军鏖战的炮火已轰鸣在这偏远的山村，将这个新科秀才，正准备完婚的年轻学子，一下子抛入了苦难的深渊。这似乎是命中注定要让这位未来的大师承受大悲苦的煎熬和大劫难的考验，然后才可能凤凰涅槃，观大自在。

1853年，洪秀全定都南京之后，就成了清廷的心腹大患，清廷随即建立了江南大营及江北大营，以遏制阻碍及不断攻击太平军。1854年2月，燕王秦日纲北渡瓜洲，4月攻破江北大营。翼王石达开则率师从江西前线赶回，6月攻破江南大营，自此解了天京之围。但1856年8月太平天国发生了自相残杀的“内讧”，即“天京事变”，使太平天国遭受了重创，军事形势发生了极大的逆转，武汉、九江失守，湖北、江西的占领区大部分丢失。此时的洪秀全不得不起用了李秀成、陈玉成等一批优秀的青年将领，才使急速恶化的局面有所控制。1860年初，清军江南大营再次发起攻击，合围天京，石头城下刀光剑影，炮火纷飞。为解天京之危，忠王李秀成、侍王李世贤迅速做出决定，采取“围魏救赵”之策。2月初，李世贤攻陷安徽广德，出界碑由安吉北上。而李秀成则经皖南入浙江，攻占江南名城杭州。由于形势的严峻，解天京之危已迫在眉睫，因而战争打得异常惨烈。再加上鄣吴村一带均系山乡，山高路陡，地势复杂，因而太平军与清军处于你争我夺的拉锯战状态。原本粉墙黛瓦的山村民居在交战中变成断壁残垣，原本阡陌纵横的田野在战火中成为一片焦土。

在战乱中，最苦最无助的往往是平民百姓。吴昌硕在他的《庚申纪事》中以纪实性的笔调写道：“遍地戈矛起，于今竟莫逃。……昏黑见烽火，腥红认战袍。邻封沦陷尽，谁与建旌旄。……杀气腾昏晓，隆隆战鼓声。百里阵云开，长驱大队来。红中挥战毒，白日蔽尘埃。一炬尽焦土，几家沉劫灰。何方堪避地，有路是泉台。”(《缶庐诗卷一》)吴昌硕和自己的父亲、祖母、母亲、弟弟、妹妹及已订婚的章氏（因战乱危急，章家将已出聘的女儿送到了吴家）一起加入了仓皇出逃的人群，一路上挨饥受冻，风餐露宿，再加上乱兵的骚扰抢劫、烧杀掳掠，可谓历尽艰险。逃荒初期带出去的粮食，没过多久就所剩无几，只得将观音土掺入少得可怜的米中一锅煮，吃后更是腹胀如鼓。同行的难民中就有因为吃了过量的观音土而活活胀死的。这也就是吴昌硕在诗中所写的“纵饭亦充泥”(《庚申纪事》)。

就在踏上逃难之路不久，在离鄣吴村十多里的石苍坞，突然遭遇一支烧杀掠抢的乱兵。吴昌硕一家马上钻入石苍坞的深山沟壑的石洞中，才侥幸脱险。但随之是粮袋见了底，全家处于断饮之中，吴昌硕及弟妹也饿得奄奄一息，全家坐以待毙。住在附近的乡亲们见此情景，拿了一些地瓜接济了他们，才从死亡线上把他们拉了回来。为了不忘这段生死之劫，吴昌硕以后取“苍石”为号铭记终生。由于祖母、母亲及章氏都缠脚，行动甚是不便，更可怕的是，传言太平军对那些在清廷担任官职的人一律称“妖”，而吴昌硕的父亲吴辛甲原是截取知县，即候补知县，虽不仕务农，但终究是有官名的，因而更是提心吊胆、担惊受怕，于是，吴家商量决定，让吴辛甲带着大儿子吴昌硕远走他乡，而吴昌硕的祖母、母亲、章氏及弟妹，就在孝丰、安吉一带避难。

被战火洗劫的山村乡野，到处是废墟瓦砾及伏尸骷髅。吴昌硕和父亲一路漂泊亡命，他们逃难的线路是想从安吉走向安徽。由于连日的惊吓、饥饿及疲于奔命，本来就身体瘦弱的吴昌硕已是筋疲力尽。于是，他们只得先在孝丰皇路村稍作歇息以喘口气。此时已是“草木摇落露为霜”的季节，秋风萧瑟之处，黄叶飘零，乌鸦鼓噪，哀鸿遍野。据路过的难民讲，有一队清军正朝这里赶，以夹击正在这一带作战的太平军。看来此处马上也要变为鏖战之地。吴昌硕和父亲只能继续踏上逃难之路，在九月九日那天到达了黄茅冈乡。

这一天正是传统的重阳节，民间有敬老、登高、赏菊、喝菊花酒、吃重阳糕、插茱萸、簪菊花、放鹞子等习俗。然而吴昌硕一家在逃难亡命的路上，食不果腹，衣不蔽体，居无定所，何来此种雅兴和口福。本来自然界此时也应是金桂飘香、枫叶含丹、菊花争艳的时节，但被战火纷飞所席卷横扫，被游兵散勇所践踏蹂躏，眼前的秋景是一片衰败，无限凄凉。战乱中的生命贱如草芥，逃亡中的生活仅是苟延残喘而已。吴昌硕依稀记得儿时父亲在重阳这一天要他背白居易的《重阳席上赋白菊》:“满园花菊郁金黄，中有孤丛色似霜。还似今朝歌酒席，白头翁入少年场。”如今自己已是青年，还算是中了秀才，但却身陷如此困境。此间，有乡民带来口信，说是老祖母已卧病在床，母亲也惶恐不安，于是，父子俩只得再返回。而父亲为了替老祖母求医抓药，冒着生命危险到正在交战的龟山场去求医。吴昌硕自己由于长期饥饿缺乏食盐，浑身乏力，得了乡村俗称的“软脚病”。但吴昌硕毕竟还是有意志力的，他带着妹妹到山谷间去采摘野菜，捡拾橡栗，以填饥肠。由于爬上爬下，他的额头上已渗出了汗珠，他用破衣的袖口擦了一下，抬头看到蓝天下一群排成人字形的大雁正在向南飞翔，山外的世界又将是怎样一番情景？一阵山风吹来，他紧了紧单薄的衣服，感觉到了明显的寒意。此时，太阳已经偏西，他赶紧带着妹妹沿着陡峭的山路回去。这一年的九月九，从此深深地嵌入了他的人生记忆。后来，他在一首《忆昔》的诗中翔实地写道：“忆昔避贼黄茅冈，重阳无酒天为霜。骷髅满眼大道旁，登高唯见斜阳黄。是时厉气乘秋凉，大母卧病六尺床。我父乞药龟山场，我母侍侧眠不遑。一灯挂壁秋无光，西风入屋鸣枯肠。软脚病我神凄惶，日拾橡栗难盈筐。有妹有妹相偕行，余生十载尤忽忙……”(《缶庐诗卷第二》)

父亲和吴昌硕将家事稍作安顿后，又挥泪和家人告别，吴昌硕走了两步又返身回来，拉着章氏的手叮咛她：年迈的老祖母、体弱多病的母亲及两个弟妹全由你来照顾了。章氏哽咽着点了点头，吴昌硕此时可真有些于心不忍了，他怎能将这副重担让比他还年轻的柔弱的妻子来挑呀！在一旁的母亲万氏看到吴昌硕犹豫的神情，忙催他赶快走吧，你可是“秀才”之身，也是“妖”啊！

当吴昌硕和父亲再度踏上逃难之途不久，有一天夜晚，他们还在山间一道沟壑纵横的路上蹒跚行走，突然后面的队伍骚动了起来，紧接着就是一队人叫马嘶的乱军冲来，他们一边挥刀在难民中乱砍乱杀，一边掠夺财物。难民四处乱窜，刚才还拉着自己手的父亲，倏忽间不见了人影。吴昌硕边喊边向前走去，横在眼前的是一条水流湍急的大溪。他还在踮起脚尖寻找父亲时，几个挥刀骑马的乱军汉子向他杀来，因为他手中提着一个蓝布包裹。危急之中，一位壮实的老农猛地将他拉进河边的芦苇丛中，吴昌硕本来就有软脚病，一下子进入河水中，双脚已摇摇晃晃，无法站立。老农只得背起他涉水而过大溪。吴昌硕一拐一拐地来到了老农的草屋。望着这位年轻的后生四肢浮肿，面如土灰，老农知道这是久未进食盐而致。于是这位心存善良的老农取出了家藏的珍贵食盐，拌入野菜糊中让吴昌硕喝下。两三天后，吴昌硕的浮肿消退了很多，人也可以站立行走了，吴昌硕又一次和死神擦肩而过。这就是他在《庚辛纪事》中所写的：“夜贼何方至，逢人但举刀。哭声殷风雨，乱走剧波涛。入谷愁无路，攀崖恐未高。桃源更何处，偃卧且蓬蒿。”

应当感谢这位无名的老农，是他在乱军的刀下救下了吴昌硕，又是他以珍贵的食盐挽救了吴昌硕的生命，否则的话，一代大师难逃此劫难，中国艺术史、特别是海派艺术史将改写。

战乱中的时光惨淡而惊恐。转眼到了1861年的小除夕，前一天正在一宋姓农家挑柴担水打杂工的吴昌硕听逃难的一位乡亲说在孝丰东乡的半山地，见到了他的父亲吴辛甲。于是，吴昌硕立即冒着凛冽的寒风前去寻父。这一路上冰天雪地，满目凄凉，甚至连平时鼓噪的乌鸦和乱窜的野狗都藏匿了起来，天地间似乎没有一丝生命的气息。

日暮时分，吴昌硕来到了半山地，在一低矮窝棚内，见到了一位蜷缩在乱草铺上的老人，尽管胡子拉碴、面容枯槁，但定神一看，正是朝思暮想的父亲呀！而此时的吴昌硕也是面黄肌瘦，衣衫褴褛，形如乞丐。当父子四目相对时，劫后重逢的眼泪一下涌了出来。长途的行走，又是冷又是饿，吴昌硕一下子瘫倒在地上。父亲急忙从破瓮中取出一些野果，让儿子充饥。“辛酉小除夕，半山随大人。饥分猿食果，险与鬼为邻。”(《缶庐诗卷第二》) 吴昌硕以朴实而悲憾的笔调，记录了当时的场景。

在承受了寒冬的煎熬后，春天的脚步还是顽强地叩醒了大地。柳树枝头爆出了嫩芽，一簇簇的桃花已含苞待发，山崖沟溪边也开出了一片片金灿灿的迎春花。同治元年壬戌（1862）的三月，由于清军与太平军的交战处于相持阶段，山乡得到了短暂的平静安宁。在外逃难的人们思家心切，纷纷踏上了回乡之途。

当吴昌硕和父亲走进鄣吴村时，昔日粉墙黛瓦、翠竹掩映、曲径通幽的古村，已是一片断壁残垣、瓦砾遍地、蔓草遮道。推开自家那扇已破损的木门，眼前的景象令人心碎。母亲万氏躺在床上正在呻吟，吴昌硕的弟弟和妹妹正在一只缺口的铁锅中捞着几根稀疏的野菜。

已没有了痛哭流涕的力气，全家人只是相拥在一起以泪洗面，千言万语不知从何说起。吴昌硕突然好像想起了什么，用眼睛急切地在已家徒四壁的屋内寻找。母亲一下子明白了，十分悲伤地告诉他，自从他们父子俩走后不久，年迈的老祖母就在疾病与饥饿中走了。全家全靠年轻而贤惠的章氏支撑着，由于长期劳累及有病在身，就在他们父子回家前的十多天，章氏也离世了。由于家无分文，无法以棺木收殓。因此，只能掩埋于庭园中的桂树下。

听完了母亲的讲述，吴昌硕真是伤心欲绝，从小对他疼爱有加的老祖母没了，那么年轻而清纯的未婚妻也弃他而去了，他和她虽没有行夫妻之实，但章氏的善解人意和温顺贤淑，使吴昌硕已对她一往情深。尤其是母亲还哽咽地对他说道，章氏临终前，拉着她的手托其告知吴昌硕要他保重身体，来年努力进取。一个多么有情有义的女子。听到这里，吴昌硕一下子冲出屋子，跌跌撞撞地来到桂树下，手抚树干，泪如雨下。在以后漫长的岁月中，章氏的面容身影时常出现在吴昌硕的梦中，这种深切的相思之情，浓烈的缱绻之意伴随了他的一生。

连年战乱，致使生灵涂炭、田地荒芜、民不聊生。吴昌硕一家虽然团聚了，但春荒又向他们袭来。饥饿逼得人们连树皮草根都吃光了，紧接着可怕的瘟疫又向乡民们催命，每家每户几乎都有人死去。面对如此严酷的现实，父母经过商量，决定还是让 19 岁的吴昌硕外出逃荒及躲避瘟灾，以确保吴家能留下根脉。吴昌硕望着病中的母亲、饿得皮包骨头的父亲及两个年幼的弟妹，不忍心一个人独自离去。“我不出去逃荒，咱们要死死在一起。”他为已染病发热的弟弟祥卿喂了一口水后，对父母恳切地说道。父亲吴辛甲用相当凝重的眼神望着他，语重心长地讲：“儿呀，不是父母逼你外出，眼前的情景实在太吓人了，我要留下来照顾你娘及弟妹，让你走是为了保全吴家的一条根呀！你应当懂这个道理！”躺在病床上的母亲，用颤抖的手指了指屋外，喃喃地说道：“走吧！走到外面去也许还能讨条活路！”吴昌硕却用左右手紧紧地搂着自己的弟弟和妹妹，正想张口说什么，此刻，却从屋外传来了一片哭泣和干嚎声，原来是又有饿死或是得瘟疫死的乡亲被送到村外的石坞去掩埋。死亡的阴影似乎在这鄣吴村的每一个角落弥散，人的生命显得那么脆弱和无助。

就这样，年仅 19 岁的吴昌硕又背起了简单的行囊，踏上了村外尘土飞扬的古道，开始了他第二次的逃荒躲疫的流浪生活。他先是逃往安徽广德一带，途中睡山洞石沟，住猪舍牛棚，实在饿得不行时，还曾沿途乞讨，乃至捡吃别人扔掉的剩菜残渣。支撑他的唯一信念就是不为自己，也要为父母活下去。这种悲惨的流浪生活，使他经受了非常人所能承受的大苦大难，从而对他的心灵进行了一次炼狱般的考验，对他的人格进行了一次涅槃式的锻造，使他变得异常顽强坚毅和忍让和善。虽然他也算是书香门第出身，好在他年幼时就家道中落，一边读书一边随父在田间劳作，对农事杂活还算拿得起。因此，他在安徽、湖北等地流浪时，曾为别人打零工、干农活、担柴薪、挑水桶。在寄人篱下、温饱难保的情况下，他依然不忘却读书和学业，时常不顾一天的劳作之累，夜晚借着主人家微弱的灯光翻阅诗书，并注意收集因战乱而被人丢弃的古书旧籍。他在一方印的边款上曾刻道：“吴昌硕于壬戌岁难中所得书。”

壬戌年，正值吴昌硕 19 岁，这正是人的一生中最美好浪漫的青春期，而他却是在漂泊异乡，出卖苦力，孤独寂寞中度过的。他的这种人生经历。似乎正是对应了孟子的人生模式：“故天将降大任于斯人也，必先苦其心志，劳其筋骨，饿其体肤，空乏其身。”我曾惊叹吴昌硕在艺术上的锲而不舍、执着追求，感叹他在处世上的豁达通融、宽厚和睦，赞叹他在慈善上的大爱无疆、慈悲为怀。因为他经历了那么多的苦难辛酸和生离死别，从而使他在性格积淀与心理构成上，为日后成为一代大师和艺坛领袖作了超前的奠基和精神的洗礼，乃至其功成名就后还直言不讳地说：“担薪汲水一佣工。”这种社会身份的自认和人生角色的自定，不仅反映了他终生不变的平民意识，更是凸显了他一生尊崇的感恩情怀。

第五章　明月前身忆章氏

同治三年甲子（1864）三月，浙江巡抚左宗棠率部攻陷杭州，浙江全省基本为清廷所控，而由曾国荃所率的湘军已逐一攻占天京城外的各军事要点，天京已成了一座孤城。李秀成急速赶回天京，请洪秀全“让城别走”，却遭拒绝。6月，在湘军攻城的炮声中，洪秀全病逝。7月19日，湘军以集中的炮火轰塌了天京太平门城墙，天京终于沦陷，由此标志着太平天国的失败。

这一年的中秋前夕，流浪在异乡两年多的吴昌硕从湖北归来。先是在孝丰会同了也漂泊在外的父亲一起还乡。原来在1861年春吴昌硕被迫二度逃荒走后不久，弟弟祥卿就因疫病死去，母亲万氏的病体拖到立秋后也咽了气。由于无钱料理后事，只能破席一卷埋到石坞。不久，可怜的小妹也死于饥饿。吴氏一家七口仅剩他们父子二人。日后，吴昌硕用无限凄凉的笔触以诗记曰：“无棺埋石坞，有妹哭山头。”“有弟死疫妹死饥。”吴氏家族的悲剧，也是整个“庚申之难”的缩影。原先被称为“大大鄣吴村”内，共有村民达4000多人，而经过数年的战乱后，仅剩7户吴姓人家，全村生还者仅25人。正如吴昌硕在《别芜园》诗中所说：“亡者四千人，生存二十五。骨肉剩零星，流离我心苦。”(《缶庐诗卷第一》)

经过这场浩劫后的鄣吴村，已是一片焦土瓦砾、荒烟乱草、衰败萧瑟。中秋之夜，本是合家团圆、赏月吃饼的美好时光，可是如今唯有父子两人在茕然的月光下，相视落泪，无限悲憾。第二天，他们父子准备了几副最简陋的薄板棺木，携带了锄头铁铲，先是来到了石坞，将母亲的遗骨收殓入棺，然后又回到杂草没膝的自家庭园的桂树下，下锄挖掘章氏的尸骨，父子俩挖了好久，终未见遗骸。吴昌硕在桂树四周徘徊了一圈又一圈，潸然泪下。正如他诗中所云：“乱后百事废，埋骨先所务。携锄劈榛莽，形迹了无遇。泪下声复吞，徘徊空四顾。”歇了一会儿，他不顾自己手中血泡正在流血，又要举锄再挖，在一旁的父亲拉住了他：“儿啊，可能你母亲记错了地方，也可能章氏年轻骨嫩已化入泥土，就让她和泥土融合在一起吧。”

听了父亲的话后，吴昌硕一下子趴在土堆前，用手紧抓着泥土，声泪俱下。那新挖出的泥土湿湿的，润润的，这可是融入章氏生命的泥土啊。“问世间，情为何物，直教生死相许。”此时此刻，他也才真正理解了这诗句的内蕴。在后来的岁月中，章氏作为他的原配夫人，一直在他的心中占有相当独特的地位。日有所思，夜有所梦。吴昌硕时常会在梦中与章氏相逢。“夜来幽梦忽还乡。小轩窗，正梳妆、相顾无言，惟有泪千行。料得年年断肠处，明月夜，短松冈。”东坡当年追悼亡妻的词境，使他感同身受。

“元配章氏，同邑过山人，难中病殁，仓卒埋桂树下，乱定发之，不得其骨，伤哉。光绪十年甲申九月晦夜，苏州寓中忽梦见之。”这是已 41 岁的吴昌硕在光绪十年甲申（1884）的一个秋夜，在苏州夜梦章氏后情思涌动、感叹不已，写下了催人泪下的五言叙事长诗《感梦》，而上面这段话即是长诗小序，“秋眠怀旧事，吴天不肯曙，微响动精爽，寒叶落无数。……相见不疑梦，旧时此荆布。别来千万语，含意苦难诉。我昔避贼难，从父止皇路（孝丰旧名）。奉母赖汝贤，山野同去住。壬戌贼东下，我归三月暮。墙屋一无恙，旧物云烟付。劫火烧不尽，中庭桂之树。我母为我言，是汝葬身处。……”吴昌硕用诗史的纪实笔墨展示战乱劫难中章氏奉母的贤惠及悲剧性的命运。在诗的结尾处，他情真意切地倾诉道：“汝言我长佩，汝德我长慕。他年招魂葬，同穴傍祖墓。黄泉无自悲，百岁犹旦暮。”（《缶庐诗卷第二》）是呵，他和她虽有夫妻之名，而无同床共枕，但他告慰她在黄泉不必自悲，百年后他会和她同穴而葬。百年的时光犹如一朝一暮那样瞬间而去，这可是地老天荒、上穷碧落下黄泉的爱情承诺。

半个多世纪过去了，宣统二年己酉（1909），已 66 岁的吴昌硕居住在千年古城姑苏。江南三月，莺飞草长，桃红柳绿。在一个花香馥郁的仲春之夜，吴昌硕又梦见了章氏，其音容笑貌是那么清晰，章氏袅袅婷婷地身穿长裙，似在妩媚多情地回眸，那高耸的发髻、婀娜的身姿、清丽的气质，尽显贤淑之美。就这样，吴昌硕对章氏的深爱在穿越了近 50 年的时光后，依然那么浓烈真挚而如日之新。为此，已是篆刻大家的吴昌硕以印诉情，以刀记梦，精心刻制了一方造像朱文印“明月前身”，在印的一侧以极简练生动的线条为章氏造像，形神俱佳而意蕴盎然，并以魏碑造像书体镌琢朱文边款：“元配章夫人梦中示形，刻此作造像观。老缶记。”“明月前身”，语出晚唐司空图的《诗品·洗练篇》“流水今日，明月前身。”颇有人生的沧桑感和岁月的怀旧情，而吴昌硕之寓意，则表达了他对章氏这种终生不渝的爱情。从五言长诗《感梦》的怀念到朱文造像印“明月前身”，再到 1932 年吴昌硕迁葬于余杭县塘栖超山西麓时，将原配章氏灵主及继配施氏合葬于此。吴昌硕作为一代艺术大师，用一生承诺践行了对一位山村女子的挚爱，堪称为中国艺术史上不朽的爱情经典。

在承受着家破人亡巨大悲痛的同时，吴昌硕面对的生存环境又相当严酷，老屋已墙倒壁塌，难以遮挡风雨。偌大的鄣吴村已是人影稀疏，十室九空。田野已化作焦土，杂草丛生。在友人的劝导下，吴辛甲和吴昌硕只得以惆怅而伤感的心情，含泪离开满目疮痍、衰败萧条的鄣吴村，迁徙到三十多里地外的安吉县城，开始新的生活。

吴昌硕和他的父亲落脚在县城东面偏北的桃花渡畔，他们先是盖起了相当简陋窄小、仅能容膝的小小茅屋，借以安身立命。吴氏父子毕竟家学渊源，且又有诗人气质，为此，陋室起名为“朴巢”与“篆云楼”。然后在荒烟蔓草、野鼠出没的土地上除草剔石，挥汗开垦出了一片不大的田地，在上面种植蔬菜瓜果。在解决了最基本的生存问题后，父子俩又在屋前开出了半亩大的园子，移植了安吉特多的翠竹，引种了兰花、梅花，栽下了芭蕉、菊花及藤本的葫芦等，从而使这里展现了一片青芜郁勃的生机，弥散出温馨宜人而雅致明丽的田园风光。因此，吴昌硕将此园名为“芜园”，另外还隐寓着一种他在逃难中以芜青（又称大头菜）充饥的忆念，并自号“芜青亭长”，还将自己的居室名为“饭芜青室主人”。“芜园”虽小而贫，但在经受了那么长久的离乱和悲惨的境遇后，这里总算成了吴氏父子可以休养生息、安愈创伤的“朴巢”。从此，“芜园”、“芜青亭长”、“饭芜青室主人”走进了他的诗书画印，维系了他一生的创作题材，如《芜园梦中作》云：“东邻西邻携酒壶，南枝北枝号葫芦。绿竹满庭自医俗，青芜作饭谁索租。眠展蕉阴叶叶大，坐听簷雨声声粗。”（《缶庐诗卷第二》）在题《兰竹图》中他亦无限眷恋地写道：“拂云修竹势千尺，绕砌幽兰香四时，此时芜园旧风景，几时归去费相思。”而在长诗《芜园图自题》中他亦以细腻而深情的笔调追忆了在芜园的生活经历，最后表露心迹为：“何日抛微禄，永作芜园长。岁寒以为期，赋诗作息壤。”

第六章　芜园春秋师友情

切莫要小看这景色朴茂野逸、条件艰苦简陋的芜园，这对年轻的吴昌硕来讲，是他凤凰涅槃之地，也是他亲手打造的一块真正属于他的精神家园，在此奠定了他一生的根基与日后的辉煌。因此，芜园对吴昌硕来讲，具有里程碑的意义。而对中国艺术史来讲，芜园亦是一块圣地。可惜的是芜园后来在日军发动的侵华战争中毁于兵燹，遗址上仅有界石一块，伴着春光秋色、清风明月，“芜园只有寒芜菁”，展示着一位艺术大师曾经的青春岁月。

在芜园的日子里，吴氏父子的生活尽管是清贫而拮据的，但环境却颇为安静清逸，生计也有了最低的保障，粗茶淡饭，自给自足。于是，吴昌硕开始了真正的耕读生活与艺事追求。平日里，除了种地灌园外，他就沉湎于读书及金石书画。不久，父亲吴辛甲在乡亲们的介绍下娶了继室杨氏，重组了家庭。杨氏是安吉孝丰人，时年30多岁，她的丈夫及孩子也不幸死于逃难途中，两个天涯苦命人生活在一起，安抚着曾经的创伤。杨氏为人忠厚纯朴，和善勤劳，对吴氏父子多有照顾，尤其是十分关心吴昌硕瘦弱的身体，对他的学业及从艺也颇支持，视同己出。而吴昌硕也心怀感恩，认其如亲生母亲，竭尽孝道，以后迁居到苏州、上海等地，总将杨氏带在身边，并为她求医问药，赡养终身。他在《芜园图自题》(《缶庐诗卷第二》)的叙事诗中，专门写到对杨氏的情感：“故乡虽未远，易地心尤伤。丘垄望不见，四山云茫茫。生我母云亡，抚我母尤瘁。”意谓从鄣吴村迁安吉，路虽不远，但离开故乡总有伤感。生母已逝，继母抚养他亦很尽力。吴家的两个大男人，在苦心经营芜园的同时，有了继母杨氏的加盟，使“朴巢”更增添了家的温暖。

转眼春去秋来，芜园的菊花开得金灿灿时，安吉县举办了恩科乡试，即在同治四年乙丑（1865）补考咸丰庚申（1860）科的秀才，吴昌硕在老师潘芝畦的再三催促下，又一次进入了安城的贡院应试，从唱名、搜身到进入号房开笔应试，吴昌硕以顺其自然的心态从容应对，由于平时学业扎实，即使在战乱逃难的途中，他也利用一切时间看书钻研，因而又一次金榜题名。一场大的动乱刚过去，百废待兴，这种所谓的恩科乡试不过是粉饰太平，并无多大的实际意义。好在吴昌硕对这个功名也不在意，依然是在芜园中，“锄梅引春气，种菊待秋暮”，并且“愿为陇亩民，潜修足自给”。

如果说磨难是人生的财富，痛苦是精神的熔炉，那么吴昌硕似乎有些过早乃至过量地承受了这一切，这对他日后精神的铸造、心志的磨砺、性格的形成产生了重大的影响。而在芜园的四年多时间里，正是他青春期中最成熟、最具活力的时期，况且安城又是当时整个安吉县的文化中心，他在这里拜师交友、书画雅集、金石鉴赏、诗文唱和，初步形成了他求学问艺的第一个师友群体及打造了他书画金石的第一个发展阶梯。

综观吴昌硕的一生，他十分注重师友之情与艺坛之交，这就是中国传统文人所推崇的“书画缘，金石契”。而在芜园期间，吴昌硕所敬重的师长首先是潘芝畦，他对吴昌硕来讲是起着精神导师与从艺引路的作用。潘芝畦系浙江海宁峡石镇人，初名喜陶，字子馀，又署芝畦、紫畦，号燕池。他为人纯朴真诚，随和潇洒。颇有文学造诣，工于诗文，曾和吴辛甲雅兴唱和。亦擅长绘画，尤善画墨梅，气势郁勃、飞白酣畅，高古清逸。虽才华横溢，但却不为朝廷所重，郁郁不得志，仅任孝丰邑校官。他虽然深厌功名，常以酒浇愁，于醉中寻欢，但他深知功名对于一个读书人，特别是像吴昌硕这样有志于学的年轻人之重要。因此，当他一听到恩科乡试将举行时，马上要吴昌硕去应试。但吴不感兴趣，无意于此，后在他几乎是强迫性的力推下，吴昌硕才应试中了秀才，得补庚申博士弟子员，出于潘芝畦之门，于是才有了“秀才乙丑补庚申”的轶事，虽然这个“同治童生，咸丰秀才”并没有什么实际仕途意义，但无可否认的是毕竟为吴昌硕的个人履历增添了资质，同时亦为他的社会身份增添了一些名声。

吴昌硕对这位潘先生是很守弟子礼的，潘喜好喝酒，吴力所能及地在芜园以清酒蔬果相待。正是在无拘无束的对饮中，潘先生给他讲诗文、授艺理、谈人生，对吴昌硕起着思想启蒙的作用。而吴昌硕的朴实、勤奋、睿智，使这位先生也颇器重并看好这位弟子。他时常趁着酒兴，给吴昌硕挥毫泼墨画梅。由于潘的梅花是继承了汤贻芬的风格，因而常以飞白笔法扫画梅花枝干。吴昌硕也效此笔路，画梅干善以飞白扫之，他 36 岁时所画的梅花册页，就颇有潘氏飞白画风（现藏于杭州西泠印社）。潘芝畦教会了吴昌硕画梅，而且更是陶冶了他的性格情操，使他产生了深厚的梅花情结，他自称“苦铁道人梅知己，对花写照是长枝”。

画梅、咏梅，从此成了他一生的笔墨功课，诗文吟咏。小小的芜园中，也栽有三十多棵梅花，他时常和老师一起踏雪赏梅，闻香观梅，对梅写照，兴致盎然。日后他在一首梅花题画诗中深情地回忆道："芜园梅树北庄移，半亩荒凉有所思。画稿依稀犹记得，疏烟古雪闭门时。"（《缶庐别存》）

潘芝畦生性耿直、洁身自好，因而不为官场所容，只得流寓在浙东、浙西，江湖飘零，却依然不改一生傲骨，后移居于西子湖畔。光绪元年乙亥（1875）七月，32岁的吴昌硕赴杭州，专程去拜望潘芝畦，只见恩师已发须染霜、面容憔悴，家中亦是一贫如洗、四壁萧然。吴昌硕见之不禁潸然泪下，伤感不已。他掏钱去买了一些酒菜，与先生对饮畅叙，似乎是暂时忘却了先生的落魄。酒后，师生俩依然兴致颇浓。吴昌硕请先生写梅数枝，潘兴酣落墨，梅枝虬劲，疏影横斜，冷香飞上诗句。先生悉知学生近年来篆刻技艺日进，遂命其刻印一方留念。吴昌硕即刻就了"善陶之印"，边款曰："古桃吴俊篆。乙亥秋七月。"吴以"古桃"地名落款是别有深意的。当年芜园所在的安吉县城，其形如桃子，古称"桃州"、"桃城"。吴昌硕在诗中也曾写过："桃州今小住，屋近桃花渡。"可见，他以"古桃"为款，寓意着对先生的感恩之情。潘芝畦见印后，自是十分喜欢，随即在他画的梅花图上钤盖。

杭州一别后，这对师生各自为五斗米奔走，鱼雁数载不通，但对双方的思念却依然留存心间。多年后，吴昌硕在苏州为佐贰小吏时，忽然收到已告老还乡的先生潘芝畦的来信，关切地询问吴昌硕的境遇。吴昌硕手捧先生来鸿，感慨无限，便以诗答之，倾吐小吏的辛酸、从艺的艰辛及对恩师的情感，从"薄官如游民，浮家累妻孥"到"读书万卷愁，凿石双手痛。那知刻画能，深入贫贱涂"，再到"吾师旅食宽，叹息门下孤。容髩感苍凉，心血愁雕枯。来书赠我言，自苦何为乎"。

吴昌硕的一生除了主要致力于书画金石外，用功甚勤、下力甚多的就是写诗。他一生所写的诗构成了他个人和那个时代的诗史，真实生动而细腻全面地展示了一代艺术大师和画坛领袖的从艺探索和人生历程。可以这样讲，吴昌硕本质上是位诗翁，他是以诗性精神来从艺的，从而在他的书画金石中能迸发出如此巨大的创造力和如此睿智的创新性。吴昌硕的好友沈曾植在《缶庐集》序中写道："翁顾自喜于诗，惟余亦以为翁书画奇气发于诗，篆刻朴古自金文，其结构之华离杳渺，抑未尝无资于诗者也。"他的诗文字朴实，情感真挚，气势酣畅，立意清逸，语境丰约，内蕴深邃，深得杜工部遗韵和同光体的风尚。吴昌硕一生所作的叙事诗、感怀诗、记游诗、题画诗、赠友诗等，构成了清末民初诗坛一道独特的风景。他的《缶庐诗》(八卷)、《缶庐别存》一卷诗集，影响深远。他的学生，日后也成为一代大师的潘天寿在《回忆吴昌硕先生》一文中，也说道："昌硕先生无论在诗文、书画、治印各方面，均以不蹈袭前人，独立成家为鹄的。"从年轻时的吟咏赋诗到垂暮之年84岁的谢世，六十多年来，他几乎是无一日离诗，但是他的书画金石名声太大，其诗名似乎是被其所遮了。

"老缶诗笔健举。"这是民国初年学者汪辟疆在《光宣诗坛点将录》中对吴昌硕诗的评价。吴昌硕一生诗文的功底，无疑是在芜园奠定的，而授其诗法的，即是安吉人氏施旭臣，名浴升，又字紫明。施有着精深而全面的文学造诣，其文以唐宋八大家中的欧阳修、韩愈、柳宗元为师，其诗则广采博取，上窥汉魏、六朝古风，下探唐宋元诸家，别具一格而气韵清雅。施常与吴在芜园漫步时，即兴出题请吴作诗，以锻炼吴的诗思敏捷。吴学诗也颇勤奋，时有新作，也必请施指教改削，甚有得益、再加上吴氏本身是诗礼传家，其父吴辛甲亦是位诗人，所以吴昌硕的诗咏水准提高很快。施旭臣后来在为吴昌硕的《缶庐诗》集审定及作序时云："吾友吴子仓硕，性孤峭，有才未遇，以薄尉待次吴下，其胸中郁勃不平之气，一皆发之于诗，尝曰'吾诗自道性情，不知为异，又恶知同'。……兴至揣笔，输泻胸臆，电激雷震，倏忽晦明，浩月在天，秋江千里，至忱深思。跃然简编。"(《缶庐集》序)也许是惺惺相惜，施自己的性格也十分孤峭，不谙世故，五次乡试均名落孙山，为世俗社会所排斥，终生不得志。

吴昌硕后来负笈西子湖畔，投于经学大师俞樾门下，从其学小学、训诂，其时施旭臣亦在诂经精舍求学，遂与吴又成同门。因此，他们情在师友间，久而弥笃。自杭州一别后，施旭臣从此浪迹各地，又贫病交加。其时吴昌硕客居苏州，施每到苏州就医时，常与吴相聚，把酒论艺话旧。在《缶庐诗卷第二》中就有《紫明先生就医苏州话旧》："天地叶飞初，憐君过敝庐，吟怀因病减，高性爱人疏。湖海气无敌，菰芦发不梳。青灯还照影，故态莫教除。"后施赴京游，不幸病逝于行旅中。吴得悉后泪沾诗笺，作《哭紫明先生》长古三首："悲哉金石躯，一朝殉浮名。"(《缶庐集卷第二》)

在芜园的师友群体中，还有两位对吴昌硕的影响颇大，一是朱正初，一是钱铁梅。朱正初，字旭楼，号六泉山人。安吉人，同治举人。工于书法，颇得晋唐风韵，亦精于诗文，构思严谨，笔调工致，著有《山居杂咏》。他是吴昌硕的师友施旭臣向吴推荐为友的。原来朱曾参加太平军，任石达开的幕僚，后脱离了太平军回到安吉县城老家，为躲避追杀，来到地处安城的冷僻之地芜园，与吴昌硕甚为契合。朱时常与吴共同诗酒唱和、文缘相投。如吴早年的《立冬即景》诗的小跋中就云："六泉吟丈以立冬二字命题属诗，聊书即景以应，即求和章。"芜园的日子虽然清贫，仅是烟云供养、蔬果填腹，但吴和朱却诗画相娱，笔墨对应。吴昌硕画梅撇兰后，朱正初即兴题诗作跋。吴对朱那种孤傲清正的性格亦十分敬佩，日后他忆及和六泉山人在芜园共守的那段日子，深感心灵上的自由和精神上的畅达："人世何妨狂是醒，不如归去让先生。六泉山下涓涓水，洗得诗肠彻底清。"(《缶庐集卷第一》)

钱铁梅乃一介布衣书生，苏州人氏，一生未入考场，远离功名，但个人学修深厚，潜心诗文。年轻时凭着自己独特的才华在杭州、湖州、苏州游幕为生。他来寄居芜园时，已届不惑之年，但与吴昌硕、朱正初诗文相交，书画互酬，金石同乐，自喻为志同道合的芜园中"岁寒三友"。他对吴昌硕治学从艺颇多指点，凭借着自己丰富的人生阅历，和年轻的吴昌硕探讨人生，对吴昌硕日后那种超脱随缘、清正自律的性格形成甚有影响。日后，吴昌硕因负笈外出，寻师访友而各自分手时，钱铁梅明白表示将不再入世，孑然一身回姑苏老家与诗酒终老。"岁寒三友"遂各自东西，吴昌硕颇伤感地写道："铜岭关头独往还，六泉门经久萧闲。青萝外屋宜藏月，红叶漫天坐看山。两地牵怀儿女小，一身行迹鬓毛斑。劝君莫动思乡念，来共芜园屋数间。"(《答六泉山人朱正初》)

第七章　曲园从学铭师恩

在“岁寒三友”相聚芜园时，吴昌硕的父亲吴辛甲已病殁。那是同治七年戊辰（1868）的2月23日，饱受战乱之苦，体弱久病的父亲终于撒手西去，年仅48岁。吴昌硕将父亲归葬于鄣吴的缪家坞。从“庚申之乱”至此，吴昌硕已失去了所有的亲人，他曾一度陷入悲痛而难以自拔。是恩师潘芝畦及施旭臣等对其安抚宽慰，并为其引荐朱正初、钱铁梅等新友；是继母杨氏在生活上呵护照顾，并勉励其在诗文、书画、金石上继续用功，日后必有大成。他更想起了原配章氏临终时托其母向他转告的嘱托，望其努力进取，不负此生。从而使其心驱散了愁云苦雾，重振了生活的勇气和从艺的决心。

父亲去世后，芜园显得清寂而落寞。他与继母杨氏相依为命，以耕种自给维系生活。不久，朱正初、钱铁梅的到来，使芜园有了人气。三人间的倾心交谈、诗画相交、翰墨飞扬、奏刀铿锵，使吴昌硕体验到了“人生天地间，局促宁自由”。特别是朱、钱两位不仅比吴昌硕年长十多岁，而且二人颇多人生阅历和世事沧桑，这使年轻的吴昌硕深感自己在学业阅历上还需充实，需要负笈游学、拜师访友，开阔眼界。于是，这年秋收过后，“岁寒三友”朱正初、钱铁梅和他均离开了芜园，他先是到当时的州府之地、离安吉约百多里路程的湖州游学。

湖州是一个山明水秀而相当富庶的鱼米之乡，南依林木葱郁、山势逶迤的天目山、莫干山，北临包孕吴越的太湖，物产丰饶、交通便利，是座人文荟萃的江南名城。吴昌硕来到湖州后，投奔的是其同乡、安吉的贡生颜文采。此人学识深厚，精于书画，善鉴版本，坐拥书城“藏经楼”。他与吴家颇有渊源，与吴昌硕的祖父吴渊、父亲吴辛甲曾是诗词唱和、笔墨互酬的旧友。当年在鄣吴村中还开办过教馆，也算是吴昌硕年少时的发蒙老师。正是有着这种背景关系，颜文采对这位年轻的小同乡颇多关照和提携。

吴昌硕先是在颜家任司账，即账房先生，由于他办事认真及谦虚谨慎，账目管理井井有条，收入支出清清楚楚。每当干完本分的事后，即在颜家的藏书楼里翻阅古籍，并帮着颜文采整理善本及旧藏古董文物。不久，颜又提拔吴昌硕做他的治学助手，具有了幕僚的身份。颜系湖州大名士，曾做过清廷高官，是金石大家吴大澂的老师，而吴也在这一年成为进士。颜文采平日里与文苑名家、学界精英陆心源、丁葆元、杨岘等多有交往，这使吴昌硕开始接触了高端名流，初步建立了社会名士的人脉，这一点对吴昌硕日后的发展、学业的提升、跻身于艺苑起到了相当大的作用，为其成为一代艺术大师乃至艺苑领袖级人物作了最初的引导和最早的铺垫。

在颜文采家虽然仅数月，但使原本就敏思好学的吴昌硕获益良多，不仅打开了视野，而且提升了境界，觉得要搞好金石书画，必须有相当的学术功底和文化内涵。于是，他于同治八年己巳（1869），告别了颜文采，负笈西子湖畔，就学于孤山脚下的诂经精舍，师从一代经学大师俞樾，主攻文字学及辞章学。吴昌硕是从乡村小城来的年轻学子，衣着朴素简陋，为人憨厚随和，还带有一口浓重的鄣吴乡音，俞师却很器重他，对他所作的诗文及书画篆刻也给予了肯定。吴昌硕作为俞师主持下的诂经精舍的早期弟子，与来自各地的学兄学弟们相处得十分融洽，由此标志着吴昌硕的人生将在这里翻开崭新的一页。

俞樾（1821—1907），字荫甫，号曲园。浙江德清人。清末一代学术巨子，系经学家、文学家、古文字学家、书法家。清道光三十年（1850）中进士，授翰林院庶吉士，后历任翰林编修、国史馆协修、河南学政。后出棚考试，相传他因出“王速出令反，国家将亡必有妖”等题目，遭御史曹泽弹劾而罢官回乡，从此绝意于仕途，终生以读书、教书、著书为业。俞学识广博，著作等身，其中《群经平议》、《诸子平议》、《古书疑义举例》等，成为乾嘉学派后期的代表作，以500卷学术巨著《春在堂全集》名闻遐迩。为此当时社会上流传一句民谚：“李鸿章只知做官，俞樾只知著书。”他对小说、戏曲、诗词等的研究亦相当精深独到，所作笔记亦搜罗宏富，包含了珍贵的中国学术史和文学史的资料。他的书法亦风格独树，以篆隶之法作楷书，高古朴茂、清逸雅致、气势酣畅，寒山寺中的《枫桥夜泊》诗碑，笔意遒劲、线条丰丽、章法稳健，称雄书坛。

俞樾当年中举后，曾赴京参加殿试，诗题为“淡烟疏雨落花天”，大多数人在“落花”处伤感大做文章，俞却以“落花春仍在，天时尚艳阳”这样乐观明快的诗句博得阅卷官曾国藩的击节赏识，其后便以“春在堂”为其斋名。当他被贬回乡后，曾与他为同科进士的李鸿章时任江苏巡抚，专聘俞担任苏州紫阳书院讲席，为他的人生转轨提供了一方重要的平台。宦海少了一个官僚，学界出现了一名巨擘。

当他从“月落乌啼霜满天”的姑苏来到“风光不与四时同”的杭城出任诂经精舍山长时，已是刚过知天命之年，也是他一生中在学术、艺事上最成熟的时期。在这个节点上，吴昌硕作为其早年的弟子投于门下，可谓是正逢其时。唯其如此，吴是如鱼得水，在这座江南著名的学府得到了系统正规的学术训练和高端严谨的艺事指导。由此对他的个人学识的积淀、文字学的造诣、金石篆刻的取法、书法诸体的师承等都产生了重大而深远的影响。如俞师对先秦文字相当推崇，吴乃以秦篆、石鼓文为篆刻主要的字源；俞师对两汉隶书颇为喜好，吴就在书体中掺以秦篆汉隶之笔意气韵；俞师的诗风平和通俗、简约清新，极富生活气息，吴的诗作亦自然朴实、活泼畅达，富有现实气息。

“师者，所以传道授业解惑也。”（韩愈《师说》）在诂经精舍的日子里，更为重要的是对吴昌硕精神境界的提升和人格修养的培养，起到了相当关键的推动作用和辅助效应。俞师虽被弹劾贬黜、宦海浮沉、历经坎坷，但他却精神执着、性格坚毅、处世包容、风骨傲然，彰显着一种大师的襟怀和名士的气度。他毕生矢志于治学教学，极富人格魅力和名师风范，从学者遍及海内外，前有吴昌硕，后有章太炎，号称“门秀三千”。这一切对吴昌硕的精神、人格、品行都产生了极好的标杆意义和极真实的熏陶作用，乃至他后来也桃李天下，并培养出了陈师曾、赵古泥、陈半丁、潘天寿、钱瘦铁、沙孟海、诸闻韵、诸乐三、王个簃及河井仙郎、长尾甲等一批大师。更何况俞师所具有的那么宽广而高端的人脉，日后对吴昌硕的立身成名将产生长久的影响。唯其如此，吴昌硕对俞师毕生执弟子礼甚勤甚恭。

俞樾于同治十三年（1876）在友人的资助下，购地建曲园，寓意为“曲则全”。小园虽简朴却雅致，有碧池小亭、明轩书斋、厅堂楼阁、嘉木古树、湖石曲径，可引清风和畅，可容月光流洒，成为一处名园。吴昌硕后来在苏州任小吏及在杭州、上海等地从艺谋生时，经常来这里拜望俞师。1907 年，由于家境的清贫，没有基本的经济来源，再加上继母杨氏需要照顾，这一年的冬天，吴昌硕只得忍痛结束了在诂经精舍的求学生活，和俞师及同学们挥手告别。识才重才爱才的俞师尽管个人境遇也不如意，但他依然谆谆告诫弟子，虽然离开了精舍，但学业不可荒废，艺事更须用功。日后如想回来，精舍之门对你是永远敞开的。吴昌硕含泪点头，将恩师的临别赠言铭记于心。

回到芜园，眼前的景色的确有些衰败，蔬果地里的蒿草在寒风中萧瑟，园边的竹篱也倒了一片，花圃中的菊花早已谢了，仅剩下残枝黄叶，唯有当年吴昌硕和父亲一起手植的腊梅，却已在枝头爆出了鹅黄色的小花蕾。吴昌硕在安抚了继母杨氏后，便开始打理芜园。为了解决生计问题，他在安城东的茅庵寺内的私塾以课邻人子弟，并代人书写家信文稿。虽然，他又恢复了从事那种平静而贫陋的耕读生活，但他在精神境界及学业认知上有了明确的目标和高迈的取向，他期盼着在这乡圃之地的芜园，能厚积薄发、春播秋收。为此，他将自己更名为“芗圃”、“香圃”，乡亲们亲切地称这位私塾先生为“芗圃先生”。

每天清晨，他依然坚持在“朴巢”门前的大砖石上练字。由于受俞曲园崇尚先秦古文及两汉碑铭的影响，他这一时期的书法也多取法于此，并开始临习石鼓文，注重其笔意气势及结构章法。同时，他在金石篆刻上下的功夫也更多了，并在自己从二十出头到25岁时刻的几百方印稿中，精心挑选出了103方，分装上下二册，编成了平生第一本印谱《朴巢印存》，并由施旭臣作序。

在吴昌硕的从艺之途上，他是以篆刻为发轫之举的，他自小就从父习篆奏刀刻印，自此朝夕用功，精勤不怠。他初涉印坛时，正是浙派（丁敬、黄易、陈鸿寿等）、皖派（邓石如、吴让之）及赵派（赵之谦）印风盛行之时，吴昌硕广采博取，对此三派均心摹手追，吸取诸家的长处，多头效法于刀笔之功。因此，尽管这本《朴巢印存》是一代篆刻大师的第一本印谱，但在当时应当讲是一本临摹习作的汇编，还有不少稚嫩之处和生涩之病。但正是通过他那么专注而有心地辑录临摹习作成印谱，不仅是一种风雅之好，更是凸显了他对金石篆刻之艺的推重。

从杭城诂经精舍回到安城芜园已有一年多的日子了，平日里除了耕读坐馆外，就是与金石书画作伴。但每到夜深人静之时或是逢年过节之日，吴昌硕在内心也会升起一种莫名的孤寂感。从同治元年壬戌（1862）待聘之妻章氏的病殁，至今同治十一年壬申（1872），已有整整十年的时间了，真是“十年生死两茫茫，不思量，自难忘”。吴昌硕的情感依然是片空白，继母杨氏有时关切地询问他终身大事该考虑了，但他不是搪塞一下，就是笑笑了之。其实，他的心中也是颇苦涩的，家贫如洗、事业未成、其貌不扬，何以为家？况且他还总是以章氏的贤淑为标准，在红尘滚滚、人海茫茫中，哪有他心有所动之人？

好在亦师亦友的施旭臣还是了解他的，为他物色了一位知情达理的女子，原籍浙江归安县菱湖镇的施酒，字季仙。施家原先也算是当地的名门望族，只是如今也已是“门前冷落车马稀”。施酒的父亲施绶在安城县衙里当个“些吾”小吏，与施旭臣平时亦诗酒唱和。听了施旭臣对吴昌硕的介绍后，施酒对吴有了好感，认为其颇有才华。施酒受其父影响，不慕荣华慕才华，自己也能填词作诗，挥毫写书，可算是当地才女。因心气颇高、不流世俗，所以25岁还未出阁，如今施旭臣做媒于此，双方情投意合，终于缘定今生。在举办了简朴的婚礼后，芜园迎来了女主人。

虽然民谚云“贫贱夫妻百事哀”，但吴昌硕与施酒这对贫寒夫妻却相濡以沫，琴瑟相和，彼此理解，感情日深。施酒勤俭持家，把芜园内外的事务安排得井井有条，尽量让丈夫有时间从事金石书画的研习，而且对继母杨氏也十分照顾，婆媳关系融洽。吴昌硕在婚后也时常到菱湖镇岳丈家小住。这是一个依山傍水、景色秀美、民风纯朴的江南小镇，施家的老宅鸿绪堂前有一条清碧的小河，隔岸相望的是一家名叫青云阁的茶楼，吴昌硕喜欢在此与文朋艺友相聚，吟诗挥毫，奏石作书，尤其与妻弟施为（1848—1904），字振甫，号石墨，很是投契，在金石书画上互为探讨交流。施为乃归安生员，颇有抱负，但怀才不遇，愤世嫉俗。因而与吴昌硕诗酒酬唱，互吐郁闷之气。后来吴昌硕曾有书画相赠，并在《怀人诗》中写道：“新诗题上四闲楼，春蚓秋蛇墨气浮。狂草今朝留一席，任君涂抹满墙头。”（《缶庐集·卷二》）在菱湖吴还结识了江南名士吴山（？—1892？），字瘦绿，号铁隐，别号十二峰人。他工于鉴赏考证，收藏金石书画，并师从浙派名家陈鸿寿，篆刻高古雅逸、造诣深厚，隐居于菱湖多年。吴山年长于吴昌硕，与他却一见如故，对吴昌硕的篆刻多有指教。在《十二友诗》中，吴山名列第一：“悲秋一病遽作古，数曲问字吾谁从。”（《缶庐诗卷第二》）可见其情在师友之间。

第八章　初到海上结艺友

正是得益于贤内助的支撑，吴昌硕没有了后顾之忧。而他亦到了而立之年，在这个人生的转折点上，施酒的出现，不仅使他建立了稳定的生活，情感有了归宿，更是在精神上有了知音，艺事上有了同道，从而真正可以践行历代文人“读万卷书，行万里路”的游学谋生模式。

同治十一年壬申（1872）年底，天竺吐艳，梅花初绽时，吴昌硕告别了妻子施酒与继母杨氏，与在湖州时就相识的好友金杰乘舟从西苕溪的梅溪镇出发，经太湖之畔的千年文化古城苏州抵达东海之滨的上海。

金杰系江苏吴江人，是一位古董商人。他精于金石书画的鉴定，自己亦能赋诗作文及挥洒丹青，喜好和文人书画家交往，生性豪爽，注重友情，是位儒商。他虽比吴昌硕年长几岁，但却与吴颇投缘，言谈相合，爱好相通，特别嗜好古陶砖瓦诏版碑碣，吴当年在湖州颜文采家时，就常与金一起探寻古物，交换不同的金石拓本等，情谊相当深厚，入吴昌硕著名的《十二友诗》列，“双脚误踏市井门，移家苕上鸡与豚。独树当门傲五柳，坐石醉客滗一尊。抱汉晋夸当白璧，识金银气游黄昏。土缶持赠未及报，呜呼死别声难吞。”（《缶庐诗卷第一》）通过此诗，可见吴昌硕对金杰人格品德的尊重和学识造诣的推崇。吴昌硕后来以“缶庐”为自己斋轩之名，并以“老缶”、“缶道人”为自己别号，而这最初的渊源就是金杰当年曾以新出土的古缶持赠。那是光绪八年（1882）春光明媚的四月，吴昌硕以“道在瓦甓”四字相赠老友，不仅赞赏了金杰对古器的精通，更是将他引为自己在金石上的同道。“心有灵犀一点通”的金杰颇有知己之感，不几天就以一只造型古朴圆浑、图案简洁工稳的古缶回赠。吴昌硕见后是十分欢喜，古缶的持穆端庄、内涵雍容、大气高古颇合吴的个性与情趣，是自己精神意识的物化展示与标识图像，更是他生命形态的象征。他不仅以缶题庐命斋起号，而且即兴作诗：“以缶为庐庐即缶，庐中岁月缶为寿。俯将持赠情独厚，时维壬午四月九。

雷文斑驳类蝌蚪，妙无文字镌俗手。既虚其中守缺口，十石五石颇能受。兴酣一击洪钟吼，廿年尘梦惊回首。出门四顾牛马走，拔剑或似王郎偶。昨日龙湖今虎阜，岂不怀归畏朋友。吾庐风雨飘摇久，暂顿家具从我苟。质钗还酿三升酒，同我妇子奉我母。东家印出覆斗纽，西家器重提梁卣。考文作记定谁某，此缶不落周秦后。吾庐位置既箕帚，虽不求美亦不丑。君不见，江干茅屋杜陵叟。”此诗无疑是叙事抒情之作，从“以缶为庐庐即缶，庐中岁月缶为寿”的以缶为庐、与缶共时的观念中，可见吴昌硕的天人合一、格物致知的理念。如果说安城的芜园是他生活的最初家园与修炼之地，那么这只古缶就被他认作是自己的精神家园与涅槃之处。所以在诗的最后他坦诚地表白：“虽不求美亦不丑。君不见，江干茅屋杜陵叟。”他推崇赞叹于古缶的大气从容，而这正契合他与古为徒、归真返璞的秉性。唯其如此，金杰送吴昌硕的这只古缶虽不名贵豪华，但却富有人生象征性与情感寓意性，成了他日后的精神圣物，以缶言志。也就在这首长诗作后的第三年光绪十一年乙酉（1885），他刻了白文自用印“缶庐”，顶款为金文阳铭，就全部刻录了此首古风诗，以作感怀铭言。

吴昌硕在他的《石交录》中，亦有其手书的金杰小传：“金俯将名杰。震泽（今江苏吴江）人。任侠使气，好古，以收藏古物为务，力有不逮，必多方称货以济。尤癖嗜古甓，蓄至数百种。一甓之值，或十余金，倾其资不顾也。为质库司会计。岁入之俸，尽经购古物。素与余厚，曾书‘道在瓦甓’四字赠之。俯将得书狂喜，以古缶为答。余宦游吴门，俯将送余苕上，临歧揖别，有黯然之色，心颇讶之。未几，讣音果至。俯将既殁。家唯四壁，所藏亦星散。余每击缶，辄有人琴之感焉。”（吴东迈编《吴昌硕谈艺录》附录，人民美术出版社，1993年版）真羡慕吴昌硕他们那代人之间的朋友之谊与知己之情，他们可以相互维系，终生交往，共同牵手穿越岁月的长河，真正做到肝胆相照、生死不渝、同舟共济，从而超越世俗的功利和各取所需的交换。金杰是商人，开过典当铺等，因而社会阅历宽广，各方接触甚多。他深知，吴昌硕有志于金石书画，但要登堂入奥，必须广开视野、游历交友，于是将吴昌硕带到“江海之通津，东南之都会”的上海，让这位来自安吉鄣吴的艺术青年首次叩响正在崛起的海派书画之门，投石问路于一个融汇古今、变通中西的真正意义上的都市艺术大流派。

上海社会的繁华热闹与华洋杂居，使吴昌硕有些目不暇接。上海大街的车水马龙与人群熙攘，让吴昌硕有些眼花缭乱。特别是他跟着金杰游玩大名鼎鼎的老城厢城隍庙，在那些笺扇庄中看到的书画色彩瑰丽、笔墨酣畅、气势郁勃、风格独特，真是令人耳目一新。他产生莫名的兴奋感和憧憬，下意识地对这个城市怀有一种亲切感和向往，然而他又确实感到对这个大都市有些陌生，有些茫然，有些距离。尽管在日后，他将与这座城市演绎出精彩的艺事，开启一位大师与一个都市的笔墨华章与金石辉煌，但如今他的确对这座城市还知之不多，了解有限。

当吴昌硕跨入上海这块热土时，这座城市的开埠已达30年，并形成了早期海派书画家群体。其代表为张子祥、任薰、胡公寿、钱慧安、高邕、虚谷、蒲华等人，而日后作为早期海派书画家领袖的任伯年从苏州到上海定居也才四年，在海派画苑上才初露头角，但由此构成了这个新兴画家群体老中青三代的最佳结构。在金杰的引见下，吴昌硕结识了高邕，志趣投合，彼此建立了友情。高邕（1850—1931），字邕之，号李盦，自署苦李，杭州人，长期寓上海。甲午海战后，他深感国耻，改号聋公，并参与创办上海豫园书画善会。他工于书法，精习李邕体式。绘画取法八大、石涛，古朴隽逸，奇崛清朗，意境高迈。亦能奏刀刻印，以浙派为宗，工稳雅致，刀法谨严。他虽然比吴昌硕要小6岁，但见多识广，成名甚早，且系海派主流书画家，因而对初到上海的吴昌硕颇有帮助，并鼓励他经常到上海来走走看看，并与吴作了书画金石的创作交流。

吴昌硕此次的上海之行，还有一个相当重大的收获，就是结识了海派书画的领军胡公寿，他是早期海派书画家中社会活动能力最强而极富市场经营意识的中坚人物。任伯年1868年冬初到上海时，处境困难，流落民间，在城隍庙摆地摊维持生计，是他慧眼识才，把任伯年介绍进古香室笺扇店做驻堂画家，并向艺界、商界大力推荐。

胡公寿（1823—1886），名远，号小樵，瘦鹤，横云山民，华亭（今上海松江）人。精于书画，工于诗文，造诣深厚。其书法初宗颜鲁公，后效李北海，遒劲朴茂，气势酣畅。擅长山水及花卉，尤攻画梅，姿态奇逸、造型生动，喜用湿笔，沉郁隽秀而色彩典雅，为时所重。他当时为上海钱业工会所礼聘，与工商金融界士绅关系良好，并向他们力推海派书画家之作，在上海艺界、商界甚有名望。他对吴昌硕的书法、篆刻亦颇赏识，虽是初交，即以《苍石图》赠之，并题诗云："瞻彼苍石，风骨嵚崎。纵笔减笔，大痴云林。颓然其形，介然其骨。"对吴的人品、艺品给予了好评。历史地看，海派书画之所以能在清末形成较强的市场效应，并产生相当的社会影响，与胡公寿的艺术推介和市场运作是分不开的。胡的书画在日本亦极有影响和极高声誉，早期寓居上海的日本书画家不少直接拜其为师。胡虽然比吴要大21岁，属师辈级的，且又是上海风云人物，但他对初到上海的吴昌硕却相当尊重且友善，吴对此是心怀感恩的，并将其列入《十二诗友》中："横云画竹风雨痕，横云画石怪鸱蹲。泼墨黑风倒吹海，悲秋黄叶齐打门。一鹤梳翎有何寄，众佛低首谁敢尊？有时搁笔发浩叹，濯足颇厌申江浑。"（《缶庐诗卷第一》）

吴昌硕的此次上海之旅虽然短暂，但对他日后的人生轨迹和从艺之路产生了重大的导向作用，可谓是他的一次改变命运之旅。他在东海之滨的上海，看到了一个极有生机与活力的新兴的画家群体，他们不拘一格，风格独树，但又相互包容、融汇各派。而高邕的热情、胡公寿的友善，不仅为他日后走向上海打下了扎实的人脉基础，而且使他在内心深处对上海有一种认同感、归属感，仿佛有着那种说不清、道不明的前世今生的情、相约未来的缘。

同治十二年癸酉（1873），吴昌硕正式进入了而立之年。长子吴育出生，乳名福儿。他希望随着这个孩子的降临，能给他为"五斗米"奔走的人生带来一些福分。继母杨氏对孙子是疼爱有加，妻子施酒除了喂养孩子外，还勤持家务，使吴昌硕有相应的精力与时间去从事他的书画金石创作与访友求师寻古。

自同治八年（1869）在杭州，就学于诂经精舍一代大儒俞曲园后，吴昌硕对自己的治学从艺之途有了基本的认知。而自同治十一年随金杰赴上海后，他对自己的从艺人生有了初步的规划。自此至光绪八年壬午（1882）携家移居苏州西畮巷之四间楼，他游学从艺的主要区域在杭州—湖州—苏州，主要方式是访友—投师—从艺。

第九章　曼陀罗斋做幕僚

吴昌硕一生喜爱梅花，以梅为友，有着深深的恋梅情结，这也许是文人士大夫的一种人文情感和精神皈依。梅花，俏不争春而冷香清远，大美无言而风骨凛然，成为文人笔下“四君子”之首。吴昌硕的画梅之技，师从恩师潘芝畦。潘师要他多观察梅的花姿，从含苞、初绽、吐艳到盛开的过程变化。吴昌硕在安城的芜园内就手植了30多株梅花，每逢梅花吐艳时，一片馥郁的幽香清芬，令人心旷神怡。他在一首题画梅的诗中曾写道：“野梅古怪奇崛，不受羁缚，别具一种天然自得之趣，予芜园所有如此。空山梅树老横枝，入骨清香举世稀。得意忘言闭门处，墨池冰破冻虬飞。”那一年一场瑞雪之后，厚厚的积雪将吴昌硕最心爱的一株老梅的一根枝条压断，那枝条上缀满了盛开的花朵，并挂到了邻家的屋檐前。他急忙搬来扶梯及绳子，想将枝条取回，但邻居却捷足先登，将梅花枝折下，插入瓦罐中闻香了。为此，吴昌硕很是惋惜与伤感，于是铺纸挥毫作老梅图，并题诗云：“风寒月落春夜深，应有花魂根下哭。残墨聊当知己泪，貌出全神此长幅。残鳞败甲好护持，莫再人间遭手毒。”

吴昌硕还专门到江南赏梅胜地苏州邓尉、杭州孤山、余杭超山等处访梅，徘徊在梅花丛中，静观默察，对花写照。他有咏梅诗曰：“冰肌铁骨绝世姿，世间桃李安得知。”

随着最后一缕梅花清香的弥散，大地回春了。在这桃红柳绿、莺啼鸟鸣的时节，吴昌硕又收拾了行囊和笔墨，走出安城的芜园，来到碧波荡漾的西子湖畔，再次求学于诂经精舍。俞樾依然热情相迎，他深知眼前这位瘦小的弟子，为人朴实，学习勤奋，是可造之才。当吴昌硕将近年所作的诗文、书画、篆刻呈请俞师指教、评点时，“呵，你倒是用功得很。”俞师用纯正的杭州官话说道，赞许的眼光从老花镜后透出。随即，他认真地翻阅起弟子的作业。

在诂经精舍就读的日子虽然不长，仅数月而已，但俞师的指点、教诲，同门的交流、探讨，尤其是那种浓郁而严谨的学习氛围，使吴昌硕获益匪浅，特别是在学习方法与从艺方式上有了很大的提升，在小学（文字学）、诗文、书法上进步更是明显。而立之年的吴昌硕内心充满了憧憬。

在杭期间，吴昌硕还结交了当时已初露头角的画家吴伯滔（1840—1895）。吴是浙江石门人（现桐乡市崇福镇），天才早熟，少即喜画，精山水，工花卉，亦能诗擅书。他早年崇尚“元四家”，后又效法“明四家”及华亭董其昌，并临习“清四家”，广采博取，兼收并蓄。所作山水取法高古，笔墨醇厚华润，气韵典雅清逸。花卉亦笔致爽辣朴茂，色彩酣畅浓郁，颇有八大、石涛之风。其子吴待秋，亦金石书画兼长，山水花卉俱能，入海上“三吴一冯”之阵列。吴伯滔性格内向，终年埋头于丹青翰墨，不问世事。他虽比吴昌硕大四岁，但与吴昌硕却颇投缘，性情兴趣相同，成为知己之交，并延续了三代之情。吴昌硕在与吴伯滔的交往中，深为伯滔虔诚的从艺精神所打动，那种对绘画的痴迷，对笔墨的讲究，使他悟到了何谓从艺之道。他们曾以画互赠，伯滔赠山水索要昌硕梅花，吴昌硕遂作诗记之：“堂上松树生十围，滔老不画还数谁。平生好古有今日，读画如读索靖碑。江湖散人时来往，石门老屋寒可想。梅花落笔下乘禅，唯粥饭僧能配享。”（《缶庐诗卷第三》）从中可见吴昌硕对吴伯滔画艺的推崇——“滔老不画还数谁。”

在与吴伯滔相处的日子里，吴昌硕时常向好友提及自己在安城的芜园，流露出深深的恋乡之情。好友间是心有灵犀的，吴伯滔在心中萌生了为他作《芜园图》的构想。因此，吴伯滔仔细地问了他芜园房舍及田园的分布情况。后来，当吴昌硕从杭州回到安城后不久，即收到了吴伯滔寄来的《芜园图》，吴昌硕欣喜不已，作二绝句，并序曰：“伯滔画芜园图见寄，伯滔未尝一至芜园，而图中之景约略能似，盖予之园，破屋数间外，老树丛竹、山石荦确而已，伯滔于芜字上着想，故能髣髴，亦岂寻常画师所及哉。若寻常画师，但见贵家花园，亭台高下，树木整齐，极金碧界画之工，以画吾园，岂不为千古笑柄？于是知画虽小道，亦贵通人才士所为。予喜伯滔画，古雅拔俗，并图之似也。题二绝句，他日相遇，当为诵之。庾信园荒花可憐，幼安榻破绳牢牵。牛羊下来日将夕，鸡鸣不已桑树颠。古人不见来者谁，老屋日日樘斜晖。看山白石落复落，出门行径微乎微。”（《缶庐诗卷第三》）应当讲，吴昌硕对伯滔寄赠的《芜园图》是颇多感悟与感叹的，从“伯滔于芜字上着想”到“知画虽小道，亦贵通人才士所为”等，特别是两首绝句，更真实地凸显了吴昌硕在芜园中生活的落寞穷困，正是在这样的境遇下，好友赠画才备感友情的温暖与珍贵，他们是真正的贫寒之交。同时，在吴昌硕的这两首绝句中，也隐含着他想改变现状、寻求出路的意愿。

翻开《吴昌硕篆刻选集》(朵云轩，1965年12月出版)，他早年所刻的《骑虾人》，边款为："甲戌五月苍石为頫青作骑虾人印。"《武陵人》印的边款为："茶村仁兄道正之，甲戌七月吴俊并记。"《竹谿沈均瑲字笈丽》印的边款为："苍石刻于吴下时甲戌秋八月。"这些印都刻得颇为严谨工稳，显示了扎实的功力，取法于浙派或皖派。可见，此时他的篆刻正处于效法传承期。"甲戌"为同治十三年(1874)，31岁的吴昌硕在这一年的初春之后，就时常往返于苏州，并以金石作为他日后谋生鬻艺的平台，同时亦以刻印作为他从师交友的方式，这对于处于而立之年的他来讲，是相当现实的人生取向，尽管这个乡村秀才还心存对功名仕途的向往。他曾在一首《忆昔》的诗中写道："东西洞庭烟苍茫，一官匏系心彷徨。人生富贵何所望，胡不令遂初返故乡。不然手挽强弧射天狼，我倚天长剑生光鋩。"(《缶庐诗卷第二》)此首诗不仅表明了他斗志难酬的心迹，而且披露了他在老师或友人的帮助下，在苏州衙门谋得一个当差小吏"臬司收呈员"，挣些可怜的俸禄贴补家用。为此，他时常奔波于东西洞庭而"一官匏系"，但即使这种些小末吏也时常遭人排挤。

在这些年的寻师访友及从艺游宦的奔波中，吴昌硕的人生态度已相当现实，他结交了多方贤士能人，有的甚至是高端的名士大吏，从此夯实了他从艺的社会基础，积淀了广泛的人脉。如他在湖州结识了曼陀罗斋的杜文澜(1815—1881)，字筱舫，浙江秀水(嘉兴)人。杜颇有才干及主见，以秀才身份从军，深得重臣曾国藩、李鸿章的看重，官至江宁布政使、江苏按察使、苏桦太道员、两淮盐运使等。杜还是清末著名的词人，文笔细腻，题材现实，意境丰逸，风骨傲然，颇有东坡遗韵。如他写的《木兰花慢·西湖春晓》可证其词格古而韵清："放鱼竿一去，幻尘海，渺愁余。算柳浪莺闲，鸥波人远，负却西湖。音书又沉旧雁，问东风、还到故乡无。萍梗空惊岁晚，梅花自惜山孤。林逋。合占幽居，飞桨伴，瘦筇扶。甚古树苔荒，遥峰翠减，不唤提壶。归途待从画里，怕春寒、催老夜啼乌。留得疏窗岫影，六桥烟雨模糊。"另外如《东方第一枝·菜花》、《高阳台·平山感下》等均为浙西词派传唱之作。他还著有《采香词》及词论著作《憩园词话》等。特别是他搜集大量资料及根据自己亲身参战的经历所撰写的《平定粤寇纪略》，系研究清军与太平军作战的重要专著，为史界、学界所重。正是他官员、词人、学者的多重身份，使他在官场、学界、艺苑结交甚广，与吴云、潘祖荫、金铁老等关系甚密。尽管杜比吴要大近30岁，但这位当时的名流士大夫对吴的人品艺事很推重，让吴客居于自己的曼陀罗斋，并为他引荐了不少名家要人。吴昌硕进杜文澜幕府任幕僚、门客，典型地反映了中国封建社会的人文模式，从孟尝君食客三千到吕不韦众多门客所编的《吕氏春秋》等，可见此风起源之早。而到明清时代，幕府的幕僚门客常常是那些未获取功名或不得志的士子的寄居谋生之地。这不仅较体面地解决了他们的生存问题，而且更重要的是，为他们构建了一个日后谋取一官半职或积累人脉的平台，因为在清末的官场上，地方官可以以银报捐，也可以由高官举荐分派。而这一切，对从山村出来的吴昌硕来讲是十分重要的。

也就在寄居曼陀罗斋的日子里，吴昌硕结识了同客该斋的诗人、书法家金树本（1817—1886），字铁老，钱塘（今杭州）人。他虽然也曾获取官职，但生性豪放、落拓不羁，喜交友行旅、饮酒唱诗。他的书法取法六朝，高古奇崛，苍劲朴茂，风格独异。诗笔清朗婉约，禅意弥漫，气韵雅逸。亦精鉴赏、多收藏，尤善识古玉。他还是一位美食家，讲究色香味，熟悉各菜系。吴昌硕与他十分投缘，一见如故，虽然两人年龄相差二十多岁，但却引为知己。吴与金交往中，得益最大的是诗学上的提升和古器的鉴别。吴昌硕日后的作诗纪事、赋诗感怀、以诗记游、题诗于画均受到金铁老的影响。而文学修养的强化及诗学境界的升华，对日后吴昌硕的书画金石创作产生了推进作用。他从此怀着一颗诗心来挥毫泼墨，铁笔纵横。在吴昌硕的《缶庐诗卷》中多有唱和之作，如《坐雨和铁老先生》："窗外雨如鏃，骤凉生葛衣。满庭蕉叶大，人坐草虫飞。兴赖残书遣，秋迟一雁稀。虚舟何处著，江海愿同归。"（《缶庐诗卷第一》）这对惺惺相惜、同为门客的忘年交，"江海愿同归"，可见其情谊真切，志同道合。吴在《晨坐铁老寓斋》的最后两句，亦写道："相逢情不浅，林卧欲呼频。"（《缶庐诗卷第二》）

当时出入杜文澜曼陀罗斋的还有一位不修边幅、放浪形骸的书画家蒲华（1832—1911），原名成，字作英，号青山野史、种竹道人。斋名为九琴十研楼、不染庐，浙江秀水（嘉兴）人。出生于祖编籍"堕民"之家（明代称为"丐户"），其父以在城隍庙设肆售卖祭供城隍神的"保福饺"为业。因家境贫寒，蒲华幼为庙祝，后于外祖父处生活与读书，勤奋刻苦，24岁中秀才后屡次应试均被黜，从此绝意于仕途，致力于诗、书、画。蒲曾自作联曰："征衫色减风尘里，彩笔鞋颓草莽中。"他一生漂泊，常年短袍长褂，油腥墨迹染身，时呼"蒲邋遢"。吴昌硕初识他于曼陀罗斋时，就对蒲华的才华及书画颇为看重，兴趣相契，相处甚好。由于蒲华出身低微，又当过庙祝，颇遭人鄙视白眼，且自身衣冠不整，因此别人不愿与其同席共餐，但吴昌硕却不作计较，主动与其交往，引为同道知音。蒲华对此心甚感之，并以书画相赠。如在送吴的《丛竹虚亭图》上题诗曰：“云水苍茫风雨大，萧萧丛竹更清寒。望中绰有虚亭在，谁作江天旷朗看。”由于他们同客曼陀罗斋的日子并不长，不久就各自东西，但他们就此建立的友谊，却维系了三十多年，尤其是吴昌硕日后到上海从艺，更是得到了蒲华的不少帮助。而当蒲华生活落魄、饭食无着时，吴及时伸出援手，或给予资助，或介绍到友人处暂住。

第十章　人生只合住湖州

吴昌硕为人忠厚淳朴，具有乡土本色；生性温和儒雅，善于沟通融入；处世低调谦恭，能够包容随缘；做事认真踏实，相当负责尽力；且在篆刻、书法及诗文上颇有造诣，又拜俞樾等名士为师。这就使他在而立之年后，选择了幕僚、门客为主要的生存方式和进取之阶。自作别杜文澜的曼陀罗斋后，他回到了安城的芜园，与继母及妻子相聚。他还在芜园将自己98方印编辑成了《苍石斋篆印》，在扉页自题“苍石斋篆印”，并在印集后半部自篆曰：“太公阴谋金匮一十九铭，甲戌春仲题于芜园，逸光。”

芜园的家居耕读相当平静，也能享受到天伦之乐，福儿与他也很亲近，不像他刚从苏州回家时一抱福儿，福儿就又哭又闹。如今他摇着小货郎鼓，福儿会咧开嘴“呵呵”直笑。施酒勤持家务，生活过得虽然清贫，但粗茶淡饭亦可度日。

为了开拓自己的前程，他感到不能安于乡居。光绪元年己亥（1875），32岁的吴昌硕又离开了芜园，来到了相距百里的州府湖州谋生。“人生只合驻湖州”是吴昌硕一方经典印章，而且他不止一次地镌刻过，反映了他深深的乡梓之情及对父母之邦的推崇。其语出自元代诗人“东南文章大家”戴表元的《湖州》：“山从天目成群来，水傍太湖分港流。湖上清溪溪上山，人映清波波映楼。交流四水抱城斜，散作千溪遍万家。行遍江南清丽地，人生只合住湖州。”应当讲，吴昌硕每次外出游宦从艺、授师访友都是作了认真考虑的，这亦是这个乡村秀才的人生设计。

湖州乃是一座千年古城、江南望郡，经济富庶，人文昌盛，先贤辈出，名流汇集，艺事兴旺。湖州，业因湖兴，文因湖昌，是三万六千顷的环太湖地区唯一因（太）湖而得名的城市，历来有“丝绸之府，鱼米之乡，清丽之地，文物之邦”之称。楚考烈王十五年（公元前248），春申君黄歇徙封于此，见到处是水泽菰草，故筑城设菰城县。秦末，项羽在此举旗起兵，反秦之火迅成燎原之势。三国时孙权将此地建为东吴政权的重镇，“江东弟子多才俊”。隋仁寿二年（602），始置州治，以滨太湖而正式命为湖州。作为中国丝绸文化发祥地之一，以其湖丝冠绝海内，并经著名的丝绸之路而获“湖丝衣天下”的美誉。湖州亦是中国茶文化的发祥地之一，茶圣陆羽在这里写出了世界上第一部茶文化专著《茶经》。产自湖州善琏镇的湖笔，被尊为：“胡颖之技甲天下。”因其笔尖有一段整齐透明的锋颖，堪称湖笔绝技。湖州东北面的南浔古镇，不仅名胜荟萃、园林典雅，而且自明清以降，走出了不少大实业家、大金融家及大收藏家，有“湖州一个城，不及南浔半个镇”之说。

湖州自古崇文重艺，更是名闻遐迩的江南人文之邦、艺术之乡。南朝史学家、文学家沈约不仅是“四声”的最早发现者，亦是《二十四史·宋书》的作者。在沈约以后，武康姚罕、姚思廉父子撰写了《梁书》、《齐书》。一套《二十四史》，湖州人就占了三部。曹不兴是《二十四史》中最早立传的画家，以善画龙、虎、马及人物而名天下。书圣王羲之在湖州为官，利用闲暇之时，精研笔法。其七世孙智永禅师，更是兼承先祖遗风，在湖州永欣寺居住三十年而不出，攻习书法，写坏的笔头有十瓮，埋掉后曰“退笔冢”。大书法家颜真卿曾在湖州担任过刺史，主修《韵海镜源》，颜氏书风影响吴地深远。中唐诗人、自称“烟波钓徒”的张志和在隐居湖州西塞山时，写下了千古流传的《渔父》词：“西塞山前白鹭飞，桃花流水鳜鱼肥。青箬笠，绿蓑衣，斜风细雨不须归。”宋代文豪苏东坡在湖州任太守，吴兴烟云孕育了他笔下文人画的水墨晕染。而他写的《湖州谢上表》，亦酿就了“乌台诗案”风波。而与苏东坡颇有情谊的张先，晚年闲居家乡，86岁时以《木兰花慢·乙卯吴兴寒食》中的“中庭月色正清明，无数扬花过无影”而最终完成“张三影”的绝唱。被称为“吴兴八骏”之一的钱选，在宋元后隐居故里，致力于山水、人物及水墨写意，为文人画艺术表现方法的确立做出了重大贡献。元代的赵孟頫，更是艺坛领袖级的人物，精于诗书画印，作《老子注》、《庄子注》，其书法开“赵体”。赵孟頫的外甥王蒙，亦是“元四大家”之一，其《青卞隐居图》是山水画中不朽的经典。

以“山水清远，农商并重，崇文重艺，柔慧通变”立城的湖州，正是拥有如此众多的文化精英和艺术大师，因而被吴昌硕倾心地认为“人生只合住湖州”。而早在1868年他25岁时，曾来到这里，在同乡、世交颜文采家中任司账。因此，他此次来到湖州，感觉颇为亲切，沿途所见，车水马龙，比以前更兴旺了。他入住的是湖州大名鼎鼎的士大夫陆心源府，也是任司账，即管理日常的开支收入账目。间亦帮着陆心源整理文物及抄写校对，实际上依然是幕僚、门客的身份。在陆府一年多的时间里，在从学、识器、交友、艺事方面，都颇有长进，收获良多。这种人生际遇是可遇而不可求的。

陆心源（1834—1894），字刚甫、刚父，号存斋，清代大收藏家、大藏书家、名医，晚号潜园老人。咸丰九年（1859）举人，官至福建盐运使。因剿匪有功而一度仕途得意，后因被弹劾贪污而辞官返乡，从此致力于文事艺林，专攻收藏鉴赏。他所出任的盐运使是个肥差，个人资财宏富，因此当太平军在江南作战时，不少藏书家将书散出，陆便以低价搜罗，自宋元明及清各版本书达15万卷之多，其中弥足珍贵的宋刻本达一百多种。于是，陆心源将陆家在华楼桥南堍的月阿老宅“恭俭堂”进行改建，筑“皕宋楼”及“十万卷楼”。前檐为晾书之需搭出二米宽的栅式敞轩，上铺大方砖，沿口置青石板。楼板都加铺二层，以作书的承重之用。陆心源之所以能在中国文化史上留下屐痕，就是其“皕宋楼”所藏的宋元旧刻本。

在清末，共有著名的四大藏书楼，即常熟瞿氏的铁琴铜剑楼、钱塘丁氏的八千卷楼、山东聊城的杨氏海源阁。而陆氏的皕宋楼，却被尊为“江南藏书第一楼”。在崇宋为珍、唯宋是尊的藏书界，皕宋楼的一百多部宋版刻本是无人望其项背的。而十万卷楼则主要收明清时期珍贵的刻本、名人钞校本及名人名家著述手稿。另在潜园又建守先阁，藏明清以来较普通的刻本、钞本等，并对外开放，供士人阅读。但令人扼腕的是，在陆心源故去十多年后的1910年，陆家的大公子陆树藩因做生意亏本，竟将皕宋楼藏书以11万元（一说10万,一说12万）低价售卖给日本岩崎弥之助财团的静嘉堂文库。当商务印书馆的张元济怀揣着好不容易凑齐的6万两银票赶到皕宋楼时，已是书去楼空，只有那些空荡荡的书架默默地站立在那里，张元济真是欲哭无泪。据其后日本静嘉堂文库所藏统计，这批皕宋楼书系：北宋刊本7部80册，南宋刊本114部2 611册，元刊本109部1 999册，大都是海内孤本。

吴昌硕身处书香如此浓郁、文化如此厚实、学术如此高端、藏书如此宏富的陆府，自然是感知到潜园的底蕴和人文实力。此时他三十出头，正是精力充沛、学力旺盛之际，况且他年轻时，遭受了那么多的苦难不幸，因此，是很珍惜这份差事的。他除了搞好日常的账目管理外，还相当尽力地协助陆心源编撰目录、订正古籍、条别源流、题写标签等。从官场上退下来不久、刚过不惑之年的陆心源发现，眼前的这位小司账平时虽然话语不多，人前还有些腼腆，但为人随和，做事专注，好学不倦，且书法篆刻也见功力。还听家人说，每晚别人都休息了，他还在灯下苦读，或是写字刻印。“苕上七才子”之一的陆心源还是颇爱才惜才的，平日里尽量让吴昌硕跟着他多做些整理文物之事，并不时地加以指点，从而使吴昌硕有一个难得的访古问贤、研读旧籍的环境。为此，吴昌硕在后来所作的《潜园》诗中温馨而怀念地写道："竹瘦依人老，山寒比佛尊。斐回孤鹤下，笑语一池温。邺架书连屋，蘋州水到门。再来愁失路，题句古松根。"（《缶庐诗集第四》）

吴昌硕一生钟情金石、彝器、碑版，嗜好古陶、古砖、古瓦，并以此奠定自己的审美取向与创作根基。在中国艺术史上，吴昌硕以毕生的精力，把金石精神发挥到了极致，成为一个大流派、一个大时代的标杆，从而支撑起了他绘画、书法、篆刻的风骨风格、气派气度。他在年轻时就喜欢收集古砖，并将其雕刻成砚台，他赠好友金杰的条幅即是"道在瓦甓"。而在陆府，吴昌硕的这种喜好得到了进一步的提升，并为他提供了用武之地。

陆心源不仅以大藏书家名世，而且他也是一位大金石收藏家，尤致力于古砖的收集，他在筑"皕宋楼"、"十万卷楼"的同时，还在老宅最南边建"千甓亭"，以专门收藏两汉、两晋古砖。吴昌硕来陆府时，"千甓亭"正在建造中，而陆心源也正加紧收集古砖。出生于商贾世家的他，看准了古砖的价值与商机，就像宋元古籍是不可再生资源一样，这些古砖既可鉴赏雅玩，又奇货可居。于是，陆凭借着殷实的家底，不惜以一两银子一块的高价格收购。这些古砖大都出土于吴兴、武康等县古墓。陆先后收集了汉砖数十方，晋砖达千余方，在古砖收藏上也算是蔚为大观了。这些古砖纹饰奇谲别致，字迹奇异古朴。特别是砖上铭有古代纪元、地理、官制、姓氏等，极有学术、史学及艺术价值。吴昌硕不仅有书法、篆刻专长，而且他还跟俞樾等先生专门学过文字学、鉴定学等，为此，他成了陆心源的得力助手，帮陆一起收集鉴别、拓印笔录。尽管这些事干起来又脏又累，但他还是干得相当尽心尽力，毕竟与这些古砖零距离接触摩挲，特别是那些古纹饰及古文字，对他的金石篆刻极有参考价值，使他能广采博取、汇古融今。为此，他专门刻了朱文印"道在瓦甓"，以示其尊，并在边款上深有感受地讲："旧藏汉晋砖甚多，性所好也，爰取《庄子》语摹印。丙子二月，仓硕记。"

陆心源还在宅内设立了"穰梨馆"，专门收藏名家墨迹与大量法帖，有宋朱熹、文天祥及元赵孟頫等人的真迹，是颇高端的珍稀藏品。吴昌硕为建该馆而不辞辛劳，从早到晚帮着整理布置，作防蛀防潮处理等。看名家真迹和看印刷品、摹本、拓本是两回事，笔墨的真迹气韵质感，线条的气势形态，章法的疏密效果乃至意境的丰逸隽永，都是让人怦然心动而味之无极的。这对于吴昌硕日后书画篆刻的创作及变法，提供了极为宝贵的艺术资源和审美积淀。

在陆府的一年多时间中，吴昌硕的生活是稳定的，尽管他的身份是幕僚门客，但由于陆心源的收藏颇对吴昌硕的喜好，使他的游学从艺甚对门路，因此他的心态还是乐观的。光绪二年丙子（1876）的早春二月，他刻了一方白文自用印《吴俊之印》，边款曰："天上玉衡散，结根泉石间，不须誇九节，长此驻朱颜。"他的妻子施酒又怀孕了，在临产前，他把她接到了湖州，因为这里的生活环境与饮食条件要比安城芜园好，也便于他和继母一起照顾妻子的起居。九月初八，次子吴涵出生了，字子茹，号臧堪，小名就起壶儿（湖字同音），以纪念其生在湖州。

月河街的陆府是典型的江南大宅门，共有四进之深，第四进的大厅，名曰"仪顾堂"，是陆心源为仰慕明代大儒顾炎武而题，这是陆与湖州士绅文人、才子、学者及书画名家雅集之地，也可以讲是当时湖州最高级别的文化艺术沙龙，在当时就有"苕上七才子"之称。此外，陆心源还在月河街老宅不远处建有一座小园"潜园"，此处原为赵孟頫莲花别业故址的一部分。园子尽管不大，但布置精致，景色旖旎，有亭台轩阁、奇石古木、碧湖清溪等，形成了"五石草堂"、"俗俗楼"、"守先阁"等十多景，"苕上七才子"也时常来此品茗听曲，或是谈诗论文、品书赏画等，成为一道博雅的人文风景。"苕上七才子"为陆心源、凌霞、施补华、丁葆元、李仲廉、徐凤衔、杨岘。吴昌硕与他们相处甚好，时常向他们求学问艺，切磋书画，并刻印相赠，情在师友之间。尤其是与凌霞、施补华、杨岘维系了长久而深厚的友谊。

"芥航笼璧见真迹，戴子赠书知隐流。携手未嫌相识晚，一蓬秋雨话扬州。觅食莫城岁月深，寥天一鹤恐难寻。肯辞海外波涛险，游学从之负疣琴。"（《削觚庐印存》凌霞条）这是当年凌霞约请吴昌硕同游日本时，吴昌硕给凌霞的赠诗，从中既可见他们两人的友情之深，亦可见吴昌硕对海外生活的担忧。凌霞人吴昌硕的《十二友诗》之列（见《缶庐诗卷第二》），系人生知己及艺术知音。诗中描写了凌霞生活的困顿、金石的癖好及性格的潇洒："板屋逼仄天井圆，病鹤常在窝壳眠。扬州梦醒住且续，金石癖固医难痊。惯涤愁肠酤美酒，好买花乳输青钱。昨日一卷寄江左，使我磨刀思踏天。"

凌霞，又名瑕，字子与，号病鹤，浙江归安（今吴兴）人，工诗词文章，精金石考证，于训诂之学颇有造诣。他怀才不遇，江湖飘零，有名士风范，为潜园七子之一。吴昌硕在《削觚庐印存》中曾说其："家贫隐于贾，寄迹维扬，为人持筹握算，见者不知为名士也。"共同的金石喜好，使他们极为投缘，凌霞对吴昌硕吸纳秦汉、效法明清的篆刻也颇为嘉许，曾诗赞曰："一意孤行秦汉上，十年劬学琢磨中。”

乌程（今湖州）的施补华与吴昌硕是诗友，他们均是俞樾的弟子，系同门师兄弟。吴于同治八年己巳（1869）就学于诂经精舍时，就与其相识。施颇有才华，以诗文名世，他的诗熔铸汉唐，奇而不僻，清俊不庸，颇有大家气魄。但他性格内向，不善与人交往，给人以孤傲清高之感。而吴却与他颇友善，遂相知相交，引为知己。吴尤服膺施的诗作。吴曾在《石交录》中认为施是“近今浙人称诗者数家”。吴昌硕另一诗友是仁和（今杭州）的谭复堂，他是一位博学多才之人，诗风古雅，气韵雅致，为文苑所重。谭亦是一位文学批评家，著作颇丰，传世的有《复堂词话》、《复堂日记》及所选《箧中词》、《极之词》等。吴将自己的诗稿请他指教，他称其诗作近傅青主一流，并题吴的《芜园图》，亦为吴的《缶庐集》作序，吴也作诗《赠谭复堂》：“种柳红尘隔，填词白屋温。天宽容故我，地僻闭闲门。冷抱箧中集，惊开湖上尊。归来陶靖节，松菊想犹存。”吴与施及谭的交往、诗文唱和，日后对他诗作境界的提升极为有益。

在这些文人学士、诗朋画友中，吴昌硕与杨岘交谊最深，最为契合，并维系了终生。杨岘（1819—1896），字见山，号庸斋，晚号藐翁，斋号为迟鸿轩等，浙江归安（今湖州）人。清咸丰五年举人，曾权领常州府。他生性耿直、不事权贵、不媚上司，凡遇不平之事，敢于和上司据理力争，终因得罪上司而被罢官。友人们说他不该顶冲、藐视上司，他却相当潇洒而超脱，反而自号“藐翁”，以显傲骨。他是晚清著名的经学家、书法家、诗人、学者。年少时，曾师从经学名学臧眉卿、陈砚甫，博览群书，攻读汉唐诸子。精研汉隶，曾临汉《礼器》、《乙瑛》、《史晨》、《曹全》、《张迁》等数百通，终于以八分书名重当时书坛，尤为江南书坛所重，上海老城隍庙大殿大门两侧的柱子上就镌刻着他书写的对联：“做个好人，心正身安魂梦稳。行些善事，天知地鉴鬼神钦。”其用笔高古遒劲，线条奇崛飘逸，以篆法掺入，运草法笔意，风格独树。吴昌硕在《削觚庐印存》评曰：“其为书，著笔欲飞，而古茂之气，溢于楮墨。”其诗文则文字清隽，内蕴深厚，语境丰约，极富个性。吴亦称其为：“古文诗皆峻洁廉悍，一洗凡近。”（同上）他亦擅长于金石彝器及古代名物，鉴定考据，多有阐发，为晚清金石考证多有贡献，曾著有《春秋名物制度考》数十册，后在太平军与清军战乱中散失。他的著作还有《迟鸿轩诗集》、《迟鸿轩文集》、《迟鸿轩文续》等。顺便说一下“迟鸿轩”斋名的由来——杨岘有一儿子在战乱中失踪，他久寻未果，心中极为伤感，但仍期盼儿子能在某一天归来，犹如迟来的鸿雁。

杨岘在故乡湖州时，与当地及苏常地区士大夫相交甚多，并时常相聚于潜园，翰墨飞扬、诗文唱和、度曲拍谱，成为“潜园七子”的中坚。他生性恃才傲物，对亦官亦商亦儒亦文的陆心源有些不以为意，而对寄居于此的吴昌硕却颇友好且看重。他从吴的诗作及书法篆刻中，看到了一种郁勃的才气和潜在的英气，他敏锐地感到这位谦和勤学的小门客，他的笔墨金石有股隐隐的大气象，并对他书法的不足之处，也直率地提出批评指教：“尊篆有团结欠紧处，团结欠紧处正是不拘束之流弊。”（原信函为吴昌硕孙吴长邺珍藏）。吴昌硕也时常将自己的诗文请他指教修改，他实事求是地认为吴的诗作神采迥异，遣词清隽，只是有些地方不入韵。而对吴的篆刻，这位杨岘凭借着自己深厚的金石文字功力，对貌拙气盛、豪放强悍、粗服乱头的印风十分推崇，曾作长古题《削觚庐印存》：“吴君刻印如刻泥，钝刀硬入随意治。文字涽涽粲朱白，长短肥瘦妃则差。”可以讲，这是早期对吴昌硕篆刻最到位的评论，从而从艺术学上肯定了吴昌硕篆刻的方向，使吴得益匪浅。

正因吴昌硕在与杨岘的交往中感知了他的人品学问及艺术造诣，于是备好了门生帖子想拜其为师。杨却在信中谢辞，并相当诚恳地讲：“师生尊而不亲，弟兄则尤亲矣，一言为定，白首如新。”尽管杨比吴要大25岁，但杨对吴却亲如弟兄。而吴为了表示尊重，依然敬他为师，并自称“寓庸斋老门生”。在吴的诗集中，他也为杨作诗多首，如《迟鸿轩呈藐翁先生》：“到眼无长物，登堂类古初。奇文诸子笔，余事八分书。迎客屐倒著，说诗头孄梳。原非甘肉食，休笑出无车。”《缶庐诗卷第四》。直至杨岘去世13年后，吴昌硕在见到他的遗像时依然旧情难忘：“显亭归去十三春，板屋吴洲失比鄰。师说一篇陈历历，门生再拜舞蹲蹲。梦来丁令千年鹤，道在林宗一角巾。奢望不堪期后死，傥教无恙作遗民。”（《缶庐诗卷第六》）

第十一章　听枫园中师友情

湖州毕竟是鱼米膏腴之地、艺人才子之乡。吴昌硕在陆心源府上任职的一年多时间，生活基本上还是较稳定的，否则的话，他不会把妻子接到湖州来生育第二个孩子。同时，他在此地的人脉艺事也有了较大的拓展和提升。而按照古时幕僚门客的常规，一般都在一二年，最多不超过三四年，除非是心腹幕僚门客可长期任职。况且吴昌硕在安城还有芜园，需要他不时地回去打理一番。

从光绪三年丁丑（1877）开始，他又开始了游学从艺的生涯，时常往返于安城、湖州、菱湖等处，他的篆刻创作量也开始增加，并集拓成《齐云馆印谱》，自署“吴俊昌石著”。是年底所作的两面自用印“俊卿私印”，边款谓：“得汉银印法，丁丑十二月作，古匋器文字，如是缶庐记。”这是最早所见的“缶庐”题署。

光绪五年己卯（1879），在湖州期间，他时常客居在好友金杰家中，两人同好古砖古物，一起把玩鉴赏，兴致浓烈。他们亦谈起同治十一年（1872）间同游上海、寻师访友之事。这座东海之滨开埠的城市中活跃着一群书画名家，尤其是高邕、胡公寿等人对吴的友善，使吴对这座城市还是颇为向往的。但受到自身条件的限制，吴清醒地意识到自己现在还不能走向这座城市。

其时，晚清著名篆刻家胡钁也客居湖州从艺，吴与他相识后，共研金石，同探印艺，颇为投缘，后又同为西泠印社中人。胡钁（1840—1910），浙江石门镇（今桐乡）人，诸生。他的篆刻取法高古，得力于汉玉印、凿印、诏版等，篆法严谨工整，刀法秀逸稳健，在当时流行的浙派、皖派之外，自开古朴清雅之风。他还能刻竹、木及碑刻，颇得金石之神韵，亦能挥洒丹青、诗词题咏，著有《不波小泊吟草》及《晚翠亭长印储》、《晚翠亭藏印》等。吴对胡的篆刻很推崇，认为其取法汉印，立意高迈，在《石交录》多有肯定。胡对吴的印作也颇欣赏，认为其有气势气韵，自出己意。胡钁为光绪年间的一名印坛大家，吴与他的交往及切磋，使他取法高端，法古而不泥古，提高印艺境界是极有帮助的。这一年的阳春三月，他刻白文牙印“人生只合住湖州”，以隶书作边款：“吟轩先生正篆，己卯三月苍石吴俊。”

“燕子来时春社”，“梨花落后清明”。在西苕溪两岸春雨霏霏，桃红柳绿的清明节后，吴昌硕又回到了老家彰吴村旧居。尽管他已在同治四年乙丑（1865）迁居安城建芜园，后又在外游宦从艺，拜师访友数年，但彰吴村毕竟是他生于斯、长于斯的原乡，这里有他儿时读书的私塾溪南静室，有那些嬉闹无邪的小伙伴在村头玩耍的“柳树窠”，还有那位对他呵护有加的慈爱的老祖母及未及成婚就归西的温柔善良的章氏等。为此，他颇为感慨地写下了《彰吴村杂诗》：“莽苍蹑林麓，迷离认草庵。唯余古松树，掩映下溪南。别墅何时筑，浮生此足耽，菟裘吾旧隐，秋井试泉甘。”“高阁动晨眺，愀然闻鸽铃。长风披落叶，秋色散荒坰。树带邮亭古，山浮别县青。数行题墨处，清泪忆趋庭。”（《缶庐诗卷第一》）

唐杜牧在那首流传千古的《清明》诗中写道：“清明时节雨纷纷，路上行人欲断魂。”那连绵的雨丝，容易引起人的伤感与凄楚，这似乎是个忧伤的时节，况且吴昌硕在年轻时所遭受的创伤与苦难，使他的内心仍颇为凄楚。于是，当他登上旧居的楼上时，望着窗外的景色，引发了诗兴，作《登楼》：“湖上归来旧有家，登临不见好云遮。麦苗青泛连畦水，罂粟红堆十里霞。海内奇荒悲铁泪（丁丑寅间，河南、山西大饥，刊《铁泪图》劝赈），吴中淫雨病春花。山民何处为生计，已过清明未采茶。”（《缶庐诗卷第一》）吴昌硕的一生都保持着深厚的乡梓情绪，他对自己的身份认同就是来自田间的一耕夫。在这首诗中，就弥散出纯真的乡民情怀与忧患意识。

江南的仲夏时节来临了，湖中莲叶田田，红花映日。此时的吴昌硕在湖州寄居于金杰寓中，彼此论艺鉴古，观陶品印，时常到月上西楼。这一天，来自浙江青田的一位商人到金杰家中售印石，金见石质上佳，就买了两方，并赠与他，随即，吴就刻了自用印“苍石”，边款谓：“光绪己卯春客苕上，宿金俯将寓中，贾人以二青田求售，俯将谓石质甚佳，购以为赠，六月二日苦铁记。”作为一名钟情于石、有着金石缘的印人，吴昌硕常以印记事、以印抒怀，并将此好保持了终生。

转眼大雁南飞，桂子金黄。在这种秋思撩人的时节，吴昌硕将自己所作的印章编成了《篆云轩印存》，携此前往西子湖畔，一则是看望数年不见的老师俞樾，一则是请老师评点题耑。在观看了自己弟子所作的印谱后，俞樾很是高兴，遂做了相当到位的评价：“昔日李阳冰称：‘篆刻之法有四，功侔造化冥受鬼神谓之神，笔墨之外得微妙法谓之奇，艺精于一、规矩方圆谓之工，繁简相参、布置不紊谓之巧。’夫神之一字固未易言，若吴子所刻其殆兼奇、工、巧三字而有之者乎？”俞樾毕竟是一代硕学鸿儒，他从李阳冰论篆刻中归纳吴的印作为奇、工、巧，是契合吴昌硕篆刻的实际水平与刀笔形态的。吴当时正力学秦汉古印及皖浙印派，融汇变通，处于探索期。也许是俞樾的这次印学题耑，使吴昌硕结合自己的篆刻实践，开始对篆刻乃至诗文书画做了深入的思考。

不久，他就写出了七言古风长诗《刻印》，对金石篆刻及诗文书画做了系统的论述：

> 赝古之病不可药，纷纷陈邓追遗踪。摩挲朝夕若有得，陈邓外古仍无功。天下几人学秦汉，但索形似成疲癃。我性疏阔类野鹤，不受束缚雕镌中。少时学剑未尝试，辄假寸铁驱蛟龙。不知何者为正变，自我作古空群雄。若者切玉若者铜，任尔异说谈齐东。兴来湖海不可遏，冥搜万象游鸿蒙。信刀所至意无必，恢恢游刃殊从容。三更月落灯影碧，空亭无人花影重。捐去烦恼无芥蒂，逸气勃勃生襟胸。时作古篆寄遐想，雄浑秀整羞弥缝。山骨凿开浑沌窍，有如雷斧挥丰隆。我闻成周用玺节，门官符契原文公。今人但侈摹古昔，古昔以前谁所宗？诗文书画有真意，贵能深造求其通。摹印小技亦有道，谁得鄙薄嗤雕虫？嗟予学术百无就，古文时效他山攻。蚍蜉岂敢撼大树，要知道艺无终穷。人言工拙吾不计，古人有灵或可逢。诗成狂吟忽大笑，皎皎明月生寒空。(《缶庐诗卷第一》)

这是一篇用诗的语言撰写的艺术论文，言简意赅而哲理内蕴，可以看作吴昌硕的从艺宣言和创作宗旨，具有极高的美学价值和深邃的学术理念。他以印艺为主体，旁参诗文书画，鉴古论今，旁征博引，由此及彼，由表及里地做了独到的阐述和睿智的评判。他日后之所以能在印、书、画、诗上取得全方位的突破和系统性的创新，亦可从他的这篇古风长诗中得到启迪和解读、认知和诠释。

他首先对当时印坛流行的赝古之病，仿效浙皖、摹学秦汉提出了直率的批评，是“但索形似”，亦步亦趋。为此，他颇有气魄地表明自己是“我性疏阔类野鹤，不受束缚雕镌中”。应当讲，吴昌硕为人谦和友善，相当包容而率真，但在从艺上，他却有着难能可贵的求变求新、开拓创造精神，这是一种艺术的觉悟和创作的追求，由此贯穿了他漫长的人生行旅。为此，他在诗中回顾了自己从艺后的认识过程和观念转变，从“不知何者为正变”到“冥搜万象游鸿蒙”。正是经过如此的摸索寻觅，他才能“去芥蒂”而“寄遐想”，进入“山骨凿开浑沌窍，有如雷斧挥丰隆”的艺境。接着他发出了艺术上的天问，即：“今人但侈摹古昔，古昔以前谁所宗？”随之，他便亮出了自己的从艺主张与创造取向：“诗文书画有真意，贵能深造求其通。”这不仅是整首长诗的诗眼，而且揭示了艺术的真谛与创作的精髓，由此成为缶庐艺术美学的一面旗帜，吴昌硕的一生都践行着这个理念。最后，他以虔诚的姿态，表达对金石书画的敬畏与尊重，否定批判了“岂小道”、“嗤雕虫”的传统观念，阐明了“道艺无终穷”的从艺宗旨。这首七言古风的出现，标志着吴昌硕在经过了多年的寻师访友、游学从艺后，已开始确立自己的从艺目标和创作思想，凸显了理论修养上的趋于成熟和创作观念上的日臻提升。

也就在这一年，他托友人得到了任伯年的《竹鸡图》一幅。那严谨的构图、精湛的笔墨、畅达的线条及生动的造型，令吴十分敬佩，尤其是任画中所表露出的鲜活的生活气息、雅俗并举的创作倾向，使吴感到了一种崭新的气象，使他在创作理念与笔墨形态上对海派书画有了进一步的认同。自此以后，他对画所下的功夫更多了，所做的笔墨思考也更勤了，从古风长诗《刻印》到对任伯年绘画《竹鸡图》的感悟，这绝非寻常之事，可以讲是基本奠定了吴昌硕日后的人生格局和从艺方略，即以印为根基，以诗画书为综合。而且他把自己生活从艺之地从湖州开始转移向苏州，这对于吴昌硕来讲是人生重大的转折。

历史悠久、人文荟萃的苏州，是“杏花春雨江南”、“小桥流水人家”的江南古城，有着两千多年的历史。早在春秋战国时，就是吴国的政治中心。司马迁称之为“江东一都会”(《史记・货殖列传》)。因城西南有座姑苏山，旧称姑苏，隋开皇九年（589）更名为苏州，以“上有天堂，下有苏杭”而闻名遐迩，经著名史学家顾颉刚先生考证为中国第一古城。

苏州是吴文化的发祥地和代表者，历史积淀深厚，文化艺术昌盛。姑苏城内外景色琦丽、风光秀美，既有园林之美，亦有山水之胜。唐朝诗人张继的《枫桥夜泊》，将寒山寺的钟声传遍了海内外。苏州也是中国丝绸的故乡，太湖畔留存的新旧石器时代的文化遗址，见证了丝绸悠久的史脉。

从苏松常到杭嘉湖，史称江南六府。苏州不仅是经济发达、商贾繁荣之地，而且是江南文化的中心，艺事昌盛，名家汇集，大师辈出。就以崛起于明代成化及嘉靖年间的吴门画派来讲，沈周、文徵明、唐寅、仇英均是艺苑的领军人物，直接影响了清代画坛的创作，传导了文人画的创作取向和审美情怀。因此，吴门画派在清代吴历、恽格等人的传承下，呈现了相当的活力，特别是吴历“不敢取形似，不落窠臼”及“见山见水，触物生趣”的笔墨观念，为当时画坛所推崇。而且苏州凭借着富庶的经济与鼎盛的人文，历来是中国收藏的重镇，尤其在清末涌现了如吴云、潘祖荫、吴大澂、顾麟士等一批收藏大家，集历代名家书画、珍本旧籍、鼎彝铜器、金石印章、名帖古碑、皇窑官瓷、钱币珠宝、紫砂玉器等，可谓蔚为大观，引领藏界。

正是在这样的一个背景与人文环境下，光绪六年庚辰（1880），37 岁的吴昌硕在新春伊始的正月来到了苏州。从此，他把自己游宦从艺的中心从湖州移向苏州，使他的人生格局得到了进一步的拓展，从而使其人脉社交与金石书画得到了更大的提升。

梅花香溢、天竺红艳的姑苏城，虽已过了春节，但大街小巷还沉浸在佳节的余庆中，有的大户人家已挂出了大红灯笼，以迎接十五的元宵节。暂居小旅馆的吴昌硕这一天在观前街邂逅了金铁老，自同治十三年甲戌（1874）一别，至今已有六载。尽管金铁老已年过花甲，鬓发花白，但性格依然豪放洒脱，见了老友，更是热情相邀到其寓所以酒相待。望着这简陋衰败的老屋，吴昌硕深为老友的晚景所担心，也引发了他对士人生存状态的思考。他在《晨坐铁老寓斋》中就反映了这种心态及对老友的情谊："夕雨润花晨，可怜东望春。何心尔诗老，瞠目对愁人。默抱天涯感，如亲酒味醇。相逢情不浅，林卧欲呼频。"（《缶庐诗卷第二》）

金铁老是一位极具诗人气质的名士才子，且生性豁达，吴昌硕和他一直相处甚欢，诗兴也随之盎然。不久，金铁老又约吴昌硕到姑苏著名的赏梅胜地邓尉闻香，吴因临时有事而未成行。为此，吴昌硕颇遗憾地写下了《铁老约游邓尉不果》。在金铁老的寓斋内喝酒聊天，听着金铁老的高谈雄辩，也很开怀遣愁。吴昌硕以《寓斋哄饮招铁老》记之："柳条拂地东风匀，春江不染纤纤尘。看碧桃花过寒食，听黄鹂儿随酒人。高谈雄辩容愁散，原上水边天气新。借问老翁苦岑寂，曷不赋诗来频频。"（《缶庐诗卷第二》）

吴昌硕在当时所寄居的旅馆内，以鬻字刻印维持生计。他的朋友、书法家杨大瓢（宾）来看望他后，专书"铁函"两大字相赠，古朴苍劲而洒脱雄健，他自是十分喜欢。于是将"铁函"二字挂在墙上，自称这个借居之地为"铁函山馆"，并刻"铁函山馆"印，边款曰："得杨大瓢书铁函二字，悬旅馆因凿此石，庚辰二月仓硕。"在这期间，一些书画艺友及诗人名士也时常来小旅馆看望吴昌硕，或品茶小酌，或挥毫奏刀，使他在客地异乡的寄居生活中，享受到了一种友情的关爱与温馨。如他在这期间用篆书写了八言联："落叶半床狂花满地，焦麦两瓮寒菜一畦。"边款："海如仁兄大人集小园赋句属书即请正篆，庚辰二月朔苍石弟吴俊卿学涂。"

寄居售艺的生活毕竟没有什么保障，经济上也颇拮据。于是，当时苏州大收藏家、著名士绅吴云向他伸出了援手，婉请吴昌硕到吴府设馆授课，教吴门孩童。早在1872年吴昌硕初到苏州时，就在师友的引荐下与吴云缔交，吴云对他的品性为人及学问功底还是有所了解的，因此，对这位正处于人生困境的小同乡颇关照，而这对于吴昌硕来讲，又是为他提供了一次重大的人生转机。

吴云（1811—1883），字少甫，一作少青。号平斋，又号愉庭、抱罍子，晚号退楼，归安（今湖州）人。书斋名为两罍轩、抱罍室、二百兰亭斋。自幼好古，深嗜金石，书法宗颜鲁公，笔力遒劲。亦能山水花鸟，意趣古雅，气格高迈。篆刻造诣颇深，取法秦汉正脉，醇逸古穆。他系举人出身，官苏州知府，家境富裕。收藏宏富，且精于鉴定，镇宅之宝为齐侯罍二器及《兰亭序》各种旧拓两百种。同时，他花费了二十多年时间收有大量的秦汉古鉨印，而且皆为精品。辑有为印学界所宗法的《二百兰亭斋古铜印存》。作为一名富甲东南的收藏翘楚，吴云最可贵之处是对古器物进行了学术研究和鉴定考证，著述丰富，著作有《古官印考》、《印考漫考》、《两罍轩彝器图释》、《虢季子盘考》、《建安弩机考》、《华山碑考》、《焦山志》等。他收藏青铜彝品、古代名画、秦汉鉨印、宋元珍本、名碑旧拓等，带有鲜明的文物保护意识。如他所收大宗的秦汉官私印，是先听说嘉兴张氏清仪阁藏有古鉨印四百多方想出售，为了不使这批古印散失，他以高价整批收进，然后进行了考订，并出版了印谱及研究专著。

尽管吴云当过姑苏知府，在士林圈中享有极高声望，但他却能为人友善、礼贤下士，对那些落魄的文人及失意的士子多有帮助。吴昌硕的孙子吴长邺在《我的祖父吴昌硕》（上海书店出版社，1997年11月版）一书中曾写道："吴昌硕先生初到苏州，即与平斋缔交。平斋见他好古力学，很乐于帮助，就让昌硕先生住在自己家里，又为他安排好生活，并把自己所珍藏的古代名家书画以及金石文物，尽量给昌硕先生观赏。当时先生正苦于无从扩大眼界，得此知音者热情帮助，当然异常兴奋，每天自朝至暮，手慕心追，矻矻不足，由是先生作篆刻印，大有进展。"此则记叙很重要，不仅反映了那个年代文人士子之间友情的真诚温暖，而且反映了吴云对吴昌硕的大力扶植与提携。同时也折射了吴云对吴昌硕人格的尊重及慧眼识珠，他是为未来的一位艺术大师、一代流派巨擘提供了深造的物化环境（出示所藏金石书画及文物石器）及生活条件（使其免去了为五斗米奔走的生存困境）。可见吴云对吴昌硕是有知音之感、知己之交、知遇之恩的。一直到吴昌硕的晚年，每当谈到自己当年在吴府听枫园的课馆从艺，吴昌硕还是心存感恩，并向吴云的后人讲："没有平斋，就没有我吴昌硕。"

在吴府的日子里，吴昌硕相当认真地执教吴家后代，与孩子们相处甚欢。闲暇时他就奏刀篆刻。由于受条件限制，他以砖代印，铁笔纵横，这却也练出了他过人的腕力指功，强悍爽辣，力有千钧。吴云有一次偶尔在他的房前走过，听到“咯咯咯”的刻石声，即进门观望，发现吴昌硕正在以砖代石全神贯注地刻印。只见他行刀遒劲沉稳，气势郁勃酣畅。再看桌上及地上，堆着不少有印面的砖块。由于吴云自己精于印学，亦能奏刀，因此拿起一块砖印细看，响声惊动了吴昌硕，他忙起身向已年近七十的主人请安。吴云随和地挥挥手，示意他不必拘礼，坐下说话。然后问他刻印有多长时间了，取法何处，师承哪家，吴昌硕一一做了回答。望着满屋的砖印，吴云深为这位小同乡的好学刻苦精神所感动，再加上平时听家人及孩子们讲这位新来的坐馆先生平时话语不多，但做事踏实，教书仔细，为人诚恳，于是产生了爱才提携之意。他首先肯定了吴昌硕刻印是有一定功力的，刀法劲健，篆法严谨，章法和谐。但如果从不足的方面来讲，吴昌硕的印章古意不够，底蕴也不丰厚，这和他秦汉石鉨印看得少有关，即看古印谱不够，阅历较浅。从其刻印师法来看，主要是学皖派、浙派，虽然仿得还得其门道，但终究是效仿而已，境界还不够高，印风还不够古。

吴昌硕边听边点头，深为吴云精深的印学造诣及独到的篆刻评点所折服，颇有高人点拨、茅塞顿开之感。吴云还告诉吴昌硕自己藏有几百方秦汉官私印的精品，还有春秋战国的古玺，另外由明及清大印家的印谱打印本亦有不少，可以让他观看及翻阅。这对吴昌硕来讲真是天赐良机，使他能直接观赏吴云所藏的古鉨印，看到中国篆刻艺术发展史上鼎盛期的经典之作、秦汉相官印的雍容典雅、将军印的苍劲豪放、私印的奇谲多姿等，使他颇受众悟。另外，明清历代篆刻流派大家的传世印谱，也是承继有源，自出己意。由此，他感到追慕秦汉是为了得高趣，别出新意才是蹊径。

历史地看，吴昌硕自幼学篆刻，发蒙于其父，后又得不少师友指点，已有成就。但这说到底，还仅是不少印人常规化的施技层面及流派性的印法面世，还缺乏更上层楼的取法。吴云的指点及大量印学藏品的观赏，对吴昌硕而言真是振聋发聩，如醍醐灌顶。如果说年前他在七言古风长诗《刻印》中所表达的篆刻认知主要还是在传承创新的诉求上，那么此次经过吴云的点拨及大量地观看战国及秦汉古鉨等印作，则使他在具体的取法对象上，更有了明确的方向。于是，吴昌硕拿出自己近年所作的印谱《篆云轩印存》请吴云指教。

吴云将《篆云轩印存》拿回自己的书斋后看了几日，对每方印做了评点，然后诚恳地建议吴昌硕要做削删，去粗取精，去芜存优。印谱名称也更名为《削觚庐印存》。吴云对吴昌硕篆刻的指教是相当具体而深入的，他从自己丰富的阅历、高蹈的见解及奏刀的感悟，使吴昌硕的篆刻向古朴高逸的方向发展。为此，吴昌硕在《题削觚庐印存》中也深有感受地云：“铁书直许秦丞相，陈邓藩篱摆脱来。”(《缶庐集卷第二》) 意谓篆法要师秦相李斯，此乃篆书之正脉经典。在奏刀取法上要摆脱当时颇为流行、众人效法的浙派陈鸿寿及皖派邓石如的束缚。吴昌硕的篆刻艺术生涯正是以此年为转折，终止了对浙派、皖派的仿效，开始转向取法古玺、主攻秦汉，由此奠定了他篆刻高古的格调和朴穆的意蕴。如他在这一年（1880）刻的“周作镕印”、“方濬益印”等印，篆法方正简约，章法稳健端庄，刀法深厚凝重。他为吴云所刻的“两罍轩”则胎息战国古鉨印，文字奇谲古雅，章法疏密有致，用刀婉约畅达，富有意趣。他为杨岘所刻的“迟鸿轩主”，则属于古封泥印，篆法生动古秀，刀法苍劲朴茂，展示了古意斑斓的意境。吴昌硕时年37岁，也就是说，由此开始奠定了他日后成为一代篆刻巨擘的基础。

吴云的听枫园，也是当时苏州文人学士、书画名家等的雅集之地，吴云的师友圈是相当高端的，这也为吴昌硕提供了人脉上的资源。如当时的文坛名家、书法家朱祖谋就时常到听枫园来作诗填词、说古论今、品评书画，与吴昌硕相识后，很是投缘。朱祖谋虽然比吴昌硕要小13岁，但由于出身名门，自幼青箱家学，渊源有自，因而在文学诗词及书画收藏上很有造诣，是当时文坛出名的青年英才。他和吴昌硕共同切磋诗文书画，成为知己之交，其友谊延续了终生。吴昌硕晚年定居上海后，他们交往更多。

在寄居听枫园的日子里，吴昌硕的生活状况还算是平静而从容的。吴云的古印收藏堪称翘楚，这对吴昌硕的篆刻大有启悟。另外，他的恩师俞樾的寓所与听枫园相邻，他也时常去先生处拜望请教，其社交圈也不断地扩大，先后与姑苏文人艺士吴秋农、金心兰、顾茶村、胡三桥、方子听等结交。此时，老友杨岘亦在苏州，杨岘对古陶砖瓦情有独钟，吴昌硕亦喜好于此，他们时常赏陶玩砖，杨岘的学问造诣及闲云野鹤的性格，也颇使吴昌硕敬慕。这一年金风送爽的九月，他还赴京口、丹阳等地，并在京口以浑朴雍穆的汉印法刻了白文印“安吉吴俊章”。边款以诗记曰：“京口明月船不眸，大江东去天无涯。便须挂席剪沧海，去揖和以铜琵琶。庚辰作于京口，仓硕。”十月十五日回苏州后，他余兴未尽，又铭款曰：“三百里程争一日，望亭亭野接丹阳。云沈水国天何远，秋入芦花气乍凉。失路几惊穷鸟叹，踏车休笑老牛僵。河鱼香稻纷纷饱，输尔南归雁数行。”(《丹阳道中》,《缶庐诗卷第一》)

吴昌硕极富诗人气质，平时以诗抒情叙事。此次外出，他作了多首诗以作记游，并借景抒怀，使之情理并茂。如在《渡江》的诗末，他感叹道："平潮吞野岸，一雁点秋痕。空负澄清志，同谁击揖论。"而《过枫桥》一诗，写得相当清逸峻丽，意境丰裕，颇有唐人遗韵："十月霜未降，枫桥枫叶青。人家隔秋水，灯火隐回汀。远浦雁声落，寥天风色冥。乌啼钟正晚，清绝掩蓬听。"（《缶庐诗卷第一》）回到苏州后，已是十月末，姑苏之秋景色明丽而婉约，金桂盛开，空气中荡漾着幽逸的芳香，胭脂色的枫叶伸出小巷深处的院墙，犹如天边一抹绚丽的彩霞。他又和金铁老相逢，于品茗喝酒时感叹人生易老，如秋水云烟，遂作《与铁老话旧》："七十老翁何所求，洪涛逆浪挽虚舟。兴来自醉碧筩酒，行散一登黄鹤楼。不尽美人秋水思，每深风雨夜灯愁。八年前记苏台月，无恙清光照白头。"（《缶庐诗卷第一》）

吴昌硕是一个有着深厚乡土情绪之人，由于长年漂泊在外，游学从艺，课馆为生，因此，在这惹人乡愁的深秋时节，他十分思念老家安城的芜园及老母妻儿，为此挥毫濡墨作《芜园图》并题长诗："芜园何所芜，人与芜园期。即此足容托，荒陋安足辞。""卜居桃城中（即芜园所在的旧安吉城），未殊居故乡。故乡虽未远，易地心忧伤。""家食苦不给，买舟湖海游。读书未十年，窃愧升斗求。""亦复爱吾庐，携图寄遥瞩。煮字未疗机，一身徒仆仆。""客中虽云乐，故园终萧爽。何日抛微禄，永作芜园长。"（《芜园图自题》,《缶庐诗卷第一》）此首乡愁诗可谓极真切地概括了吴昌硕的前期人生。芜园尽管是仅有芜青（俗称大头菜）而无所芜（无），但却可互相容托。寄居于桃（安）城离鄣吴虽不远，但仍有忧伤之感。由于难以养家糊口，只能漂泊湖海。读书多年，但愧难换得升斗米。思乡心切，而作图遥寄瞩望。客居他乡，虽然还算快乐，但故园已萧瑟，真想把功名利禄全部抛去，回归家园。

第十二章　以缶为庐庐即缶

人生的期盼，有时仅是一个美好的夙愿。无论是游学从艺，还是课馆谋生，或是门客幕僚，故乡只能永驻吴昌硕的内心，而现实却是渐行渐远。相约于江湖，相守于岁月，相望于未来。光绪八年壬午（1882）春，由于家乡安城闹匪乱，烧杀掠抢，无恶不作，老母妻儿为了躲匪患，有时只能到乌篷船上安身。为了安全考虑，也为了与老母妻儿能生活在一起，于是，吴昌硕把家眷接到了苏州，住在西畮巷之四间楼。尽管房屋狭小简陋，仅能容身，但这毕竟使吴昌硕享受了天伦之乐。另外，吴昌硕也考虑到自己三十又九，年近不惑，长期寄居为生，终不是安身立命之策。虽然经济压力甚大，生活更加拮据，但总得咬紧牙关挺下去。

吴昌硕当时的主要收入靠鬻艺，以刻印为主，但生意清淡，家中为愁云所罩。好在那些师友对他的境遇颇关心与同情，全力为他凑了些钱，捐了个县尉，总算有些薄俸以维系生计。他在当时的诗作《潘燕池先生书问近况奉答中》中写道："薄宦如游民，浮家累妻孥。一屋雨打头，达旦声咿唔。……能狂山简谁，固穷东野吾。读书万卷愁，凿石双手痛。那知刻画能，深入贫溅涂……"（《缶庐诗卷第二》）

苏州西畮巷四间楼，与千年古寺寒山寺相邻，那月落乌啼的风霜、江枫渔火的守望、夜半钟声的寂寥，使吴昌硕体验到了姑苏的史绪文脉与古风雅韵。为此，他有《四间楼》诗记曰："四间楼高风泠泠，寒山钟入烟冥冥。城隅一塔耸古秀，江上数峰排众青。酌酒自作东道主，卧游胜读南华经。日光晨气荡檐角，梅花树树开围屏。"（《缶庐诗卷第二》）而景色秀美、林木葱郁、古迹幽逸、题刻遍布的古城名山虎丘，也仅相隔数里。若遇天朗气清时，吴昌硕也会去虎丘访古寻碑、探幽览胜。而此时，他会触景生情，让自己的思绪与感叹沉浸在沧桑流岚与山水襟怀中："清磬数声沈虎丘，荒村斜日下羊牛。风生远浦吹萍合，人坐扁

舟散发游。太古有情山到眼，禅机无语石回头。摩崖读遍吾谁与，鉴影苍凉月一钩。”(《虎丘》,《缶庐诗卷第二》)

吴昌硕之所以选西畮巷四间楼而居，其中还有一个很重要的原因，就是他的好友杨岘也住在那里。两年多前，吴昌硕初到苏州，住在小旅馆，孤寂清贫时，杨岘就时常邀他到自己的家中小聚，喝酒论艺，使吴备感友情的温暖。后来，吴昌硕到吴云的听枫园坐馆，杨岘还常来看望他，逢年过节时，也让吴昌硕到四间楼的自己家中话旧谈诗，以慰他思乡念家之情。为此，吴昌硕择其地而入住，就是为与这一位情在父子、师友间的迟鸿轩主人做近邻。

杨岘在诗文书画、收藏鉴定上均相当有造诣及见地，而且为人坦诚热情、豁达大度，自在湖州与吴昌硕相识后，一直视吴为知己，平时对吴昌硕颇多鼓励与帮助，从如何作诗到指点书法，从评析篆刻到读书求知，可谓是诲人不倦。因此，吴昌硕早就将杨岘作为自己的老师，自称是“寓庸斋内老门生”，并继上次湖州之后，再次送上拜师帖，要立雪程门，杨岘也再次婉拒。杨说还是做朋友好，以师相称反而生分了。这对忘年交虽然境遇落魄，生活清贫，但各自真诚相见，无话不谈，尤其是杨岘在艺事处世上对吴昌硕日后影响颇大。吴昌硕在多首诗中多侧面地展示了杨岘的人生风貌：“奇诗动似春葩吐，古隶书成乱发团。人是人非都不问，了无人处自家看。”(《缶庐诗卷第二·怀人诗·藐翁先生》)“狂名满人口，长物一诗囊。冷合辞官去，饥犹寻笔忙。凉秋好风色，瑟瑟动衣裳。”(《缶庐诗卷第三·藐翁先生命题孤松独柏图》)尤其是在《迟鸿轩呈藐翁先生》中，更是生动地描写了他落拓不羁的人生：“到眼无长物，登堂类古初。奇文诸子笔，余事八分书。凶宅屐倒著，说诗头懒梳。原非甘肉食，休笑出无车。”(《缶庐诗卷第四》)

杨岘是清末隶书名家，笔墨高古而线条朴茂，气势郁勃而风格独特。但他生性孤傲，不媚世俗，因而鬻书境遇不佳。而此时吴昌硕的售字刻印情况也是如此。但他们却互相携手，诗词唱和，笔墨相赠，在精神层面上相互融通。他们在日常生活中也是互相关照，如吴昌硕在《缶庐别存》中有一首诗跋就极有生活情趣：“寓居无花木，欲求一枝作清供不可得，藐翁斋外玉兰盛开，折以惠我，汲井花水贮古缶养之，香满一室。翁索画，为花写照当之。韵事也，不可无诗。”诗曰：“晨钟未报楼阁曙，墙头扶出玉兰树。南邻老翁侵晓起，持赠一枝带晓雾。”

在吴昌硕的人生历程中，定居西畮巷四间楼，具有重要的人生转折意义。这一年他 39 岁。在这之前，他虽然也曾在湖州、杭州、苏州等地游学从艺或做门客幕僚，但他的身份依然是乡村文士，其家也安在乡镇。无论他的人生形态、生存方式，还是人文意识、价值取向及相关的人际交往、经济来源等，还是以乡村内蕴为主体。然而，当他携家眷入住四间楼后，他正式开始融入城市，改变自己的身份，已开始具有城市人的生活认知和市民意识，这为他以后的发展及正式进入大都市上海做了铺垫与开拓。也就是说，只有城市，特别是已开埠半个多世纪的上海，才能为吴昌硕成为真正意义上的职业艺术家及一代大师，提供生活环境、从艺条件、人脉关系及经济增长等成因。尽管此时的这位“乡阿姐”到他正式定居上海还有相当长的一段路要走，而且充满着艰辛与坎坷乃至起起落落，但人生旅程的柳暗花明，常常是为了心灵践约的期盼；岁月年华的探索寻觅，往往是为了抵达精神向往的彼岸。对此，在以往的吴昌硕研究中，是忽略不计的。

吴昌硕在1882年做出全家移居苏州的决定后，曾回到安城处理一些事务，同时与家乡的一些亲朋好友告别，他专门写了“道在瓦甓”的条幅赠给爱古物的老友金杰以作留念。吴昌硕在正式入住姑苏古城时，其庐名“缶庐”已定，并以此庐名终老，其诗集亦称《缶庐诗卷》。“缶庐”别号，应当讲是具有人格化的象征，其古穆大气、质朴端庄、包容并蓄，正和吴昌硕的性格相符，这也是吴昌硕人生历练后的精神寄托与心智的成熟，是与吴昌硕入住苏州这一人生重大的转折相对应的。而此后，随着吴昌硕在艺坛的逐渐崛起及年岁的增长，人们尊称其为“缶翁”。

自1872年，吴昌硕与施酒完婚后不久，离开安城芜园开始游学从艺，做门客西席，至1882年告别安城迁居苏州，这十年间，他先后到过湖州、苏州、杭州、扬州、上海、嘉兴等地，这些都是江南文化名城，有的还是新兴开埠的都市，吴昌硕在艺事、人脉、社交等方面，有了相当重大的发展、积累与储备。他先后师从或交友的如俞樾、杜文澜、吴伯滔、金铁老、颜文采、陆心源、杨岘、胡钁、吴云、朱祖谋等，对他的诗文、书法、绘画、篆刻乃至鉴古、识器、赏析等方面均产生了重要的影响。而当他正式定居苏州后，其艺事、人脉、社交，更是得到了进一步的发展。在入住苏州后，他结识了清末重臣名儒、艺坛巨擘潘祖荫，从而完成了他艺事、人脉上最高级别与层次的交往，这也为他日后最终成为一代大师与艺坛巨擘做了历史的前期准备与艺事的发展引导，真正具有天时、地利、人和的综合能量。

吴昌硕结识潘祖荫是在1883年，是由他的朋友潘瘦羊介绍的。在吴昌硕的《怀人诗》中，曾以相当亲切而潇洒的笔调写道：“黄山白岳几回看，经过严陵七里滩。听水听风随处可，香禅居士著蒲团。”(《缶庐诗卷第二》)潘钟瑞（1833—1890），字麟生，号瘦羊，别署香禅居士，曾为秀才。通过吴昌硕的诗可以知道他是一个具有山水襟怀、生性淡泊超脱之人。潘诗文造诣深厚，才思敏捷，诗笔奇逸，宗法王摩诘，有诗情画意和禅境佛意。书法以魏碑见长，古朴劲健、气势酣畅。于金石古器用功精勤，并多有考订，亦能奏刀刻印，胎息秦汉，印风古穆典雅。他虽比吴昌硕年长，但由于同为书画诗文金石之友，且情趣相投，性格相合，因此吴昌硕在寄寓吴云两罍轩时，就与其相识，成为挚友，1881年，为其题《香禅精舍图》，曰：“翛然一身，如空山老纳，而无打钟供佛之烦。出语精妙深得禅理。我诗意浅薄，以彼法论之，则参得下乘禅也。空山秋月明，独坐为岑寂。木犀香里禅，氤氲呼欲出。入定孤云微，襟寒一纳破。况著蒲团处，澄秋不可唾……”

潘氏当时在苏州乃是钟鸣鼎食的名门世家，系华丽家族，故有“潘贵”之尊。潘瘦羊虽吴门贵胄，家境优越，却能平和待人，对吴昌硕相当友善，因而入吴著名的十七《怀友诗》中。潘见吴钟情于石鼓，就慷慨地将自己收藏的汪鸣銮（郎亭）精拓的石鼓拓本赠给吴，此为罗纹笺纸拓，与明拓本对比，其半字较为清朗处有十余处，而明拓本胜于此者仅二三字，系当时最好的石鼓范本。吴昌硕兴奋不已，自是相当珍爱，并专门写了七言长诗《瘦羊赠汪郎亭诗郎鸣銮手拓石鼓精本》以记之：“郎亭匊水洗石鼓，氈蜡登登忘辛苦。天一阁本付劫灰，楮墨如此前无古……后学入手难置辞，但觉元气培脏腑。从兹刻画年复年，心摹手追力愈努。葑溪新居南园邻，种竹移花满庭户。清光日日照临池，汲干古井磨黄武（时以黄武砖为砚）。”(《缶庐诗卷第二》)由此可见，正是自潘瘦羊赠送了此本石鼓精拓本后，方奠定了吴昌硕毕生主攻石鼓的笔墨取向。

为了使吴昌硕能进一步结交当时的名士硕儒，进入艺界高端层次，潘瘦羊将吴引荐给了自己同族的潘祖荫。潘祖荫在当时不仅是权倾一时的庙堂高官大吏，光绪八年出任军机大臣，而且是清末顶级的收藏大家，以收藏青铜国之重器大克鼎、大盂鼎名重天下。他为人正直，为官刚正，为政勤勉，颇得时誉政声。吴昌硕与其相识并相交，乃是人生难得之机缘，使吴真切地感受到了知遇之恩、知己之谊与知音之情。

潘祖荫（1830—1890），字在钟、凤笙、伯寅，号郑盦，室名滂喜斋、功顺堂、汉学居、八求精舍，吴县（今并入苏州）人，系显赫世家出身，其祖父潘世恩为乾隆时状元，官拜太傅及武英殿大学士。其父潘曾绶，官封内阁侍读。他自己系咸丰二年进士、探花，授编修。咸丰十年，左宗棠被弹劾，他上疏力保。咸丰十一年，皇帝下诏求直言进谏，潘应诏进言：第一，勤圣学；第二，求人才；第三，整军务；第四，裕仓储。同治年间，潘祖荫先后弹劾不少不称职的官员，“直声震朝端”。后特旨赏潘祖荫翰林院编修，南书房行走。光绪元年后历任大理寺卿、礼部尚书、军机大臣、兵部尚书、江西学政等。

潘祖荫系收藏巨擘级人物，所藏图书、金石、彝器、碑帖等均是精品，其中有不少是国宝之珍。他亦是一代大儒，精于经史，工于书法，著有《攀古楼彝器图释》、《滂喜斋读书记》，辑有《滂喜斋丛书》、《功顺堂丛书》等。潘祖荫曾用三百金购得北宋本《公羊春秋何氏注》一册，曰：“此世罕见本，我买得便宜。”其宋元刻本，达127种，明初本亦有百多种。而他收藏的钟鼎彝器多达五百多种，为青铜器的传世与研究做出了杰出的贡献。著名学者王季烈在《滂喜斋藏书记》中，评其为：“在朝数十年，持躬清介，屏绝馈遗，所藏商周珍器、宋元精椠，皆尽廉奉购之四方。”潘还和张之洞、刘喜海、李慈铭、吴大澂等一流学者名士时常说史论古，品评鉴赏，切磋交流。

一生爱才惜才护才的潘祖荫，曾提携扶植不少精英人才，对吴昌硕亦是如此。潘祖荫最初是在潘瘦羊家中看到吴昌硕所刻的印章。此时，吴昌硕的篆刻正进入到重要的转型期，他已基本摆脱了浙派与皖派的影响，跳出了当时流行印风的束缚，开始上窥春秋古玺，力学秦汉官印，并以民间的古封泥印为参照，印风趋于高古朴茂与雅逸醇厚，已开始透露出大家之气。正是凭借着深厚的艺术造诣与高迈的鉴赏认知，潘祖荫一见到吴昌硕刻的印章，就觉得不同凡响，气韵雍容古穆，甚是欣赏推重。一开始由于双方身份地位的悬殊，他转托潘瘦羊请吴为其治印，先后达数十方，而且颇为满意。而后他不顾等级之差，约请吴昌硕见面，并将自己所藏彝器拓本及古籍碑帖善本多种慷慨地赠送给清贫的吴昌硕。而后又邀请吴到其府上做客，将攀古楼所藏的不少青铜彝器、金石碑帖及名家书画让吴昌硕过目欣赏。这些高等级的历代文物及艺术藏品，对吴昌硕日后的金石书画创作提供了难得而又宝贵的资源。更关键的是，在潘祖荫对吴印风的欣赏、肯定之中，使吴坚定了自己的从艺之途与印学之路。而潘祖荫身为高官大吏及一代名士大儒，他与吴昌硕的相交及用吴所刻的印章，这种行为的本身，对吴昌硕的社会生活与从艺生涯都产生了不可低估的影响与作用。

也就在这一年，当时他寄寓两罍轩时由吴云删削并定名为《削觚庐印存》的印谱版已装成，吴昌硕以印章拓成散页赠给亲友。这就形成了极有特点的版本现象，即《削觚庐印存》版本各异，几乎没有相同者。吴昌硕对于自己这本于不惑之年所出的印谱亦十分珍视，他请了杨岘、潘芝畦、徐康、周陶斋等人题跋或题诗。而当年的恩公吴云却在这一年故世了，吴昌硕对此伤感不已。直到他自己已成为一代宗师后的暮年，仍对吴云感恩不尽。

第十三章　伯年为其画肖像

吴昌硕在正式入住苏州西畮巷四间楼后，当了一个小小的县尉，借以领取一些微薄之俸。缶门弟子王个簃曾在其回忆文章中说：“其时生活异常清苦，笔墨收入不足以赡生计，友人曾替他纳粟捐个小官——佐贰，从此有了一挂名的收入，但其数甚微。”从职官表来看，“县尉”是“典吏”之旧称：“县丞（正八品）、主簿（正九品）分掌粮马、征税、户籍、巡捕之事，以佐其县、典吏（未入流）掌监察、狱囚；如无丞，簿则兼领之。”这个芥末小吏，虽为挂名，但有时也有一些公务与差事要做。

1883年的三月初，吴昌硕因公出差天津大沽口，需从苏州到上海乘船，在候船时，在朋友高邕的引荐下，拜访当时已名闻海上的画坛领袖任伯年。早在1872年吴昌硕游历上海时，就想拜识已定居上海的任伯年，但未能如愿，甚为遗憾。高邕不愧为吴昌硕的好友，而且他与任伯年亦是知交，于是他从中牵线，了却了吴昌硕的夙愿。

一位是海派书画艺坛当时的大师，一位是未来的大师，吴昌硕与任伯年的相见，应当讲是具有历史性的重大而深远的意义，从而成为近代中国艺术史上的一次大事件。吴与任的见面相交，笔墨结缘，似乎是前世今生的约定，也似乎是一个画派鼎盛的时代基因与历史机遇。时年任伯年44岁，正值盛年，也是其绘画艺术的巅峰期，其画名远播海内外。这一年的元旦，他完成了精品之作《紫绶金章图》，题款曰：“唯愿取黄纸青灯，及早换金章紫绶。”早春二月，他又为章显廷创作了历史题材的经典之作《关河一望萧瑟图》(即《木兰从军图》)，又作《荷塘鸳鸯图》等，这些画都是中国近代绘画史上的传世之作。而吴昌硕时年四十，他正在其金石书画上实现艺术转型，并在名士大吏吴云、潘祖荫等的帮助下，开始进入一种高端的创作层次。

任伯年（1840—1895），初名润，字次远，号小楼。后名颐，字伯年。别号山阴道上行者、寿道士等。浙江山阴（绍兴）人，出生于民间画工之家。父鹤声，字淞云。工肖像写真画。任伯年年幼时，即受到父亲的绘画训练和技法传授，打下了扎实的写实基础。父早逝后，任伯年就从家乡来到上海，从其族叔任熊学画，后又从任薰学。并于1864年随任薰赴宁波从艺卖画，人物画技艺日进。1868年仲冬，从苏州赴上海，虽有画艺，但颇落魄。后得海上名画家、钱业公会礼聘、仁寿堂雅集主人胡公寿的帮助提携方立足。方若在《海上画语》中曾云："胡为钱业公会所礼聘，扬誉自易为力，且代觅古香室笺扇店，安置笔砚。不数年，画名大噪。"原本流落沪上的民间画手，凭借着自身的努力与实力，在师友们的扶持下，很快就跻身海派书画的主流群体，并很快成为领军人物，被徐悲鸿推崇为"仇十洲之后，中国画家第一人"。

任伯年的介入和崛起，对海派书画具有典范意义和建树作用。作为一名海派书画的集大成者和前期巨擘，正是由于任伯年的传承创新，开拓突破，使海派书画达到了那个时代应有的艺术高度，得到社会确认，也使海派书画真正具有了近代意义上艺术流派构建的历史影响，从而和以前的华亭画派、扬州画派、金陵画派等具有新旧的分界，使中国绘画在清末这个历史结点发生颠覆性的变革，形成了崭新的近代绘画格局。笔者正是通过对任伯年历史地位的考评和艺术贡献的分析，认为任伯年的从艺与发展，除了自身的禀性气质、智能条件及勤奋刻苦外，另外有三种因素是不能忽略的，即海派书画群体的互补效应、海派艺术文化圈的提升作用、海派书画市场的运作机制。

在任伯年的海上画室颐颐草堂内，翰墨飘香，丹青溢彩，一派艺风雅韵，画案上堆放着各种大小不一的毛笔，五彩缤纷的调色碟铺开着，紫砂花瓶中插着数枝正盛开的桃花。粉墙上挂着几张任伯年刚完成的新作，有花鸟，有人物，相当生动传神。一个操着绍兴口音，一个带着安吉语调，双方互致问候。尽管任伯年比吴昌硕要大四岁，而且已在艺坛得大名，成为海上画派的领军画家，但对吴却相当热情，一见如故。望着挂在墙上的任伯年画，吴昌硕深为任画深厚的功力、精湛的造诣、独到的笔墨所叹服，遂直率地表达要拜任伯年为师学画。从交谈中，任亦知道吴对书画金石颇有自己的见解，且与当时不少名流艺士有交往。因此，他请吴不妨先挥毫作画，以观其艺达到什么水准。

吴昌硕随即起身，卷一下袖子，提笔醮墨汁后，颇为爽捷地挥毫疾驰，提按顿挫中节奏畅达，然后用色上彩，其枝干气势郁勃遒劲，线条饱满朴茂，弥散出浓烈的金石气与篆籀韵。在一旁观看的任伯年相当惊讶而惊叹，半天没缓过神来。"我就知道自己的画法是不入法门的吧。"吴昌硕有些怯意地讲。"哦，哪里，哪里，你的画已是画得很好，很有格调了。”任伯年这才赶紧应声道。“任先生过奖了。”吴谦虚地说。“你画画的用笔，所流露出的那种金石气正是我所不及的，不必跟我学了。”任伯年相当真诚地讲。这真是英雄相识，精英互敬。任伯年毕竟是一代大师级的人物，他的一双慧眼已看到了吴昌硕那种高迈的气韵和高逸的取法，绝非寻常之人所能达到的，特别是那种雄健豪迈的金石气，正是一种相当重要的笔墨底蕴，日后必有大成。唯其如此，他们相敬甚契。也许是为了纪念这次难忘的结交，任伯年欣然为吴昌硕作第一幅肖像《芜青亭长像》，题款云：“芜青亭长四十岁小影，癸未春三月山阴弟任颐写于颐颐草堂。”临别，吴昌硕将任伯年平时精心所作的梅竹课徒画稿带回苏州临摹，以便日后请任指教。此次任吴的桃月相交，从此使两人情在师友之间，也为日后海上画派的发展与鼎盛，做了历史性的奠基。

吴昌硕与任伯年正式结谊后，两人友情日深，艺交日多，其后吴昌硕可能是有公差，也可能是为了向任伯年请教画艺，他们每相隔数月，总在上海相聚，吴昌硕发挥其吟诗作文之专长，时常为任的画作题诗。如当年六月，任伯年作绢本大画《虎图》，款题：“光绪癸未夏六月二十又四日，山阴任颐伯年挥汗写。”此幅画构图严谨，用笔精到，一斑斓猛虎临溪而立，四周山石奇崛，修篁苍翠。吴昌硕见后甚是赞叹，遂题诗文曰：“山石荦确，河水汤汤。虎将渡耶？抑将畏耶？怕不能起伯年翁问之。不烦媚态作胭脂，猛将曾闻号虎疑。假尔风威能破敌，侧身北望一舒眉。”诗写得刚健而雄壮，亦反映了吴昌硕的忧患意识。清末正是积弱积弊、外族入侵之时，吴想借虎之风威来破敌舒眉。是年十月，任伯年又作《云龙图》，吴昌硕见之题诗云：“云蓬蓬如絮，龙潜其中，见首不见尾，神矣哉，龙耶？伯年之笔耶？乱云堆里日婆娑，壁上盘旋似涧阿。未必真龙人尽赏，点睛飞去欲如何。”

为了拓展吴昌硕在上海的人脉，任伯年还有意识地将吴昌硕引进海上书画圈，一起探讨笔墨，挥洒丹青，使其和虚谷、任阜长结交，并与先前相识的高邕、蒲华、胡公寿等加深了友谊。这些人都是当时海派书画圈中的主流画家，使其融入这个书画精英群体，不仅促进了相互间的笔墨交流，而且从整体上强化了一个艺术团队的创作力量，而且也提升了一个书画流派的创作层次。《海上墨林·第三卷》曾记载：“有一天胡公寿对吴昌硕说：‘君的嗜画似乎太迟了。’因为吴习画是在三十岁以后。当时任伯年在座，即跟着说：‘胸中有才华，笔底有气韵，迟些又有什么关系？’杨见山也说：‘画不以画出，而造诣在诗文金石，积水厚力，能负大舟，是知参上乘禅的。’”从中可见任伯年对吴昌硕的书法功力、金石印风及诗文才华的服膺。而吴昌硕对任伯年精湛的造型能力及全面的绘画技法也是相当仰慕的。为此，吴昌硕曾肯定他和任伯年的情谊是“先生在师友之间也，道所在而缘亦随之”。

自1843年吴昌硕与任伯年结交后，吴就与海派书画群体关系趋于密切，直至以后加盟并定居海上。从这一历史背景来看，吴昌硕是在这一年开始了他从苏州到上海的双城记历程。

自从吴昌硕与他的老母妻儿定居苏州后，应当说他的生活形态变得相对稳定了，从艺问学的精力也相对集中，游宦结交的平台也得到了更大的拓展。已初进中年的吴昌硕，此时进入到了一个人生重要的承前启后期。光绪十年甲申（1884）初，经金铁老的长子金道坚的介绍，他请王竹君在家中为其两个儿子课读。尽管束脩相当低微，但至少反映了吴昌硕此时能请家庭老师，在经济上总算还可勉强支撑。王竹君乃失意文人，性格直率豪爽，不拘小节，颇有些放浪形骸，但他对吴昌硕却很敬重。他在吴家坐馆八个多月，教课相当认真严谨，甚得吴昌硕好感。可惜天不假年，在吴家设馆八个月后，背上生疽，虽吴昌硕为他请医求药均回天乏力，终不治而亡。重情重义的吴昌硕在其后的《十二友诗》中，亦悲伤地写道：“先生慷慨非俗儒，还课二子来缶庐。谈兵击折铁如意，读书不改金根车。青毡坐穿耗心血，白鸡梦恶死背疽。斗醪设祭萧寺晚，月明滴泪枯方诸。”（《缶庐诗卷第三》）

此年三月，吴昌硕精心所刻“伯年”朱文印，边款曰：“昌硕作任和尚印，甲申三月。”任和尚乃任伯年之小名，以小名落款，可见吴与任关系已日趋亲密。从此，吴昌硕常赠印与任伯年，而任伯年亦为吴昌硕作人像画数幅。二人的金石绘画之交，为海派书画篆刻艺术史留下了不朽的传世之作。正是由于任伯年对吴昌硕金石艺风的肯定与褒扬，更坚定了吴昌硕的艺术取向，他更致力于金石碑帖的收集。

当年六月，吴昌硕在苏州书铺中购得《河平四年造署舍记》刻石拓本，并重新装裱。此刻石书法高古质朴，极富雍容浑穆之态，系由篆初变隶之时，其运笔皆带有篆意。且词意雅健端庄，笔调超逸宏阔。吴甚爱之，并题识曰：“是碑予于光绪甲申六月得之吴肆，爱其书法古朴，词意浑雅，信为西汉石刻，顾世人不见署录，疑之。然观此纸色，乃数百年前物，或明季，国初拓本。殆前人偶得此石，摹拓未及，而遽毁坏，好事者未获收录，要之。为西京法物是可必也。惜拓本已有损残，爰付装池，而识其下。”其后，吴昌硕又请施旭臣为此拓本题跋。与此拓本同时所购的还有《孝禹碑》。八月十四日，吴昌硕又在常熟虞山脚下的吴市购得《张迁碑》的明拓本，并自题签条：“汉故穀城长荡阴令张君表颂（篆书）光绪甲申八月十四日得于吴书，仓石吴俊。”《张迁碑》乃汉隶中的代表作，运笔方劲朴茂而稚拙生动，结构倚侧相映而奇崛飘逸，日后对吴昌硕隶书的取法用笔，很有裨益。

大雁南飞，层林尽染，秋天来了。重阳时节，吴昌硕登楼远望，颇多感叹，作《重九》诗：“把卷浮生见，灭灯行役休。雨昏眠爱魇，诗瘦坐鸣秋。落木河之涘，重阳楼上头。凉风吹断雁，愁思满苏州。”（《缶庐诗卷第二》）秋思令人怀旧忆昔，在吴昌硕的生命历程与岁月行旅中，他难以忘却并铭记一生的是庚申（1860）之乱，饥寒交迫，家破人亡，聘妻病殁，流亡漂泊，这对他的人生产生了极为重要的辐射作用，乃至使他的性格、处世、从艺等均深受影响。从“有家若悬磬，纵饭亦充泥”（《庚申纪事》）到“饥分猨果食，险与鬼为邻”（《除夕寓庐展拜先人遗像泣赋二首》），可谓刻骨铭心的痛楚，如果说苦难是人生的磨砺和生活的财富，那么吴昌硕正是从中历练出了艺术大师的情怀和画派领袖的气魄，就是从艺执着、对人关爱。也就在完成这首《重九》诗后，他夜不成寐，思绪萦绕，遂作了记述庚申之乱最重要的诗作《忆昔》：“忆昔避贼黄茅冈，重阳无酒天雨霜。骷髅满眼大道旁，登高唯见斜阳黄……”（《缶庐诗卷第二》）全诗以翔实而简要的笔墨，记录了在战乱中他及亲人所遭遇的苦难。

第十四章　吴铭沈刻石友砚

自吴昌硕携家眷定居苏州后，他实际上已改变了自己乡村秀才的身份，成为城市文人，他的生活圈也融入了城市文人群体，为他日后成为一名真正的职业书画家奠定了重要的基础。历史地看，作为一个艺术大师级的人物，特别是日后将成为艺术领袖级的巨擘，他的生活空间的改变、社会背景的更新及从艺方式的提升，往往会对个人的成长发展产生决定性的影响。远的不讲，就在吴昌硕前的赵之谦及任伯年，如他们不走出古城绍兴，进入江南城市文化圈，并先后在上海沐浴天风海雨，那么，他们最多就是乡间小画师。吴昌硕后的刘海粟如不走出常州，徐悲鸿如留在宜兴，齐白石如终老在湘潭，那么，在中国近现代艺术史上，留下他们身影的可能性是微乎其微的。

就在吴昌硕于1882年定居苏州时，姑苏城内一座建筑典雅、景色明丽、花木秀美的园林——怡园刚建成，其主人是江南名门顾氏家族之后顾文彬。早在清同治十二年（1873），顾家就建造了被誉为“江南第一家”的藏书楼“过云楼”，坐落于阊门内的铁瓶巷，意取苏轼名言：“书画于人，不过是烟云过眼而已。”楼内藏有上千幅历代名家书画及八百余种宋元旧刻的古籍珍本及碑帖印谱等，因而在收藏界名闻遐迩。“除非唐、宋、元剧迹，尚可勉收，此外一概不收。”可见过云楼收藏门槛之高之精。过云楼主要用于安置收藏品。顾文彬乃是一位学养深厚、精于书画、多才多艺的文人。为了便于开展书画创作、诗词吟咏、国学研究、版本鉴定、金石赏析、拍谱唱曲等活动，且在建造过云楼后有较多石块、建材余下，顾文彬于第二年（1874）即在尚书巷开始建占地十亩的“怡园”。“垒石为山，坎地为池。”亭榭回廊、嘉树名卉、画轩花厅等，颇为精致，取《论语》“兄弟怡怡”之意，名曰怡园。在修建怡园的九年中，顾氏父子事必躬亲，相当严谨考究，连细节部分都格外注意，共耗资二十万银元，建成了江南一处著名的文人艺士雅聚之地。

说起苏州顾氏家族，可追溯至魏晋时期，为本土大族。顾文彬曾自豪地称："吴中大族，系出陈黄门侍郎野王公后。"祖上顾野王、顾仲瑛、顾鼎臣等均系历代名臣，而奠定顾氏家族收藏基业的是顾文彬的父亲顾大澜。道光戊子年（1828），顾大澜从一亲戚处收得《上林图》，顾对这"名贤一纸"很是崇尚，成为顾家收藏的滥觞，从此全身心地投入书画收藏鉴定。

顾文彬（1811—1889），字蔚如，号子山、紫珊，晚号艮庵。清道光二十一年（1841）进士，官至浙江宁绍道台。父亲顾大澜在其踏上仕途时，曾以"居官清、慎、勤"为警示，因而当官清正，待人宽厚。在外为官期间，访友探宝，与各地收藏世家交往甚多，收集了不少精品书画及珍贵版本。退隐苏州后，他又对所收藏品认真整理、保护，并建造了名重江南的过云楼安置藏品。他与苏州另一大收藏家吴云是姻亲，他们时常品茗鉴赏，考辨真伪。吴云精于金石玺鼎及碑帖拓本，顾文彬以此向他请教。而顾擅长绘画，吴亦时常请顾为其过目，并互换藏品。顾文彬还与苏州不少著名收藏家相处友善，共同建立起了良好的收藏氛围与鉴赏环境。如他收藏的《苏文忠与谢民师札卷》，就得自程心柏；《李龙眠醉休图卷》，得自徐颂阁；《仇十洲摹冷起敬蓬莱仙奕图卷》，得自汪佑生；《苏轼祭黄几道文》，得自徐仰屺。顾文彬的收藏人格襟怀，是足为楷模的。

顾文彬精心打造的怡园建造后，为吴门的文人学士提供了一个一流的雅集之处。园内山水佳妙，丹青绚丽，翰墨飘香，琴音悠扬。由吴云所书的"坡仙琴馆"内，就藏有宋元祐四年（1089）大文豪苏东坡监制的"玉涧流泉"琴。当时定期来怡园参加书画诗文雅集的有顾若波、金心兰、胡三桥、倪墨耕、吴秋农、顾文彬，吴昌硕亦在此时加盟，从而一起被称为"怡园七子"。而蒲作英、黄山寿、任渭长等人也曾到访怡园，在此作画挥毫。

怡园旖旎的景色，令吴昌硕为之陶醉，他在《怡园》诗中，曾动情地写道："藤走修蛇影，苔披古佛衣。背高山石复，涉趣水风微。绿竹媚当晚，春城晴见稀。天涯魂欲断，胡蝶故飞飞。"（《缶庐诗卷第二》）由此可见通过怡园雅聚，不仅为吴昌硕的人生带来了一抹愉悦的亮色，而且他和吴门这些文人精英及才子名流建立了深厚紧密的关系，使他开始跻身真正一流的城市士大夫群体，这对提高他的社会身份、人文影响、艺术地位都产生了不可低估的作用。这位未来的海派书画领袖人物的历史发展，其奠基之地即在姑苏。怡园七子，对于绘画、书法都颇有造诣，有的还是职业书画家，通过共同创作交流，切磋笔墨，探讨取法，对吴昌硕的书画技艺极有帮助。如金心兰，号瞎牛，精于山水，工于花卉，尤以画梅、竹名世，笔墨古简清隽，气息幽逸浑穆。他对吴昌硕书画中的金石气就很肯定，鼓励他发挥专长，并可更恣肆爽辣，气拙势雄些。顾文彬从吴昌硕的画风中，领略到写意法的底蕴，向其推荐八大及石涛的笔路，以书入画，把金石篆刻的笔力刀势融入绘画，并慷慨地向他出示自己的书画藏品，让他借鉴参考，这对吴昌硕日后“缶翁画风”的形成都起到了重要的推动作用。

顾文彬的儿子顾承对顾氏收藏也多有贡献。当时顾文彬在外做官，顾承留守苏州，倾力帮助父亲收藏书画及古籍，惜中年病故，令晚年的顾文彬深为伤悲。但值得欣慰的是，顾承的儿子顾麟士（1865—1930），字鹤逸、谔一，成为顾氏家族的优秀传人。他自幼聪慧，喜好书画，无意于仕途，是一代吴门派书画大家，于收藏考订用功精勤。顾麟士与吴昌硕关系甚好，有时还请吴在怡园小住，或鉴赏或临摹过云楼所藏历代名家书画。吴昌硕也为他所藏书画题签题跋，书写“鹤庐”斋号及刻印十多方。光绪二十一年（1895），以顾麟士、吴大澂为领军，组织成了以“研习六法，切磋艺事”为宗旨的“怡园画社”，并订立章程规约，主要成员有吴昌硕、陆恢、金心兰、倪墨耕、顾沄、胡三桥、郑文焯、吴穀祥等人，从中可见吴昌硕与顾文彬、顾承、顾麟士维系了三代人的笔墨之谊，挚友之交。这自然是后话。

吴昌硕虽然毕生以金石书画为主业，但他具有中国传统文人的诗文情结，一生以诗纪事抒怀，而这与他定居苏州后所结交的诗友沈石友有着相当重要的渊源。“乐府鲍明远，诗城刘长卿。”（《缶庐诗卷第八·沈石友遗像》）这是吴昌硕对沈诗歌成就的评价，其乐府诗作可比南朝诗人鲍照，五言诗则可比唐代“五言长城”刘长卿，可见沈诗的造诣与功力。沈石友（1858—1917），名汝瑾，字公周，又字梦痕，自号钝居士，虞山常熟人。斋号为笛在月明楼、鸣坚白斋、师米斋、月玲珑馆等。清末民初诗人，工书法，能治印，系藏砚大家，精于制砚刻砚。

吴昌硕一生师友相交甚多，人脉甚广，其中有不少系知音知己，而沈石友却是非常特殊的一个。他无意于仕途与功名利禄，不求闻达，专注于艺，用他自己的话说是：“闭门索居，人不乐予近，予不乐人近，唯与旧相知酬唱简牍往来而已。”列入其旧相知的有其同乡瓶隐庐的翁同龢、吴秋农、张子祥等，而沈与吴昌硕情谊最深厚而弥久，达三十余年，真正算得上是生死之交。吴与沈结交的牵线人是德高望重的吴云。1882年，吴昌硕定居苏州后，吴云见吴昌硕喜好诗文并精于铭刻，遂为其介绍了年轻的沈石友，尽管吴昌硕要比沈大14岁，但他们情趣相投，爱好相同，一见如故。吴赞赏沈的诗学功底与高端藏砚，沈亦敬佩吴的金石书画与题砚刻铭。吴昌硕中年后的诗作与沈石友是多有酬唱应和与推敲切磋。沈石友的诗文笔精练，意境丰逸，气势豪放，韵致渊雅，这正是吴昌硕所服膺之处。因此，吴时常将自己作的诗文请沈指正，鸿雁往返，诗笺相递，并称沈是“诗之师”，认为“今世诗人多矣，能纵横变化，丝丝入古，唯吾兄一人而已”。有时两人间的诗交实在太频繁，就干脆以明信片投寄，可见吴昌硕中年后诗风日趋成熟，应当讲是得益于沈石友的。这也极生动地证明了吴作为一位大师的襟怀与境界，能者为师，不耻下问。

吴昌硕与沈石友初识时，由于沈家系虞山名门望族，祖传基业尚厚，家境甚好，因而他对吴昌硕的从艺多有资助，生活上颇多关照，还对吴的朋友蒲华等人伸出援手，在蒲华生活陷入无米为炊时，为其提供食宿。为此，吴昌硕在诗中写道：“石友介于右，镌肝淘俗尘。”（《缶庐诗卷第七·二友诗寄养浩、石友》）从中可见沈石友的秉性耿直，对友真诚，肝胆相照。吴昌硕在苏州居住期间，与沈交往频繁，沈时常寄物接济吴昌硕。

光绪十三年丁亥（1887）二月，吴患肺炎，沈悉知后，即寄陈米、象笋给他，按照民间偏方，陈米煮象笋可以治肺炎。这里需要指出的是，在有些相关的吴昌硕生卒研究中，有说是吴此时患上了肺病，这实际上是将肺炎混同于肺病。其原因可能是当年二月吴为陆廉夫刻“画癖”印，边款为：“廉夫仁兄索刻，时丁亥二月稍，仓硕病肺将差。”这里吴自己所说的病肺应是肺炎，因肺病在那个时候是很难医治之病。吴昌硕的老家浙江安吉乃竹乡，翠竹遍布，每年惊蛰过后，雨后春笋拔节，因而吴十分喜爱吃老家名叫“猫头缩”的笋。而沈寄来的常熟虞山象笋，笋如洁白的象牙，鲜嫩爽口，自此吴亦爱食象笋。四月仲春，沈石友又寄来一筐象笋，吴甚是欢喜，并于二十四日作画《笋菇图》相报，并题跋题诗：“象笋出虞山，莹白如象齿，故名。四月初，山童携锄劚（砍）之，公周寄五十枝，远为老饕。来书云松菌觅未得，故结语及之。猫头笋，我乡所产，亚于象笋也。”吴在诗中，亦提及：“况当病肺来，下箸颇宜粥。何者为禅机，何者为理轴。撑肠而柱腹，一饱无遗欲。”（《缶庐别存·题画诗》）由此可见，吴昌硕与沈石友的情谊早已超越了一般层面的文人书画相交、诗词应和，而是进入了各自的生活领域。特别在这首题画诗的最后，吴昌硕再次云：“松菌倘萌芽，新诗犹可续。”从中流露了吴对沈诗才的由衷敬佩。

在清末民初的藏砚名家中，天津的徐世昌、常熟的沈石友、无锡的许修直为公认的三大名家，而其中成就最高、影响最大的无疑是沈石友。沈的藏砚量多质精，在材质、形制、品类上均首屈一指，特别为人所称道的是砚铭为一绝，迁想妙得，别出心裁，隽语连珠，镌刻精湛，款式独特，极富文化内蕴、诗情哲理与史脉艺趣，以品位格调独步艺林。在《沈氏砚林》中，有一方是得于1805年的《磨人砚》，取意于苏轼的名句："非人磨墨墨磨人。"(《次韵答舒教授观余所藏墨》）沈有一方相当简朴的"方正平直"砚，自作研铭："方正平直，为人之则，诐辞邪说毋洿墨。"立意深邃严峻，树为人之道，立用墨之德，需真诚担当，戒用墨行异端邪说，极有警世意义。沈还有一方"石破天惊"砚，系端石上品，石质细腻光润，但可惜右下方有一条细裂纹。沈揣摩许久，终从唐李贺诗《李凭箜篌引》中"女娲炼石补天处，石破天惊逗秋雨"中得到启悟，以裂纹为石破天惊。

自古谓"笔砚精良，人生一乐"。身为金石书画家的吴昌硕毕生爱砚，有时亦取古砖自制。自与沈石友相交后，砚林共赏，佳作迭出。一位是书画金石高手，一位是藏砚造器名家，两人珠联璧合，玉思琼想，相得益彰。常常是由沈氏觅石制砚，吴氏题铭镌刻，可谓是博雅之物，铭心之品，天作之合。"沈砚吴铭"，成为砚史上的巅峰之作。凡吴为沈砚所题所刻之铭，辞雅言简，意味隽永，境界古逸，禅机弥漫，且用刀刚健浑朴，气势雄迈苍劲，极富金石韵味。如《沈氏砚林》中旧藏鹅砚，取天然之形做鹅形，鹅弯头处开一墨池，作饮水之态，生动传神，情趣盎然。铭文谓："养墨池作文玩，自写黄庭不须换。乙卯岁十一月，石友录属吴昌硕书。"铭文意出李白诗"山阴道士如相见，应写黄庭换白鹅"，而铭文却为"不须换"，可见乃珍爱之宝。又如紫琅玕砚，运用巧色之法将端石与紫色竹竿相类，吴昌硕题其铭文为："温其如玉，直节虚心，君子之德，著作之林。"称此砚有四大功能，如玉，虚心，有德，著作。文人著书立说全靠砚台供墨，此砚铭立意精当而内涵丰赡，令人味之无极。吴昌硕还专门为沈作《品砚图》，画面上石友端坐在蒲团上，正在悠然自得地品砚赏玩，生动地刻画了砚痴的神态。另外，吴又将沈最珍爱的12方名砚拓制成册，并题长诗《品轩图为石友》，专门谈了沈藏砚的珍贵品类，对砚的痴迷及与沈的友情："砚林品类殊不齐，宋端豁石唐澄泥。洮河色绿龙尾碧，乾坤精孕光虹霓。石友好研老成癖，十载搜罗数逾百。蒲团独坐细品之，不刮金鎞目光射。研分三品上中下，写图来属吴大聋。大聋平生癖金石，虽处两地精神通。闻君最宝十二研，拓装图后称精选。与图同传千万春，见此长如见真面。"(《缶庐诗卷第七》）

吴与沈的诗砚之交，维持了三十多年，此等刻骨铭心的终身之情足为艺界典范。可见真诚的友谊，如生命中的阳光，如行旅中的春风，温暖着人生，滋润着心灵。那个时期文人艺友间的情感是那么超越世俗，远离功利，直入人心，成为生死之交，可以维系至终老，至今令人缅怀与向往。吴晚年在上海终得大名，求画者难以应付，而作题画诗需要费时推敲，吴只得写信请沈代劳。而此时的沈石友已家道破落、经济困难，吴昌硕对其多有资助，以报当年馈赠之恩。可以这样讲，沈石友终成一代砚林大师，和吴昌硕的题铭刻砚是分不开的。正因吴在晚年已是艺界巨擘，他所题刻的石砚自然是极为珍贵，身价百倍。可惜沈石友死后家门不幸，后人吸食鸦片，家产及藏品多被变卖，其中 158 方佳砚被日本艺人桥本关雪购去并悄悄运到日本，后因遭东京大轰炸，一部分被炸，一部分散失。近来流失日本的沈砚有的已回归中国。

第十五章 怀友诗中诉真情

苏州，作为江南古城，是颇有人间温情的。苏州不仅为吴昌硕提供了高端的师友群、丰厚的从艺资源，而且对他的生活给予了多方的关爱，这是一座城市的人文底蕴与历史传承。其时吴昌硕的鬻艺生涯尚未打开局面，虽担任一份小吏之职，但俸银微乎其微。他当年的恩主吴云虽然已去世，但吴云后人秉承了吴云的遗风，于光绪十一年乙酉（1885），又邀吴昌硕到吴府坐馆授课，在资助其银两的同时，亦让他继续鉴赏研习吴云大量的金石书画藏品。这种雪中送炭的友情，温暖了吴昌硕的一生。

由于这一年坐馆吴府，吴昌硕的生活相对平衡，所刻印章也日见增多，并有闲情为自己刻自用印“缶庐”，顶款为金文阳铭：“乙酉四月并刻旧作”，边款录刻七言长古：“以缶为庐庐即缶，庐中岁月缶为寿……”春光明媚、花事兴盛的五月，为辛勤操持家务的妻子刻对章，白文“施酒”，朱文“季仙”，款谓：“乙酉五月，仓硕。”其后七月暑期，为友临写虢季子白盘铭于绢质团扇面，落款为“虞哥大人正讹，乙酉七月仓硕弟吴俊”，从中可见经济上相对的稳定，保障了吴书刻之艺的创作。

入秋之后，吴昌硕赴上海嘉定，并为海上书友高邕刻白文印“仁和高邕”，款为：“苦铁为邕之刻，乙酉重九先一日。”由此来看，吴的上海嘉定之行，可能是由高邕陪同。位于上海西北部的嘉定乃古城，古称疁城，历史悠久，人文鼎盛。被称为“嘉定四先生”的程嘉燧、唐时升、李流芳、娄坚以书画篆刻名世，是晚明一个重要的艺术流派。清代出生于此的钱大昕乃一流史学家、汉学家，被称为中国 18 世纪最为渊博和专精的学术大师。而始创于明隆庆、万历年间的嘉定竹刻，更是名闻遐迩。朱小松刻的“古仙佛”，朱三松刻的人物山水、草虫鸟禽，刀法精湛灵动，成为竹刻传世经典。嘉定的古迹名胜甚多，有始建于南宋、被称为“吴中第一”的孔庙。而建于明嘉靖年间的古猗园，取《诗经》中“绿竹猗猗”之意，曲径竹林，楼台水榭，碧湖明轩，景色秀丽古雅。而山石奇崛、幽泉清溪、古木参天的秋霞圃，亦从小见大，为海上五大古典园林之一。嘉定也是一座英雄的城市，清军攻城时，全城军民奋起抵抗，宁死不屈，遂惨遭清军“嘉定三屠”。吴昌硕赴嘉定时，正遇大风，骑行十余里，乃宿野寺，并以诗记之：“吹叶下红雨，捣衣喧碧潭。乡心摇马上，秋思入江南。长啸天容仰，浮生我梦酣。那知今夜宿，还与佛同龛。”（《缶庐诗卷第二·嘉定阻风骑行十余里宿野寺》）他另有一诗写南翔，颇有忧患意识，诗云：“舟听雨忽止，南涯水一涯。云沈香稻粒，风打木棉花。余布衣成晚，枯茅屋补斜。官租完也未，忍去问农家。”（《缶庐诗卷第三·南翔》）虽是去游览，曾务过农事的吴昌硕还在关心民间疾苦。

是年 11 月中旬，吴昌硕又再次来上海游松江，其刻“山阴沈庆龄印信长寿”白文印边款曰：“乙酉十一月中豫老兄索刻于茸城寓庐，昌石吴俊。”29 日，又在松江为老友高邕刻白文“高邕之”，题款：“乙酉十一月廿九日，舟泊茸城西关章次柯明经要游湛然庵，酒后有诗附录于此‘寒色一以碧，禅房寂寞游。野僧黄短短，晴磬古悠悠。道气梅花下，萍根沧海头。华亭鹤无侣，几日为君留。’邕之老友笑笑，仓硕。”由此看来，吴昌硕亦是在高邕的陪同下游松江的。松江，有“上海之根”之称，旧称云间、茸城、华亭。这里是上海景色最为秀美旖旎之处，有林木苍翠的佘山、古朴俊俏的方塔、亭轩典雅的醉白池等。在历史人文方面，更是得天独厚，有古老的广富林遗址、清幽的小昆山二陆读书台。西晋时陆机所书的《平复帖》，被尊为“皇帖”、“墨皇”，系中国文人书法最早的真迹。陆机所著的《文赋》更是开中国文论的先河。西晋时的另一名人张翰的“莼鲈之思”传递了一种人生的潇洒与超脱。为追求独立之人格、自由之精神，他宁可弃官回乡。而唐代古朴浑穆的经幢，更是见证了盛唐的风采。其后从元代衣被天下的黄道婆纺织术到精致富美的顾绣等，使松江成为江南富庶雅致之地。特别是明代“华亭派”领袖董其昌，更是以其精湛独特的书画之风，成为由明及清艺坛创作的主流取向。而其“南北宗论”的影响，更是远及海外。

吴昌硕来这样一个物华天宝、人杰地灵之处游览，自然是为了访古探幽，吸纳人文内蕴，取法前贤艺理。正是在赴嘉定、松江的行旅中，反映了他正在为进入上海做着前期的探路准备和必要的人文了解。而海上书画界的友人也为吴来上海提供了引导与帮助。他从 11 月下旬来松江，逗留了十多天的时间。在刻了“高邕之”印后，在这段日子里，高邕又改号，他再次奏刀刻“乙酉改号孟悔”印，款曰：“邕之改号孟悔属治此石，仓硕。”

吴昌硕在苏州居住的日子里，从他所作的诗文、所刻印的边款来看，还是较为平和稳定的。这对人到中年的吴昌硕来讲是相当重要的积淀期，为他的大器晚成作着扎实的历史铺垫。光绪十二年丙戌（1886）正月初五，三子东迈出生，乳名苏儿，因是在苏州降生。东迈很可爱乖巧，使吴昌硕的家居生活也增添了新的乐趣。夫人施酒忙里忙外，勤持家政，从而使吴昌硕有更多的时间与精力去从事游艺交友。

也许是由个人的秉性所决定，也许是大多数文人的遗绪所使然，吴昌硕是很注重回忆、很看重友情的。为此，他在这些年中，在姑苏雅致秀美的环境中，在师友真诚温馨的氛围里，写下了他一生中颇有影响的两组感怀师友的诗，这不仅反映了一代艺术大师的人脉系统，而且展示了一位未来的流派领袖的群体组合。十七《怀友诗》作于光绪十一年乙酉（1885）年，其时42岁，所怀师友为金铁老、杨岘、杨香吟、张乳伯、施旭臣、毕蕉庵、朱六泉、万东园、施石墨、潘瘦羊、汪荼磨、顾茶村、杨南湖、陆廉夫、裴伯谦、潘硕庭、沈藻卿。(《缶庐诗卷第二》)

铁老诗如枯木禅，眇于情性出天然。商量听水听风去，满眼江湖同放船。(《铁老》)

奇诗动似春葩吐，古隶书成乱发团。人是人非都不问，了无人处自家看。(《藐翁先生》)

蓟北诗人不可群，庾开府亦鲍参军。碧琅玕馆无多地，容得海风吹白云。(《香吟》)

一官匏系鬓苍然，著作无多信可传。十载扬州应梦觉，几时归放孝廉船。(《张乳伯先生行孚》)

南船北马阅人多，短后衣从市上过。结习尽除天不许，一春还与病销磨。(《紫明先生》)

古厅如水碧苔滋，贪看蕉叶笔墨移。闻说黄庭初写罢，暮春天气养闲时。(《毕蕉庵兆淇》)

入世何妨狂是醒，不如归去让先生。六泉山下涓涓水，洗得诗肠彻底看。(《六泉》)

不肓依刘安固穷，文章脱尽老冬烘。心胸湖海相摩盪，说著因入耳便聋。(《东园》)

新诗题上四闲楼，春蚓秋蛇墨气浮。狂草今朝留一席，任君涂抹满墙头。(《施石墨为》)

黄山白岳几回看，经过严陵七里滩。听水听风随处可，香禅居士著蒲团。(《香禅》)

倚醉吟诗秋复春，东西南北酒为邻。梅家桥畔三间屋，空与白云高出尘。(《茶磨》)

满眼沧州壁上观，闭门风雨发长叹。菊花看罢寻梅去，草木村人耐岁寒。(《顾茶村潞》)

海上浮家长闭关，似乘书画米家船。南湖烟雨春无主，想见吟诗思渺然。(《杨南湖伯润》)

枕簟迎风卧碧苔，君家雪巷对门开。不嫌野性谈诗恶，手把芙蓉避暑来。(《陆廉夫恢》)

文字搜罗走马牛，壮陶阁上锁蛟虬。寻碑寄语黄司马（谓小松），初榻黄庭在霍丘。(《裴伯谦景福》)

散盘曶鼎埋头读，饿隶奇文活计求。闻说得钱终买醉，一尊狂饯古吴秋。(《潘硕庭志万》)

黄花题寄沧江客，露气霜华的的鲜。疗我头风真绝技，且来脱帽看秋天。(《沈藻卿翰》)

光绪十二年丙戌（1886），吴昌硕又作了《十二友诗》(《缶庐诗卷第三》)，十二友为吴瘦绿、张子祥、胡公寿、凌病鹤、朱频华、任伯年、吴鞠潭、蒲作英、杨南湖、金瞎牛、金俯将、王竹君。

一房山插十二峰，吸翠跃起龙湖龙。高吟直和郢中唱，古貌压倒墙头松。闻瓦甓道在朝夕，为儿女忙无夏冬。悲秋一病遽作古，数典问字吾谁从。(《吴瘦绿先生》)

祥翁海上复见面，八十余岁颜如酡。丹青暮年转奇特，彝鼎间日供摩挲。虬髯侠气眼中少，王宰能事门下多。游魂秋冷归去未，月黑风高难渡河。(《张子祥熊》)

横云画竹风雨痕，横云画石怪鸱蹲。泼墨黑风倒吹海，悲秋黄叶齐打门。一鹤梳翎有何寄，众佛低首谁敢尊。有时阁笔发浩叹，濯足颇厌申江浑。(《胡横云公寿》)

板屋逼仄天井圆，病鹤常在蜗壳眠。扬州梦醒住且续，金石癖固医难痊。惯涤愁肠酤美酒，好买花乳输青钱。昨日一卷寄江左，使我磨刀思踏

天。(《凌病鹤霞》)

谈诗豪情薄云雷，别君几见梅花开。记两垒轩共食古，为独往客真弃才。鸿飞冥冥思远道，鹤企往往临高台。他日宦成买茅屋，相约泉明归去来。(《朱频华镜清》)

山阴行者真古狂，下笔力重金鼎扛。忍饥惯食东坡砚，画水直翦吴淞江。定把奇书闭户读，敢握寸莛洪钟撞。海风欲卷怒涛入，瑶琴壁上鸣琤瑽。(《任伯年颐》)

吾家老菊瘦无恙，脱帽林下看秋天。闭门孄称逆旅客，卖字大获酤酒钱。横流沧海观一粟，敝屣冷官抛廿年。筑耶城畔晚潮落，去抱绿绮寻成连。(《吴菊潭淦》)

蒲老竹叶大于掌，画壁古寺苍厓边。墨汁翻衣冷犹著，天涯作客才可怜。朔风鲁酒助夜哭，拔剑斫地歌当筵。柴门日午叩不响，鸡犬一屋同高眠。(《蒲作英华》)

南湖水浸烟雨楼，不能归去南湖愁。奇书下酒见青眼，一官入世将白头。句句诗吟海上雪，山山画出云间秋。何日与君脱尘纲，去买钓艇披羊裘。(《杨南湖伯润》)

瘦羊病鹤高自由，结交又得金瞎牛。良医肯居古人后，新诗吟罢吴山秋。移家别君过旧岁，访友乘兴无扁舟。遥想梅花写尺幅，月明寒水溪云流。(《金瞎牛彰》)

双脚误踏市井门，移家茑上鸡与豚。独树当门傲五柳，坐石醉客洼一尊。抱汉晋砖当白璧，识金银器游黄昏。土缶持赠未及报，呜呼死别声难吞。(《金俯将杰》)

先生慷慨非俗儒，延课二子来缶庐。谈兵击折铁如意，读书不改金根车。青毡坐旁耗心血，白鸡梦恶死背疽。斗醪设祭萧寺晚，月明滴泪枯方诸。(《王竹君璜》)

吴昌硕怀友诗中所写的诗友，绝大部分都是当时的书画名家、诗人才子，其中既有早年所交的师友，亦有定居苏州后相识的新朋，但都与吴肝胆相照，成为知己知音，这也说明了吴昌硕的人格魅力与从艺功力，这些怀友诗以相当鲜活的笔触、生动的细节，凸显了这些师友的性格特点、艺术专长、个人爱好及生活方式等，从而留下了那个时代的艺术群星谱。尤为重要的是后面的《十二友诗》中，张子祥、胡公寿、任伯年、蒲作英等，均是海派书画的领军人物，这也为吴昌硕苏州—上海的双城记打下了人脉基础。

从吴昌硕的十七《怀友诗》至《十二友诗》的入选者来看，他还是确立了一条底线的，即这些入诗的师友，大都是从文鬻艺的，有的尽管也曾出仕，但大都官位不高，时间不长，有的还是布衣终身。因此，这些师友的身份还是文人艺士。而俞樾、杜文澜、陆心源、吴云、潘祖荫、顾麟士等人，基本上是大儒巨擘、高官大吏、名流士绅，而且还是吴昌硕的恩主。吴对他们无疑是相当感恩的，但不入怀友诗，亦正表达了对他们的敬仰与尊重。

此年十一月，吴昌硕赴上海，与海上书画友人相聚，交流笔墨，探讨书画。正走红于海上艺坛的任伯年尽管订画者应接不暇，依然热情地接待了吴昌硕，并为他作了肖像画《饥看天图》。画面上，吴昌硕身穿一袭长衫，背着双手而立，头仰看天，神情刻画相当细腻生动，似不急不躁，又似无奈无欲，似安然超脱，又似愁思迷惘，意蕴内含耐人寻思，充分展示了任伯年作为一个杰出的肖像画家在塑造人物形象方面的功力与造诣。老友杨岘见后，深感此画精妙传神，画中之意味之无极，遂题诗："床头无米厨无烟，腰间并无看囊钱。破书万卷煮不得，掩关独立饥看天。人生有命岂能拗，天公弄人示天巧。臣朔纵有七尺躯，当前且让侏儒饱。"（录自原画）任伯年的题款："仓石先生吟坛行看子，光绪丙戌十一月山阴任颐。"

从《芜青亭长像》到此幅《饥看天图》，在三年的时间里，已是海派书画领军人物任伯年第二次为吴作肖像画，这不仅说明了吴与任的友情日深，在艺事上颇多共识，而且任为吴所作的《饥看天图》，是颇有深意的。任伯年是草根出生，布衣涉世，在绍兴老家从民间画师的父亲学画，后亦在苏州从艺鬻画，到上海后流落市井，在老城隍庙等处摆地摊售画，尽管他画技全面，功力精深，悟性甚高，但无人问津，境遇颇为落魄。后得海派书画名家、钱业公会的胡公寿相助，入古香室笺扇店坐堂，并与高邕、虚谷等人结交，遂打开局面，在海上艺坛崛起。因此，任伯年对吴昌硕当时的处境是很了解的，他感到吴在篆刻、书法上造诣独到，非一般人所能企及，特别是其特有的金石气，更是气格高迈、无人能望其项背。以此金石气来涉足绘画，自能独树一帜。但惜吴的艺才尚未被坊间认可，乃至吴售艺不畅，经济拮据，所以，这位已功成名就的海派书画翘楚通过画《饥看天图》来寓意或暗示吴昌硕应改变现状，开拓艺途，重塑人生。

大师间是心有灵犀的，挚友间是休戚与共的。面对任伯年的赠画，吴昌硕是心潮起伏，感慨良多，乃至引发了对自己人生状况及从艺经历的思考，内中有倾诉，有无奈，有迷惘，有憧憬，有愤懑，有狂狷：

> 造物本爱我，堕地为丈夫。昂昂七尺躯，炯炯双青矑。胡为十二载，日被饥来驱？频岁涉江海，面目风尘枯。深抱固穷节，豁达忘嗟吁。生计仗笔砚，久久贫向隅。典裘风雪候，割爱时卖书。卖书犹卖田，残阙皆膏腴。我母咬菜根，弄孙堂上娱。我妻炊扊扅，瓮中无斗糈。故人非绝交，到门不降舆。见笑道旁谁，屠贩鬑鬑须。闭门自斟酌，天地本蘧庐。日月照我颜，云雾牵我裾。信天鸟知命，人岂鸟不如。看天且听天，愿天鉴我愚。海内谷不熟，谁绘流民图。天心如见怜，雨粟三辅区。贱子饥亦得，负手游唐虞。

为了感谢好友的赠画，吴昌硕为任伯年刻了朱文大印《画奴》，边款曰："伯年先生画得奇趣，求者踵接，无片刻暇，改号画奴，善自比也。苦铁铭之曰，画水风雷起，画石变相鬼。人或非久而画奴，不耻惜哉，世无肖颖士。光绪丙戌冬十一月薄游沪上。"任画在沪上走俏、求者踵接的情况，应当讲是对吴昌硕有所触动的，他从姑苏迁海上的意愿变得更加迫切了。正因《饥看天图》真实地刻画了吴昌硕人到中年时的神貌形态，吴对此图一直十分看重，并在担任西泠印社社长后，将此图勒石，嵌于西泠印社孤山之上"题襟馆"的外石壁上，展现了两位海派书画艺术领袖间的情暖人间。

光绪十三年丁亥（1887）六月，吴昌硕又赴海上会诸书画艺友。任伯年依然忙于画廊及友人所订之画。长时间地伏案作画，勾勒线条，晕染细写，点彩抹色，严重地损伤了任伯年的健康，他时常咳嗽，只得以吸食阿芙蓉（鸦片）止痛提神。吴昌硕的到来，依然使他很高兴，精神也为之一振，欣然为吴作《棕荫纳凉图》。尽管荷月的天气是有些暑热，但作此图似可得无上清凉。于是，任铺纸提笔，聚精会神地游走在线条间。翠绿的棕树下，一地荫凉清幽。吴昌硕解衣赤膊，席地而坐，神态相当松弛，悠闲地摇扇纳凉，一派解脱红尘、超然出世的神态，与任伯年为其所画的《饥看天图》形成了反差，也许寄寓了任对同道精神上的抚慰与幽默的调侃。任为此题款谓："罗两峰为金冬心画《午睡图》，绕有古趣，余曾手临数过。今为仓硕老友再拟其意，光绪丁亥六月伯年任颐记。"除《棕荫纳凉图》外，任还以《菊花图》赠之，吴相当感激，以书谢之。应当讲任正是走红的职业画家，海内外求画者应接不暇，订画堆集，但他却不计功利，依然作画赠画给老友，此种胸襟情怀，是可敬可佩的。这一天在任伯年的画斋中，吴昌硕见到了任伯年为高邕所作的《高邕之邕书匄图》，颇为有趣，从而提笔题跋作诗：“邕之司马也，佳公子也。能书，而偏自号书匄（丐）。属任伯年画小像，头如蓬葆，破衣提筐，筐中贮笔砚，极寒酸局促之态，见之使人失笑，游戏耳，非有激也。予亦以游戏题之。吴市箫声好天籁，何苦学书负书债。书债无台避不易，海上人人识书匄。乱头粗服得书意，肉眼当前未肯买。东坡破砚案头干，羲之俗字笔尖碍……”（《缶庐诗卷第三》）如此的跋与诗，使高邕落拓不羁的性格及豪放粗犷的书风得以凸显。而任画吴题，更是图文并茂，形意相畅。那个时代文人艺士间的关系如此其乐融融，情深谊长，至今依然令人羡慕，弥散出人间的温情与岁月的诗意。

金秋重阳后，吴昌硕又来到了上海，并为友人刻白寿山朱文印《花雨读书楼》，边款记：“丁亥重九后十日，仓硕吴俊刻于沪。”在吴昌硕频频出入海上的踪迹中，可以看到他苏州—上海的双城记开始启动了。从江南古城向海上都市的移居，是一次历史性的迁徙与开拓性的进军。尽管这种人生格局的变动，显得并不轻松，甚至是充满着艰难坎坷乃至是痛苦煎熬，但从那迈出的第一步中，就注定这将是一次生命的涅槃和艺魂的洗礼。当年从姑苏寒山寺侧走出的是一位人到中年的书画金石家，而最终在沪上黄浦江畔定居的却是一位承前启后的艺坛领袖。一部艺术史，就充满着这样的传奇与绝响。

第十六章　枯寂寒瘦在海上

从《饥看天图》到“画奴”印，从《蕉荫纳凉图》到题诗《高邕之邕书匄图》，尽管这是书画篆刻家之间的笔墨丹青之交、金石诗文之谊，是一种艺术的结盟与流派的归属，但从更深层的背景上来看，反映的是这一代艺术家对从艺方式的探索与对生存形态的思考。应当讲，吴昌硕“移家海上”的打算，也正是在这个过程中最后决定的。

在赴上海前，吴昌硕和苏州的文朋艺友们依依话别，而与情在师友间的邻居杨岘告别时，已年近古稀、须发霜染的藐翁拉着吴昌硕的手久久不愿松开，并反复关照：“多加保重，如有难处，就再回苏州。”此情此景，令人潸然泪下。吴昌硕回到家后，依然心潮难平，于行前拿出诗笺，提笔作《将之沪上留别藐翁先生》：“挥毫不暇懒，病臂肯辞僵。七十明年至，精神自在强。谈经推祭酒，识字胜中郎。凿壁分灯火，愁予别草堂。坐上客无佛，人中公是龙。乾坤碍强项，金石饱罗胸。白发秋逾落，名心老更慵。沧波回首处，明日在吴淞。”(《缶庐诗卷第三》)

那是一个初冬的清晨，刚刚升起的朝阳辉映着枫桥四周的红叶，泛出一层层胭脂般的红云，使这萧瑟的季节有了一些暖意与亮色。寒山寺的钟声显得那么悠扬，似在送别在此客居了五个春秋的缶翁。从月落乌啼的霜晨到渔火相伴的夜晚，缶翁在此留下了太多的翰墨烟云、金石情缘与世事愁眠。如今携妻带儿登上那只穿越了无数沧桑的客船，命运之舟又重新启航了。

古运河上，舟楫往返，浆声欸乃，清波荡漾。吴昌硕望着客船前舱门上倒贴的“福”字，虽然由于时间长了，红纸已开始泛白，但却气势郁勃，笔画苍劲，一看便知是书法高手所写。也许是哪一位文人墨客也乘此船，遂写下了此字，以祈福自己与以后来坐此船的同道。吴昌硕由此想起了在安城的芜园门上，他也曾贴有“福”字。为此，他还把长子吴育的小名起为“福儿”，二子吴涵的小名起为“壶儿”，壶既与湖州的湖同声，也与福似音，民间有“壶福齐天”说。只是老天赐福似乎并不多，此番移家海上，可否得福？他内心似乎并没有底，但抱着希望，总得践行。此时在船甲板上，三个儿子正在嬉戏，孩子们对乘船行旅自然是感觉十分新奇而开心。小弟苏儿此时在向母亲索要果子，小哥壶儿也争着讨，想不到大哥福儿伸出手臂就取，兄弟间欢乐无间。此时，一阵船头风掠起妻子额前的一绺头发，已显得有些灰白。今年八月，夫人四十初度，记得自己还赠诗以贺：“山妻四十明朝过，往事低徊倍可嗟。曾把锄犁规老圃，更持门户向天涯……”（《缶庐诗卷第三·丁亥八月廿七日赠内》）自妻子嫁给自己后，自己常年从艺游宦在外，家母小儿全靠她照顾，多有辛劳艰难。自古道：“贫贱夫妻百事哀。”但妻子从来无怨无悔，以沫相濡，甘苦与共，殊为不易。自己别号“苦铁”，但愿往后能由苦回甘。

吴昌硕伫立船头，心潮逐浪，思绪万千，再次作诗赠妻：“苏儿索果壶儿争，福儿欲攫蝯臂樘。兄弟如欢至性古，鸡犬富有移居荣。谓我何求金石刻，善抱不脱风波声。来日大难尔弗厌，会计盐米持权衡。万间广厦何足贪，东坡只羡弥陀龛。书生意气尽吾有，老姑食性唯尔諳。荒荒大野挥涕泪，泛泛一水游东南。芜园花鸟待归去，苦铁之苦终回甘。”（《缶庐诗卷第三·移居舟中赠季仙》）在初冬的清寒萧瑟中，在移家的古老客船中，吴昌硕所作的这首赠妻诗，是他人生的留痕与心路的记录。从苏儿、壶儿、福儿的兄弟罗欢到自己的只求金石书刻，妻子面对的现实生活与父子现状就是如此。前面是“荒荒大野”与“泛泛一水”，前程未卜，祸福不知。为此，他坦诚地告知妻子“来日大难尔弗厌”，并在安慰妻子还有“芜园”可以回归，祈福祝愿“苦铁之苦终回甘”。

从1872年才新婚不久的他随友人金杰作第一次海上游，至今已过去了十五个年头，他亦从昔日的一个乡村文人、贫寒秀才融入了城市艺圈，还算成了一个能拿微奉的小吏，并加盟当时的书画名家、文人艺士及硕儒高官的群体，有了一定的社会资源及人脉，特别是他的书法篆刻取法高古、雄健朴茂、风格独特，凸显出难得的金石气韵，为高端人士所肯定。他的丹青以书法金石入画，笔墨郁勃酣畅，气势雍穆苍莽，为画坛带来一股阳刚雄浑之风。正是出于这些原因，他才决定登舟赴沪，在海上艺坛闯荡一番。

此时的上海，虽然已开埠了44年，但还属发展的育成期。如上海的地标外滩还处于雏形，刚从江边的滩地改成租界的街区，第一座建筑海关大楼还相当简陋，初建的英国侨民俱乐部（后改上海总会）颇为朴实，如乡村别墅。相伴于外白渡桥桥堍下的礼查饭店也远没有扩建后（1907）的奢华，只是比较端庄。外滩万国建筑博览会的出现一直要到19世纪末至20世纪初、中期。即使是外国银行，在当时也仅有一家，即英国汇丰银行。远东金融中心的形成也要推后至19世纪末。但上海的社会结构、城市格局及市民形态已发生了很大的变化，呈现了完全开放的姿态。整个城市文明在东西文化兼容的情况下，得到了历史性的提升。为此黄式权在1883年刊出的《淞南梦影录》中就记载："各省书画以技鸣沪上者，不下数百人。"也就是说在海上艺苑，最早形成影响与规模的是海派书画。可见海派书画是其后海派京剧、海派文学、海派电影等的滥觞。而这"不下数百人"的书画家中，就是以赵之谦、张子祥、任熊、任薰、任伯年、胡公寿、高邕、蒲华等为代表，如今吴昌硕移家于此，但世事能遂人意吗？

吴昌硕一家初到上海时，因房租甚贵，日常开销又大，生活指数要比苏州高，只得暂借住在吴淞江的小船上，这样也可能方便吴昌硕走动，鬻艺会友寻访。在一个雨雪交加之日，吴的小船泊在南翔，于是他颇有雅兴地离舟登岸，冒雨踏雪去寻访明代"嘉定四先生"之一的李流芳故居檀园。李流芳（1575—1629），字茂宰，又字长蘅，号檀园，别署香海、檀园老人。他不仅诗才出众、擅长书画，亦是篆刻名家，而且喜石。其檀园曾藏有李所收的各类奇石，著有《檀园集》。吴昌硕一路打听，还是难以寻找到檀园，到处是蒿草丛生，满目荒芜。待黄昏归舟时，吴昌硕颇多感叹，以诗记行："闻说檀园废，来寻雨雪深。破裘披短后，虚籁答长吟。问讯迷风竹，知寒听水禽。黄昏理归櫂，兴发似山阴。"（《缶庐诗卷第三·泊南翔寻檀园旧址不见》）虽然前贤的名园未找到，黄昏而归，但心情还算不错，一路行来，兴致颇高，如入山阴道上。

来上海不久，吴昌硕由于时常去浦东作画，了解到浦东江边一带房租特别低廉，即在烂泥渡路租借了两间农舍，在安顿了全家后，他又接来了正在生眼病的继母杨氏与其同住。一位未来的艺术大师及海派领袖，正式与浦东结缘，开始了他的海上生活和海上鬻艺，从而对他日后的人生情感和艺术创作产生了深远的影响。

烂泥渡路原称"赖义渡路"，是陆家嘴地区"赖义渡"前的一条弹格路，每到下雨天就道路泥泞、浆水流淌，因而为老百姓叫作"烂泥渡路"，时间一长也就成了正式路名，一直到上个世纪90年代初，还保存着这条老路。吴昌硕当年移居租屋在此，已年届四十又四，他原本想凭借自己的书法篆刻及绘画才能在上海从艺养家，寻求进一步开拓之路。因为当时的上海自1843年开埠后，随着社会的开放、商贸的繁荣、金融的发展，海派书画已初显兴盛之势。如1878年7月17日《申报》登载胡公寿、张子祥、任伯年等的润格，扇面两圆一件。当时一圆大洋很值钱，可换140多个铜板，一个铜板可吃大饼油条一副，三个铜板可吃大肉面一碗。在吴昌硕迁居来上海的前一年1886年，任伯年正好47岁，吴昌硕为其刻印“画奴”一印。但吴昌硕就没有那么幸运了。一则，他迁居上海不久，名气并不大。二则，他的书画印风还在探索期，尚未被海上市场所接受。三则，是还没有一家有影响的笺扇庄或书画斋堂为其推介。吴昌硕此段在浦东烂泥渡路生活的日子相当窘迫，他的作品也乏人问津，使他备受穷困的煎熬。

那是在一个寒风凛冽、冷雨敲窗的孟冬之夜，此时已夜深人静而寒寂枯瘦。在昏暗的灯光下，吴昌硕挥洒笔墨完成了一幅《吟诗图》，他朝手中呵了几口热气，觉得意犹未尽，又提笔写下了长跋：“夜漏三下，妻儿俱睡熟，老屋中一灯荧然，光淡欲灭。缺口瓦瓶，养经霜残菊，憔悴如病夫。窗外落叶杂雨声潇潇，倏响倏止。可谓极天下枯寂寒瘦之景，才称酸寒尉拥鼻微吟佳句欲来时也。即景写图，不堪示长安车马容。远寄素心人，共此情况。”在这近乎杜工部般的白描叙述中，昌硕如此细腻而真切地展示了此时此刻他的生活场景和心理情感，这是他终生难忘的。而后他又题诗云：“灯火照见黄花姿，闭户吟出酸寒诗。贵人读画怒曰嘻，似此穷相真难医。胡不拉杂摧烧之，牡丹遍染红胭脂。”

应当感谢枯寂，感恩寒瘦。正是缶翁有在浦东烂泥渡路的这段艰难坚守，使他终生保持了一种可贵的平民精神、节俭性格和大爱之心。吴长邺先生曾跟我说过：老人在浦东烂泥渡的生活一直铭刻在他心上，他要他的儿孙记住那段穷苦的日子。而日后吴昌硕先生一直热衷于慈善事业，扶贫济困。能帮助别人的，他总是施以援手，是因为他也曾尝过“酸寒尉”之味和度过“饥看天”之日。

当然，在吴昌硕先生移居浦东烂泥渡路的那段时间，也有一些给他带来快乐的日子。当时浦东的一些花农擅长培植芍药花，每到谷雨之后，姹紫嫣红的芍药花开得端庄俏美而多姿多彩，更有高手将芍药嫁接于牡丹，使花朵更大更艳，更显富丽堂皇。吴昌硕见后十分喜欢，曾作了一幅相当著名的芍药花图，并欣然题款曰：“上海浦东田家遍地皆是好事者，逡以接牡丹，其色绝艳。”也就在这段日子，他亦在诗中留下了“苦铁之苦终回甘”的憧憬。

海上画坛，以任伯年、胡公寿、高邕、蒲华、虚谷等为主流群体，吴昌硕也时常参加他们的雅集，一起赏画论书，切磋技艺。吴昌硕以花鸟为主，为了开拓画路，任、胡建议他应画些山水，可取法石涛、八大等人。为此，吴昌硕专门拟石涛笔法而参己意，作山水一幅，并自题“狂奴手段”，可见其还是颇为得意的，因而一直珍藏在自己的身边，并传至其孙吴长邺。可惜“文革”浩劫，此画终难逃厄运，被毁。

吴昌硕在海上期间，他的好友亦时常与之联系，并互赠诗文书画篆刻，彼此传递思念之情与笔墨之谊。桐乡石门的吴伯滔寄赠了山水障给他，要求他画梅回馈。梅图完成后，他还亲切地为之题诗：“堂上松树生十围，滔老不画还数谁。平生好古有今日，读画如读索靖碑。江湖散人时来往，石门老屋寒可想。梅花落笔下乘禅，唯粥饭僧能配享。”（《缶庐诗卷第三·吴伯滔赠山水障，索写梅花》）老友沈石友则诗文往返，情同手足。吴在石友诗集《鸣坚白斋诗集》序中曾说：“我与石友论交为壬午，今三十余年。石友生于戊午，我生甲辰，以齿论，石友应兄事我，征其学识，我窃愧之……”有一段日子，沈一直收不到吴的书信，后从沪来常熟的友人处得知吴昌硕正在生病，沈石友即寄诗吴昌硕：“吟诗海上客，多病似相如。买药添新债，看花忆旧居。”（《闻昌硕病久无书来》）既有幽默调侃，亦有真诚安慰。因吴在浦东观花，曾以信告知。所以，沈在信中一语双关，既是忆旧居，亦是示意如在上海有难，那么苏州还有旧居可回。

一年一度的新春佳节即将来临了，上海的大街小巷也展示出过大年的气氛，贴对联，买爆竹，挂灯笼，插梅花。吴昌硕值此辞旧迎新之际，也格外思念亲友，他从亦好友亦亲戚的施石墨来信中悉知其将赴永康过新年，很是高兴。施是入其十七《怀友诗》的知己，是妻子施酒的弟弟，不仅诗才出众，而且擅长狂草，气势豪放，运笔酣畅，神采飞扬，与吴时常探讨笔墨之道。永康乃山明水秀之地，人文昌盛，乃引发了吴昌硕的无限遐思。恰逢有友人离沪返乡，于是便铺开诗笺，情涌笔端，赠诗老友：“永康山水县，游遍莫蹉跎。令叔文翁辈，苍颜道气多。篝灯话风俗，古意入诗歌。闻道乡心缓，残年客里过。”“负米言归日，中庭梅树花。帆收东浙雨，衣带赤城霞。市上夜呼酒，炉头风熟茶。吟朋聊慰汝，崔颢昨还家（时崔怀瑾自沪渎归）。”（《缶庐诗卷第三·闻石墨度岁永康，得来书，喜返櫂菱湖，作诗寄之》）

除夕之夜，吴昌硕按古老的风俗守岁。守岁，又称照虚耗、熬年，是指除夕夜不睡觉，以守候年岁的交替，辞旧迎新。这既是对逝去时光的留恋惜别，又是对来临新岁的恭迎祈福，这是对岁月的敬畏感恩，也是对生命的珍重关爱。守岁最早在西晋时就有记载，百姓点起蜡烛或油灯，通宵守夜。年长者守岁为“辞旧岁”，年轻者守岁则是为父母延长生命。另外，中国民间传统中的“年”是为一种凶恶的怪兽，会在除夕夜出来吃人，于是人们彻夜不眠，以保持警惕，故称为守岁或压岁。唐杜甫在《杜位宅守岁》诗中曾云：“守岁阿咸家，椒盘已颂花。”唐太宗李世民亦写有守岁诗：“寒辞去冬雪，暖带入春风。”白居易在《客中守岁》诗中曾充满乡愁地写道：“守岁尊无酒，思乡泪满巾。”到了宋代，据《东京梦华录》载："除夕……士庶之家，围炉而坐，达旦不寐，谓之守岁。"而老百姓的守岁，更是充满了生活的乐趣，苏东坡在《守岁》中写道："儿童强不睡，相守夜欢哗……努力尽今夕，少年犹可夸。"

在这"一夜连双岁，五更分二年"的除夕之夜，登楼守岁的吴昌硕望着窗外正在下着的淅淅沥沥的冬雨，远处还传来隐隐的雷声，感到老天似乎也在用清雨荡涤红尘，用雷声迎接新春。告别自己的故乡鄣吴，离开熟悉的姑苏，这是吴昌硕与家人在上海度过的第一个除夕。来沪的时间虽不长，但他经历的人和事却颇多感慨，不由得思索自己的境遇，虽能诗文书画篆刻，但依然是难吃一口"肉饭"，苦铁之苦何日才能真正回甘？虽身为小吏酸寒尉，但也羞谈治理之才……

就在这遐思中，新年的第一缕曙色已在天边展现，一时诗情澎湃，遂吟出了《除夕听雨达旦》："登楼浑似登春台，除夕光阴听雨来。地底雷声潮卷入，天边曙色浪淘开。祭诗豪尽三升酒，作吏羞谈百里才。只手狂澜谁挽得，杜陵频为郑州哀。"（《缶庐诗卷第三》）《除夕听雨达旦》应当讲是吴昌硕迎接光绪十四年戊子（1888）年的贺岁诗。虽然在海上的从艺生涯并不轻松，但吴昌硕毕竟打开了眼界，并融入了海上书画家群体，时常与他们相聚，一起弄丹青驰笔墨。二月初春，他与任伯年合作《壶梅图》并题诗曰："折梅风雪洒衣裳，茶熟凭谁火候商。莫怪频年诗懒作，冷清清地不胜忙。光绪十四年春二月春仓硕并题句。"就在吴海上从艺处于低谷时期，已大红大紫的任伯年与其合作书画，这种行为的本身，就是任对吴的推重与帮助，亦是使吴在坊间扩大影响，也就在这个月，他还为大儿子吴育刻了朱印《吴育半仓》，款为："仓硕刻付半仓儿，戊子二月。"

又是一个人间四月天，海上的春景也别有一番明媚之处。那时的城市四周还都是农田阡陌，绿水环绕。尤其是吴昌硕所居住的浦东，更是一派江南的田园风光，可见成片的桃林，在春阳的映照下，盛开的桃花美如彩霞。而洁白的梨花与鲜红的杜鹃也把这春光烘托得更加绚丽。

在这春深如海的时节，正逢亦师亦友的杨岘七十大寿，重情重义的吴昌硕在海上为藐翁祝寿，专门画了个蟠桃大幛，并题跋作诗以贺："此桃非人间果，乃西王母群玉山上三千年一结实之桃也。若山俗园林所生，安足奉我藐翁哉？老缶非有东方曼倩伎俩，不过假笔墨游戏，以博一笑。千年桃实大如斗，泼墨成之吾好手，仙人馋涎挂满口。东王父与西王母，藐翁先生七十寿，人将进酒翁弗受。海上桃熟偷无多，供养桃花添一缶。桃花灼灼易结子，草玄亭畔娱黄耇。翁饥食桃如食枣，安期生诧神仙某。……"（《缶庐别存·题画诗》）

仲夏时节来临了，擅长画荷的老友蒲华知道吴昌硕亦喜荷花，就约请他在一个太阳尚未升起的清晨，一起赴沪上西郊观看盛开的荷花。那“接天莲叶无穷碧，映日荷花别样红”的景观，令吴昌硕甚是陶醉。从杭州西子湖畔的十里荷香、姑苏拙政园的荷塘月色再到海上西郊的晨荷绽放，缶翁一时诗兴勃发，作五律《上海西郊红芙渠盛放，作英要清晓往观，同作》以记行：“古镜开池水，荒条抗草庐。秋光红莫辨，朝日与芙渠。人影冲惊鹭，歌声识捕鱼。相期湖上宅，菱藕杂盘蔬。”（《缶庐诗卷第四》）

与 1887 年年底初到上海“枯寂寒瘦”的困境相比，自 1888 年新年过后，吴昌硕的生活境遇已有所改善，从除夕登楼守岁到为吴育刻印，从与任伯年合作《壶梅图》到为藐翁祝寿画桃，再到如今的与蒲华晨赴西郊观荷即兴作诗，可见吴昌硕的心情状况已逐步好转。也正是在这种背景下，吴昌硕以幽默调侃的笔调写了《海上戏作》：“绕脚黄尘入面纱，更无隙地草萌芽。亭牵白浪迎客舫，风掣红旗过鬼车。虹口月明灯闪电，马头霞起路穿花。寓公近事荒唐说，看煞多情母夜叉。”（《缶庐诗卷第三》）

此诗以生动的笔触反映了海上的市井风貌，尤其是最后两句，展现了都市独特的人文世俗。然而在以往的吴昌硕传记与相关研究中，基本上是以此诗为凭证，认为吴昌硕对上海没有好感，乃至是憎恶的，为此他后来就离开上海迁回苏州。这实际上是有违当时的历史背景及吴昌硕的本来用意的，他很明白地题以《海上戏作》。缶翁作为诗人，他自有幽默的本性。而且从根本上讲，如果吴昌硕真的厌恶上海，那么就不会在以后的岁月中，时常来到上海参加各种艺事活动，并且最终定居海上。讲到底，吴昌硕与上海之缘，正是对海派书画艺术的认同与归属。

那么是什么原因导致吴昌硕在 1888 年夏秋之间离开上海迁回苏州的呢？应当讲是家变。在这期间，吴昌硕心爱的长子吴育病卒于海上，年仅 16 岁。老友施旭臣闻知后，即作《吴童子哀辞》悼念之。小名福儿的吴育，自幼聪慧，能读古文旧诗，专攻石鼓书法。就在当年的除夕，他还叫他取出旧书以难字考他，无一难倒。吴昌硕对这个长子是寄予了厚望的，他的不幸早逝，使缶翁十分悲伤。他在翌年所作的《己丑寒食》中含泪写道：“此哭育儿作也。育儿早慧，解文辞，读书能索古人意旨，年十六，极疾，卒于沪。施子明惜之，为作《吴童子哀辞》。寒食东风吹郭门，孟郊哭子泪潜吞。一千日醉谋之酒，十六岁憐飘汝魂。母歇机声眠阁底，弟搜诗句历墙根。临残石鼓还听雨，如听商量屋漏痕。”（《缶庐诗卷第四》）缶翁中年丧子，其内心的伤感是可想而知的，直至晚年，他在《丁辅之子八岁殇索题其小影》诗中乃追忆育儿曰：“诗成我亦滋泪痕，儿亡记客沧海滨。

（有儿十六岁病殁，能读《史记》、《汉书》，曾记其出猎句云：猿臂一舒格苍虎，马头所向窜群羊。）是时无语慰儿母，黄昏一哭秋响晨。”（《缶庐诗卷第七》）

就在长子吴育病殁后不久，吴昌硕的女儿丹姐（字次蟾）出生了。家中新添了婴儿，日常开销自然要增加，而且上海的生活成本要高于苏州，在和继母杨氏和妻子施酒商量后，吴昌硕就做出了理智的选择，还是迁回苏州。此时，友人卫铸生将赴南洋新加坡在上海乘船前夕，作《南游话别图》请题诗，吴昌硕将此诗写得颇为豪放雄健，尤其是诗末“丈夫不封万户侯，当行万里路”显示了一种人生追求和男儿抱负，颇有励志之感。正是在这种情况下，即将归去姑苏的苦铁，虽然还没有“回甘”，但经过这几个月海上生活的历练与人际交往，使他对海派书画加深了了解，与海派艺人增加了友情。来日方长，壮志未酬。这些都为他暮年真正融入上海夯实了基础。

第十七章　名臣大儒结人脉

回到姑苏，吴昌硕继续从艺游宦，与昔日的一些老友依然不时相聚，笔墨相酬，诗文唱和，赏碑鉴帖。这期间，海上画坛的盟主任伯年也时常来姑苏小住作画。任是 1868 年早春二月随族叔任薰离开客居四年的宁波赴苏州鬻艺，为此创作了著名的《东津话别图》，江乡风雅，倾倒一时。在任伯年橐笔苏州时，由任薰介绍，得识海派书画名家胡公寿、姜石农等。十月金秋，任为胡作《横行山民行乞图》，胡公寿题"同治七年之冬，胡公寿自题"，"萧山任伯年写"。此月又为姜石农刺史的夫人作肖像画《佩秋夫人三十八岁小像》，胡公寿题"同治七年之冬石农刺史属任伯年写，公寿补梅"。任伯年同时还作有《胡公寿夫人像》。任在苏州期间，曾向花卉草虫名家沙馥学草虫画法，并为其作《沙馥三十九岁小像》。仲冬十一月，任伯年告别姑苏赴海上，从此定居于沪。可见苏州—上海，亦是任伯年的双城记。任伯年对姑苏的不少老友及秀丽景色，还是十分留恋的，因而不时来苏州会友游览。

由于还在县衙担任着小吏，吴昌硕有时还得到县衙当差。八月的一天，吴昌硕身穿官吏之服，公毕回家，正好被前来看望他的任伯年撞见，只见吴昌硕头戴红顶花翎官帽，身穿一袭显得肥大的朝服，腰佩短剑腰牌，足蹬朝靴，双手抱胸拱以作揖，尽管连九品也算不上，但这身官服一穿，倒还是有些官气的。最令人感叹的是吴昌硕那种公差后的疲惫、木讷、拘谨乃至无奈的神情，被任伯年在瞬间捕捉到了，并定格在画面中，相当精微传神而又幽默发噱。为此，性格狂放不羁、已年届七十的老友杨岘见此图后，哑然失笑，颇为理解，并在画上题写了长诗："何人画此酸寒尉，冠盖丛中不愁类。苍茫独立意何营，似欲吟诗艰一字。尉乎去年饥看天，今年又树酸寒帜……"

每一次任伯年为吴昌硕画像，都颇有人生记录的意义与价值、命运叙事的作用与内涵。因此，每次也引起吴昌硕的一番感叹与思索。这次他亦题跋作长诗：

予索伯年画照，题曰酸寒尉像。顶凉帽，衣纱袍褂，端立拱手，厥状可哂。与予相识者皆指曰：“此吴苦铁也。”题句自嘲。达官处堂皇，小吏走炎暑。束带趋辕门，三伏汗如雨。传呼乃敢入，心气先慑沮。问言见何事，欲答防龃龉。自知酸寒态，恐触大府怒。怵惕强支吾，垂手身伛偻。朝食嗟未饱，卓卓日当午。中年类衰老，腰脚苦酸楚。山阴予任子，腕力鼎可举。楮墨传意态，笔下有千古。写此欲奚为，恰我宦情苦。我昔秀才时，食贫未敢吐。破绽儒衣冠，读书守环堵。愿言窃微禄，奉母有酒脯。铜符不系肘，虚秩竟何补。枉自刻私印，山石遭凿斧。名留书画上，丹篆粲龙虎。回思芜园里，青草塞废圃。咫尺不得归，梦栖故园树。逐众强奔驰，低头让侪伍。如何反招妒，攻击剧刀弩。魑魅喜弄人，郁郁悲脏腑。拂壁挂吾象，饮之以薄醑。顾影醻无数，兀然自宾主。权作酸慰看，持杯相尔汝。(《缶庐诗卷第四》)

吴昌硕虽然迁回苏州，但由于公差及访友，他还是经常去上海的。光绪十五年己丑（1889）的上巳节，他就在沪上。古代先民以阴历三月上旬的一个巳日为“上巳”，民间风俗是此日在水边洗濯污垢，祭祀祖先，祛邪求吉，修身养性，故又称修禊、拔禊。魏晋以后把上巳节定在三月三日，从此成为郊游踏青、水边饮宴、曲水流觞的节日。“是日也，天朗气清，惠风和畅。”王羲之的《兰亭序》写的就是他与41位文友上巳雅集。唐代杜甫《丽人行》中亦写道：“三月三日天气新，长安水边多丽人。”明代田汝成在《西湖游览志》中载：“三月三日，男女皆戴荠菜花。”吴昌硕这次在沪上过上巳节，正逢风雨交加、电闪雷鸣。为此，他作了《海上上巳》诗以记之：“风狂雨骤雷大声，狂势泼翻芦子城。予怀坐惜丽人老，天意却妒桃花晴……”(《缶庐诗卷第四》)

也就在这一年的春天，他为张之洞刻了白文印“张之洞”，边款：“香涛先生索刻，己丑春日吴俊。”张之洞（1837—1909)，字孝达，号香涛、香岩，晚号抱冰，直隶南皮（今河北南皮）人。15岁时赴顺天府乡试中举人第一名，26岁考取进士，授翰林编修，后任两广总督、军机大臣等。力主开新学，改军政，兴实业。他是洋务运动代表人物，提出了著名的“中学为体，西学为用”说，为发展民族工业及近代教育做出了历史性的贡献。与曾国藩、李鸿章、左宗棠并称晚清“四大名臣”。张之洞亦工于诗文，擅长作对联，其书法笔墨遒劲，骨力洞达，对吴昌硕高古浑朴的印风颇欣赏，后又请吴为其治印。

暮春时节，任伯年捎来了精心创作的《蔬笋图》，作为好友，他悉知吴昌硕爱食蔬果，尤其是鲜笋，纸上画作，以饱眼福。同时他亦请吴为其操刀刻小名印

“任和尚”。吴以朱文刻之，并作了四面满款，长诗以记：“和尚堕地三尺长，小名呼惯惟耶娘。大来仍学行脚装，不知者笑和尚狂。……纯刀硬入文字仓，石缝迸出失泥光。秦耶汉耶心茫茫，和尚得印谢不皇。”诗作言辞亲切而调侃，既写了任伯年独特个性与绘画造诣，亦讲了自己篆刻的取法与追求，情理并茂而意韵丰厚。从中也说明了他对自创的“纯刀硬入”法的运用已趋于稳定与成熟，并已相当自信此法的艺术效果与金石气息，从而标志着缶翁印风将崛起于近代篆刻印坛。

吴昌硕举家迁回苏州后，经济上的压力减轻了，生活状况也趋于稳定，得暇于九月汇编刊印了自己的篆刻集《缶庐印存》，十月辑成了自己的诗集《缶庐集》，并请老友施旭臣为之作序，后谭复堂先生又为之作序并题诗。十二月，他得到一方珍贵的田黄石印，面对有“石皇”之尊的此方印，他经过斟酌后，以白文《酸寒尉印》刻，款曰：“酸寒尉自刻印，时己丑十有二月。”此方自嘲印取汉将军凿印法，线条苍劲犀利，有凛然之气，表现了对现状的不甘。

是年除夕，吴昌硕一人在上海，在辞旧迎新的守岁之际，挥洒丹青作《岁朝图》，并题跋作诗：“己丑除夕，闭门守岁，呵冻作画自娱，凡岁朝图多画牡丹，以富贵名也。予穷居海上，一官如虱，富贵花必不相称，故写梅取有出世姿，写菊取有傲霜骨，读书短檠，我家长物也。此是缶庐中冷淡生活。南风薰鼻霞气馥，青灯荧荧照板屋。堆书古案静如拭，著树春光红可掬……道人作画笔尽秃，冻燕脂调墨一斛。画成更写桃符新，爆竹雷鸣起朝旭。”（《缶庐别存·题画诗》）去年除夕，他和家人在海上，自己登楼听雨守岁，而今他一人在海上过除夕，乃作画守岁，写梅写菊，尽显文人风骨与艺士情怀。

在“爆竹声中一岁除，春风送暖入屠苏”中，吴昌硕迎来了光绪十六年庚寅（1890），其时他 47 岁。由于一人在上海（可能是办公差），因此，闲时他都在作画吟诗，正月十七日，他与海上书画家们一起雅集徐家花园，纪念倪云林。位于上海苏州河老闸桥北的徐氏园林，又称徐家花园、港北花园，系清末浙商徐鸿逵所造的私人花园，名花嘉树，亭台明轩，景色十分雅致，称为双清别墅。徐系一儒商，喜好琴棋书画，每逢良辰吉日或是佳节来临，盛邀文人艺士在园中举办曲会、琴会、棋会、书画会、赏花会等，成为海上一处著名的文化雅集之处。外埠来沪的游客也慕名前来观光，体验海上艺林风情，遂成为对外开放的园林。倪云林（1301—1374）为“元四大家”之一，山水古淡萧逸，对后世影响甚大。吴昌硕能参加海上此种高端的书画雅集活动，可见其在海派书画圈中的影响与实力。自此以后，特别是吴昌硕定居上海后，徐园中时常留下缶翁的身影。

十月末，吴昌硕回苏州，游天平山后作《枫叶图》赠任伯年，题昔日诗作："荒祠颓塔老鸦鸣……游天平山诗，伯年先生两正，庚寅春仲昌硕吴俊。"可见吴昌硕与任伯年两人友情日深，互赠艺作亦多。正是通过吴与任的这种笔墨书画相交，可见自此吴昌硕已开始把较多的时间与精力用于丹青。在任的影响下，吴的画技得到了明显的提高，画路也得到了拓宽。三月上旬，吴昌硕听闻好友施旭臣在京病逝，甚感悲伤，为凭吊知己，作《哭紫明先生》三首长诗并跋之："庚寅三月八日，紫明先生病殁京师，归安戴笠青孝廉翊清集赙归榇，余资谋刻诗文遗稿。今春上长安，行李载一肩。破书高过身，瘦骨风尘眼……"(《缶庐诗卷第四》）吴昌硕在自己生活境遇颇为拮据的情况下，依然想方设法集资为老友谋划出版诗文稿，可见其不仅重情重义，而且颇有文化责任心。

作为庚寅年最大的收获，这年秋季，他与潘祖荫的门生、清末名臣、一代金石书画大家吴大澂相识，这也是他继潘祖荫后，最重要的社会关系结交。吴昌硕与吴大澂的相识，也是以金石为缘。精通金石之道的吴大澂，对吴昌硕篆刻中所凸显的那种高古苍逸的金石气十分欣赏，请缶翁为其刻了白文印"愙斋鉴藏书画"，边款曰："庚寅秋仓硕"。此方印取法于汉官印而参己意，雍容朴茂而端庄大气，吴大澂甚喜之。

吴大澂（1835—1902），本名大淳，后为避穆宗载淳讳而改大澄，字清卿，号恒轩、白云山樵，晚号愙斋。江苏吴县（今已并入苏州）人。同治七年进士，历任编修，陕甘学政，太常寺卿，左都御史，广东、湖南巡抚等职。系清末大学者、金石学家、文字学家，平生致力于金石古器收藏及鉴别考订。少从陈奂学篆书，并效法李阳冰，中年后参以金文古籀。书风独特，结构取自金文，笔法却用小篆，线条光洁劲健，结构古朴工稳，自有一种内蕴的典雅高迈之气，为书林所重。亦善画山水及花卉，用笔精湛秀逸，气韵醇厚古逸。著述颇丰，有《愙斋诗文集》、《愙斋集古录》、《古籀补》、《恒轩吉金录》、《权衡度量考》等。在清末的官场上，吴大澂是一个颇有个性的高官，文武双全，体格健壮，臂力过人，特别擅长射击，有百步穿杨之功，曾说："枪炮须新式，正似汉学不可空谈。"

吴大澂为官处世特立独行，颇有担当精神和爱国情怀。光绪十一年乙酉（1885），他作为特使赴吉林珲春练兵，并聘外籍教官执教。在冰天雪地的林海雪原，他与将士一起出操。第二年在珲春勘查中俄边界的过程中，他大义凛然，不畏强压，寸土必争，把原勘定的边界线向前推进了十公里，并以刚劲端庄的金文在所立铜柱上铭刻："疆域有志国有维，此柱可立不可移。"为此，受到国人的称道。吴昌硕亦写有《上愙斋大中丞》的诗以赞其行："文章德业倾中外，节钺驰驱半九州。至竟河流能底定，不谈经济著成谋。铜柱声威古莫仇（中丞奉使定中俄地界，刻铜柱纪绩），兴安界画述皇猷。裴岑碑与龟兹刻，一样题名逊一等。”（《缶庐诗卷第四》）

吴昌硕与吴大澂相识之时，正值吴大澂的晚年，是他收藏集大成之时与书画金石进入巅峰期，已然是一代巨擘。尽管他们之间身份是有云泥之别，且吴大澂要比吴昌硕大九岁，吴大澂的人生轨迹也一直是仕途得意，出入庙堂，得到当时的重臣潘祖荫及帝师翁同龢等的赏识与扶持，是当时清流派的代表人物，自视甚高，但他与吴昌硕却是极投缘契合。他对吴昌硕的艺风人品相当推崇，可谓慧眼识珠，尤其是对吴昌硕篆刻书法中所流露出的那种朴穆苍莽、格古韵醇的金石气甚为赞赏。唯其如此，吴大澂将吴昌硕引为难得的艺坛同道与笔墨知己，让其遍观愙斋中所藏钟鼎彝器、古玺碑刻、陶器名瓷乃至古币镜铭等，使吴昌硕再一次广采博取，吸纳精粹，为其金石书画最终形成自己的风格提供了最后一次的大充电。为此，吴昌硕如入宝山，深究精取，做了大量的摘录考证笔记，虽然散失，但仍存《金石考证》五十多篇，《汉镜铭》二十八篇。因此，从近代艺术史角度来看，二吴的结交，在书画金石艺坛上具有重要的意义。而从人脉关系和社会价值来看，吴昌硕与吴大澂的知己相逢，也为吴昌硕的人脉建构，完成了高端的引领。

历史地看，吴昌硕自晚年定居上海后，为何能成为海派书画的领袖人物？当时那些聚集于海上艺坛的书画名家如陈宝琛、陈三立、沈曾植、李瑞清、曾熙、康有为、朱祖谋、张謇、郑孝胥、张元济等，不仅是高官大吏、翰林名士，有的还是庙堂帝师、封疆大吏等。为何能服膺于缶翁这个连九品都排不上的芥末小吏？除了吴昌硕在书画金石诗文上的深厚造诣和独特功力、为人的低调友善、宽容朴实及重情重义外，就是他的人脉积淀和人际铺垫，这是一个不容忽视的历史背景。吴昌硕课读于国学大师、名满学界的俞樾的“曲园”，应聘司账于陆心源的潜园“皕宋楼”，坐馆数年在姑苏收藏大家吴云听枫园的“两罍轩”，相交于晚清名臣、收藏巨擘“滂喜斋”的潘祖荫，结识于封疆大吏、金石彝器精湛的“愙斋”吴大澂，研读于名门望族、藏品宏富的顾麟士的怡园“过云楼”等。可见吴昌硕被公推为海派书画领袖人物，是有可遇而不可求的深厚的人文资源的。

此时的吴昌硕虽为芥末小吏，但官差有时却颇为忙碌。尽管鞍马劳顿、行脚水陆，堪为苦旅，但也使他有了接触社会、体恤民情、结交朋友的机会。这一年十一月，吴昌硕奉差前往上海浦东严家桥粥厂发放灾民棉衣，他对难民的境况颇为同情。因为他在年轻时，也曾作为难民流离失所、饥寒交迫、家破人亡。从此，他是以一颗慈悲为怀之心来行事处世，热衷慈善。对于此次来沪赈灾，他有诗《庚寅十一月奉檄赴粥厂给流丐棉衣》记之："黄棉布袄称身裁，丐者葫芦笑口开。随意且游萧市去，有人曾食肉糜来。送穷韩愈翻多事，辟谷留候太费才。呼尔一声听不得，嗷嗷肯作雁鸿哀。"（《缶庐诗卷第四》）在浦东严家桥期间，他关心民间疾苦，看到了当地严重的灾情，颇为忧虑："冬十二月春雁啼，严桥行色晚悽悽。潮枯斗硕量沟水，地瘠蒲芦损菜畦……"（《缶庐诗卷第四·严家桥写望》）

吴昌硕自结交了海派画坛领军任伯年后，于绘画用功日勤，并注重临摹前贤名家，如八大、石涛、扬州八怪等。时年他从友人处见所藏八大的《玉簪花》，笔墨精良，气韵佳妙，极富意趣，他借回效法临摹，颇有心得。后有友人寄八大的巨幅花卉鸟鱼图来售，可惜索价甚高，他囊中羞涩而无力购之，无奈只得作过眼烟云罢。于是缶翁借诗录以感怀：《效八大山人画》："八大真迹世不多见，予于友人处假得玉簪花一帧，用墨极苍润，笔如金刚杵，绝可爱。临三四过，略有合处。作长歌记之。越数日，有寄山人巨幅来售，一石苔封云绉，横立如钓矶。上栖数鸟，下两游鱼，神气生动。草书一绝：'到此偏怜憔悴人，缘何花下两三旬？定昆池在鱼儿放，木芍药开金马春。'殆是国变后所作。山人本胜国石城府王孙，故诗意凄惋如是，神化奇横，不可抚效，较前画尤胜也。索石甚奢，阮囊空空，不能得，并记于此，作过眼烟云看。'石城王孙画雪个，下笔时嫌八极隘。砚翻古墨春雷飞，大石幽花恣奇怪。苍茫自写兴亡恨，真迹留传三百载。出蓝敢谓胜前人，学步翻愁失古态。是时窗户春融融，墨汁一斛古缶中。古今画理在一贯，精气居然能贯通。此花此石寿无穷，唐抚晋帖称同功。香温茶熟自欣赏，梅梢双鸟啼春风'。"（《缶庐别存·题画诗》）

对于八大来讲，凡是喜好丹青的后来者都会对他产生一种特殊的情感。仅仅就是"哭之"、"笑之"的署名，似乎就涵盖了人生与艺术的一切。这是大彻大悟后的心灵独白，也是亦真亦痴时的精神宣泄。八大山人（1626—1705），南昌人，明王室后裔。俗姓朱，名耷，字雪个。八大早慧，自幼便能吟诗作画。明亡时他正好 19 岁。原本青春年少、风流倜傥、前程似锦的年月，却横遭劫难，父死妻亡儿丧，再加上清廷的追杀，他只得遁入空门，20 岁时在进贤介冈社落发为僧，法名刃庵。康熙初年，清皇朝对明宗子孙采取了宽容的政策，此时已 30 多岁的八大才怀着一颗破碎的心在城南原梅仙祠旧址，创建了日后在青史上留痕的"青云谱道观"。

“遗世逃名老，残山剩水身。”从此，八大在青灯黄卷，悟道参禅的同时，笔走龙蛇，挥洒丹青，泼墨恣肆，把心中的国破家亡之恨、愤懑不平之怨倾入笔端，气韵清寂，笔墨酣畅，可谓“放浪于形骸之外，佯狂于笔墨之间”。60岁时，曾被临川县令胡亦堂为修《临川县志》而硬接入官舍。一个孤傲的灵魂被囚禁了，一个独立的人格被撕裂了。一年后，八大精神崩溃而疯掉了。是一位友人将奄奄一息的八大接出官舍，精心照顾一年多后，八大才得以康复。从此，他的丹青为之一变，笔墨狂放，奇拙清寂，画风高逸。吴昌硕的画风受其影响，在气势意韵上也多有借鉴，在用笔上更趋恣肆爽辣，在用墨上更加酣畅淋漓。而对八大的那种境遇与情感，缶翁也更为理解，心有灵犀。从更深层的创作心理背景来看，吴昌硕正是承接延续了历代文人画家的那种忧患情愫与感怀精神。为此，他才在诗中坦言“古今画理在一贯，精气居然能贯通”。另外他亦写有《题八大山人画》组诗，相当简练而生动地反映了八大的人生与丹青。如：“一鸟复一鸟，中有雪个魂。”（《鸡》）“残山剩水写来看，纸上闲愁动万端。……繁华梦破入空门，画不加题但印存。”（《山水》）“只有荷花如旧日，棹歌悽断莫愁湖。”（《荷》）从中可见吴昌硕对八大山人的情感非同一般，这是大师与大师的心灵感应与精神对话。

吴昌硕对另一位清代画僧石涛的人品画格也是颇为崇尚。石涛（1640—约1718），明靖江王赞仪十世孙，亨嘉之子。俗姓朱，名若极。落发为僧之后释号原济，号清湘老人、苦瓜和尚等。石涛践行“搜尽奇峰打草稿”，屐痕遍布名山大川，尤钟情于黄山。其山水构图或疏或密，笔墨秀逸华润，贵在似与不似之间。其花卉亦清雅灵澹，气韵郁勃，颇含禅意。他的《苦瓜和尚画语录》代表了清代绘画美学的高度成就。石涛与八大亦交谊深厚，他曾请八大作《大涤草堂图》。海派书画家对八大、石涛多推崇，师从者甚多。特别是吴昌硕结交任伯年、蒲华等人后，他们也都向吴推荐取法临摹八大、石涛作品，可见这是一种群体的时代性追求。吴昌硕有诗题《石涛画卷》：“一指海腾月，四更人听风。犹龙歌酒半，驾鹤戏寰中。劫历沙谁数，河清梦不同。披图吾愧死，晞发未逃空。”（《缶庐诗补遗》）

暗香浮动的岁末梅开时节，是年十二月初之夜，窗外雪花飘舞，逆风凛冽，姑苏古城一片银装素裹。在这风雪之夜，吴昌硕正和友人屠朋、施石墨在缶庐小聚谈艺，其乐融融，颇感温馨，均是笔墨知己。谈兴酣畅时，缶翁提笔即景作画写梅，参用了雪个、白石、青藤的技法，屠朋、石墨在一旁观看相赏，意兴盎然。此时却传来了一阵急迫的敲门声，原来是一官衙送达当差公文，让他速去官府办公务。艺友雅集、挥洒丹青的清兴顿时烟消云散，缶翁即时在画上题跋作诗：

破灯雌不温，梅花淡若水。青毡长物外，冷趣仅赏此。一官追聋丞，官事食以耳。衙参唤不起，习懒艰拜跪。作画娱性情，雪个穷厥枝。白石青藤流，附庸差可拟。奇穷了道人，善病墨居士。喜极更相赏，快拓造像比。叩门急星火，传入一片纸。雨雪方载涂，捉我去官里。(《缶庐别存·题画诗》)

缶翁在每年的年终岁末之际，都要作《岁朝图》，以纪年记事，抒怀感言，辞旧迎新。此年的《岁朝图》是作在友人所送的周夺敦青铜器全形墨拓上，画上了菊花与水仙。他自嘲有好古癖，而不自觉酸寒。在题跋后遂作七绝有二：“周敦离奇夺字标，破经秦火几回烧。抱残守缺寻常事，难得秋花赏岁朝。”“贫过中秋又瘦年，一家和气抱圆天。量柴量米且休问，掷卖文钱买水仙。”(《缶庐别存·题画诗》)吴昌硕以传神的诗笔，对他的贫困生活做了生动的描写，而且在他所作的前几首《岁朝图》题跋题诗中，都涉及了这个主题。

第十八章　姑苏海上双城记

此幅器形墨拓《岁朝图》，伴随着吴昌硕迎来了光绪十七年辛卯（1891）年的新春，缶翁也已年届四十又八，已近知天命之年。子曰：“吾十有五而志于学，三十而立，四十而不惑，五十而知天命，六十而耳顺，七十而从心所欲，不逾矩。”（《论语·为政》）这可谓是人生境界、生命成就和生活质量经典性的确认和定义。

然而，坦率地讲，古往今来，能进入此境界而达标的，似乎不多，大多数人是把其当作生命的期盼与人生的追求。缶翁也是如此，他的人生形态因经历的曲折坎坷而变得通达，他的生命内蕴因遭遇的痛苦而变得丰满。自他1882年携家眷定居邻近于寒山寺的西畮巷四间楼后，就与这座古城结下了不解的情缘。他在这里结交了艺友诗朋、知己知音，遇见了老师前辈、恩主大贤。也正是凭借着自身的努力与师友们的相助，他已融入了这个吴门的高端艺群，并结盟于正在崛起的海派艺苑，他书画篆刻所具有的造诣与实力，已为师友首肯及如吴云、潘祖荫、任伯年、吴大澂、顾麟士等人的垂青。他的名气已在圈内传开，乃至开始影响到了海外。这也符合中国书画的艺术规律和本体性。因为中国书画讲究的是笔墨的修炼、功力的深厚、造诣的积淀，这是需要耗费生命的漫长时光，才能进入一种人艺俱老的佳境，苏东坡为此曾感叹“非人磨墨墨磨人”。一切均在期待之间，一切都在未来之中。诚如老子所言：“大器晚成，大音希声。”（《老子·四十一章》）

姑苏城的三月，明丽而又婉约，一座座不同景色的园林被姹紫嫣红所点缀。桃花艳，杏花粉，梨花白，春雨润，流水清。缶翁兴酣落墨作山水，笔墨苍逸浑朴，气势酣畅郁勃，意境幽邃寂寥，系他参用石涛笔法作之。画完成后悬挂于墙上自赏，从运笔构图到取意用法，他都颇为得意，因而在画上题跋曰：“人谓缶道人画笔动辄与石涛鏖战，此帧其庶几耶？”可见缶翁师法石涛的自信及画界对他的评价与肯定。他与石涛的从艺精神与笔墨追求是相通的，“毕竟禅心通篆学，几回低首拜清湘。”（《缶庐诗卷第五·石涛画》）是月，缶翁撰句十言联：“大写荷花香自十指间出，小生诗笔气从一鼻孔来。”请杨岘书写。擅长碑学的杨岘笔法遒劲高古，骨力劲健，气势朴拙。

清代的书坛，在初期基本上是帖学的天下，由于清圣祖康熙推崇董其昌而上效下行，使整个书苑都为董氏书风所笼罩。至乾隆时，赵孟頫又开始走红，秀雅妍美的赵氏书风又大面积地覆盖了书坛。自嘉庆、道光以后，随着钟鼎彝器、秦诏汉碑、北魏造像、唐代石刻等的大量出土，大批文人为避文字狱而转向金石文物的考古。正是在这种背景下，“碑学”开始兴起，书坛始兴高古浑朴、刚健苍劲、粗犷雄迈的风尚。这也从根本上改变了自唐代以后篆、隶问津者甚少的局面，出现了不少专攻篆、隶的书家，如与缶翁情在师友间的杨岘，就是当时写隶书的大名家，而高邕则是写魏碑的高手，吴大澂的金文更是名重书坛。吴昌硕本来就好古成癖，遍观金石器铭、钟鼎款识等，自得到好友潘瘦羊所赠汪鸣銮手拓《石鼓文》精本后，更是朝夕用功，专心临摹，在运笔过程中写出节奏气势与笔情墨趣，并一改左右平行对称的结构，写成左低右高的倚崛之势，有参差起伏之感。为了进一步丰富石鼓文的笔墨表现形态和结构的空间造型感，吴昌硕还参及散氏盘、琅琊石刻及封泥、秦权、汉瓦甓等民间文字的用笔结字，从而使其石鼓写出了鲜明的个人风格，古朴奇肆、爽辣豪放、气势雄健，凸显了强烈的金石气息，获得了书坛圈内人士的好评。海派书画的领军任伯年及高邕、蒲华等人，就认为缶翁的金石书风正是他人难以企及的。

自嘉庆、道光“碑学”兴起之时，也正值近邻日本书坛变法之时，碑学正趋兴盛。日本的书法最初渊源于中国，日本书法史上的第一块里程碑——圣德太子所书的《法华义疏》，就直接取法自我国隋朝书法。而至唐代，来中国学习书法的遣唐使人数更是达到了高潮，日本书法史上的一代大师空海即是其中代表。其后由于幕府的闭关锁国政策，才与作为书法创作本源的中国中止了交流，自日庆应四年（1868）一月江户幕府倒台后，改元明治，然后进入了明治维新时代。1880年（日明治十三年），中国金石家、书法家杨守敬作为清朝驻日公使何如璋的随员来到了日本。杨亦是收藏大家，他随身携带了大量的北朝碑志及金石拓本、汉印古钱等，据说汉碑拓就达上万本，从而有力地推动了日本的碑学书风。日本书学家榊莫山在《日本书法史》中曾说：“精通金石学的杨守敬，把以北魏为中心的许多碑版法帖带来日本，这些石迹终于在日本露了脸。”杨在日本四年，掀起了一股“杨旋风”，使北碑与篆隶书法风行扶桑。杨在日期间，收了三大弟子，为日下部鸣鹤、松田雪柯、岩谷一六。明治十七年，当杨守敬这个身穿长袍马褂的瘦弱老人离开江户（东京）码头回国时，在送行的人群中，有一位40多岁的中年弟子挥泪与之告别。当送别的人群都已离去，轮船也消失在海天之间时，那位中年弟子还默默地站立在那儿。此刻，他在心中发了一个宏愿，就是一定要到老师的祖国——中国去，拜访那里的书法大师前贤与当代书坛名家高手，此人就是日下部鸣鹤。

日下部鸣鹤（1838—1922），本名东作，字子晹，号东屿、翠雨、野鹤、鹤叟等，别署兰石山房、墨皇室等。生于滋贺县彦根市，是藩士之子。系日本明治时代最著名的书法家之一，有着相当深厚的汉学文化修养。与中林梧竹、岩谷一六合称“明治三笔”。书法致力于北碑，刚健雄浑，奔放酣畅。隶书则从《西狭颂》出，古穆雍容，朴茂端庄。他治学亦严谨而深入，书论精当独到，被中国书法家称为“东海彼岸的书圣”。

也就是在吴昌硕请杨岘书写其作的十言对联后不久，在一个春光明媚、惠风和畅、花香馥郁的午后，一位身穿和服、胸前长髯飘拂的日本友人来到了缶庐，他就是专门来中国书法朝圣的日下部鸣鹤。在拜访缶翁前，他已到绍兴兰亭瞻仰了王羲之当年书写《兰亭序》的墨池与右军祠。然后来到姑苏，拜访了一代大儒俞曲园，金石大家吴大澂、书法名家杨岘等。日下部鸣鹤是一位有着极高的笔墨认知和书法境界的高士，尽管吴昌硕要小他六岁，社会地位也不高，但他对吴昌硕篆刻书法的功力及金石气韵的展示，相当认可而敬佩。他感到在缶翁的刀笔翰墨中，有一股郁勃的大家气度和高迈气韵。为此，他们品茗论艺，切磋书道，探讨笔法，观赏石碑。日下部鸣鹤还以其诗作《游吴杂作七言绝句》赠缶翁：“海上漫传书圣名，云烟落低愧天成。浮槎万里求遗矩，千古东吴有笔精。”应当讲，这是日下部鸣鹤对晚清时期中国书法家群体的仰慕与崇尚。而缶翁对鸣鹤的笔墨造诣也相当看重，对其书法修养也极为赞赏，他们颇有惺惺相惜之感与知音相遇之怀。吴昌硕在观看了鸣鹤的书法后，亦称道：“右军书法徒争先。”

人与人之间，有时会出现一片缘分的天空。吴昌硕与鸣鹤结缘，而且在从艺理念、笔墨取法与书学精神上互为契合，由此结下了终身之谊。这也反映了一种深层的人文背景和时代成因。鸣鹤师从于杨守敬，以碑学为宗。尽管杨守敬当时在国内的影响与地位还不能和吴大澂相比，但作为嘉道年间兴起的“碑学”代表人物之一，他对鸣鹤的书学观形成是有决定性影响的。因此，缶翁与鸣鹤的金石缘、翰墨情是极有共同点的。鸣鹤回国后，与缶翁书信交往，诗文书画相赠。如缶翁日后赠鸣鹤精心创作的《老梅图》，并赋诗谓：“寥空一鹤翔，归梦蹑扶桑。

冷衮琅琊刻，闲栖石鼓堂。冻梅寻伴侣，短札羡康强。想见论书处，南天忆古狂。”此首诗充满了对这位异国友人的了解、推崇与怀念。

日下部鸣鹤是缶翁所结识的第一位日本友人，他对日后吴昌硕在东瀛所产生的影响、地位具有重大的历史意义。正是由于鸣鹤的介绍、推崇，使日本书道篆刻界非常仰慕吴昌硕的翰墨金石之功。如日本书法篆刻家何井仙郎就是受鸣鹤的影响而深慕缶翁之艺，并将作品寄到中国请缶翁指教。鸣鹤日后终于开宗立派，成为鸣鹤流派的创始人，被尊为日本书道碑学始祖，地位极其崇高。唯其如此，缶翁在日本书道界乃至民间的知名度由此奠定了基础。

此时吴昌硕的家居生活尽管不算富裕，但在金石书画上还是有所收入，尚有小吏薄俸贴补，温饱尚能维系，再加上师友同道的关心相助，应当讲他的笔墨人生还是有书香诗情相伴、金石翰墨相随的。“小荷才露尖尖角”的初夏时节，老友任伯年来到缶庐，将一筐刚采下的枇杷送给缶翁的三儿苏儿东迈，苏儿随即提筐把玩，憨态可掬，天真可爱，任伯年即兴在缶翁的画案上提笔作了《苏儿小影图》。吴昌硕看后很是高兴。一代画家为自家小儿作画像，自是十分难得，亦乘兴题诗于画上：“苏儿苏州生，头角颇岐嶷。两岁呱呱啼，随父适海国。……行者为写照，真意笔端出。儿有肉食相，愿为万夫帅。弗学爷读书，齏盐困卑秩。”在诗的最后，缶翁对自己的苏儿寄托了美好的祝愿，感到他长得富态，有食肉相，可当万夫帅，而不要学自己仅是为读书而困卑秩。

光绪十八年壬辰（1892），吴昌硕在上海，借住在南市老城厢的升吉里，这是一间小小的陋室。吴昌硕在此客居，是为了办公差及鬻艺，此处离上海老城隍庙很近，海派书画家们常在豫园雅集，且老城隍庙内也有数家画廊，可见这正是缶翁在上海交友从艺的理想之地。

正月梅香时节，老友杨岘送他黄易所书的五言联：“流传江鲍体，浓薰斑马香。”用笔简洁凝练，意趣高古雅逸，缶翁很是欣赏及喜欢，还请了杨岘再题。黄易（1744—1802），字大易，号小松、秋庵，别署秋景庵主。浙江杭州人。官至山东济宁运河同知。黄易之父是诗人黄松石，母亲梁孺人也有诗名。他幼承庭训，能书善画，精研金石文字。篆刻师事丁敬，上效秦汉，兼工元明诸家，款识亦古朴典雅。他是“西泠八家”中继丁敬之后成就最大的篆刻家，刀法厚重朴茂，稳中求变，字法气势生动，变化微妙，曾有著名的治印格言：“小心落墨，大胆奏刀。”著有《小蓬莱阁金石目》、《小蓬莱阁金石文字》、《黄小松印存》等。吴昌硕对其的推崇，正源自他的艺格、印品及对金石文字的造诣。

在上海办差鬻艺的余暇，已年近知天命之年的吴昌硕甚为怀念师友同道。于是，他认真摘记回顾自己生平交友之事，得二十多篇，暂定名为《石交录》。以“石交”为题，含有双重意义：吴系金石篆刻家，以石交师友；同时，他与这些师友情感真挚，道义相契，有如金石之交，天长地久。如果说十七首《怀友诗》与《十二友诗》，缶翁是以简约精湛的诗笔记之，那么在《石交录》中，缶翁是以洗练传神的文笔撰之，如他写王竹君的就相当生动精彩，颇有司马迁《史记》的笔调：“王竹君璜，江宁人，流寓吴门。磊落负气，习申韩学，佐其姻娅于某幕，不合，弃去。与吾友金道坚友善。饮肆中，大醉，辄拍案狂呼，惊其座人。群目为怪，不顾也。余每见道坚，恒遇君。以素昧平生，未交一语。时余二子无师，欲延师课之。道坚为君介绍。余曰：‘是非烂饮狂呼者耶？’曰然。余曰：‘恐不守师范如何？’道坚曰：‘虽然，吾当语之。’翌日，告君以意。君曰：‘是吴某乎？是人某见我，未尝交一语，吾阅人多矣，唯此君可人意，吾必就之，今便往，束脩厚薄不计也。’遂馆于余，训迪勤至，足不至市廛，非复昔日豪纵态。馆余凡八阅月，疽发背，为延医治之，不愈。君无妻子，感余调护，自知不起，言多酸楚。余多方慰藉。疾革，舆至萧寺中。卒时光绪乙酉十月五日也。君禀气寡谐，不能俯仰求荣，及其所敬爱，则又无少熬兀。其将卒也，自摘其冠顶，曰：‘吾布衣，曩姑从俗用之，今将死，不可僭敛。’其有曾子易箦风乎？可以知其品矣。”（《石交录》藏浙江省博物馆）从中可见细节描写逼真，性格刻画生动，叙事描写精当，深得唐宋八大家散文之遗韵。

缶翁的师友团，初以安吉及湖州为主，继而辐射至苏浙，后拓展至海上及各地，而其中尤以中年时期在苏州相识、相交的为多。缶翁在《石交录》中写道：“余性喜画，自游屡江左，与诸画士遇，其艺之尤精者，余必有其画，诸君皆名重一时，人求其画非兼全不可得，顾皆与余善，余有求必应且速，余极以篆刻答之，今记其大契者数君，以志臭味之投云。”《石交录》中所列契友43人：吴山、杨岘、方子听、凌霞、章紫伯、金铁老、王竹君、顾曾寿、潘钟瑞、徐士骈、吴云、沈仲复、施紫明、陈桂舟、张乳伯、胡匊邻、周镕、施均甫、谭仲修、徐韵生、潘郑盦、胡公寿、金杰、杨晋藩、金心兰、沈楚臣、顾秦邨、沈凤韶、沈福庭、沈藻卿、杜楚生、安作舟、张子祥、李哩、顾若波、陆恢、杨伯润、吴秋农、李皋臣、费以群、胡三桥、林海如、卞祖海。这些人中既有书画名家、金石高手、官吏士绅、收藏大家、诗文宿儒，亦有布衣书生、草根文人等，吴昌硕均一视同仁，无高低贵贱之分。特别是在《石交录》最后缶翁写道：“余性善交游，而足迹所至，素心人恒不多觏，由迂拘所至，亦由不欲滥交也。”吴昌硕自谦自己虽喜欢交友，但由于其性格的迂拙及拘谨，因而不善和人沟通，同时，也不愿滥交之。实际上，以缶翁的人生经历和性格特点，其情商是很高的。他为人处世平和谦逊，朴实真诚，不卑不亢，重情重义，凡能交的师友，都相当契合，不少是生死之交。诚如古人所言："居处恭，执事敬，与人忠。"吴昌硕具有很大的包容性与很强的亲和力，具备了一种日后能成为艺坛领袖的气质。

是年夏季，任伯年又为缶翁作《蕉荫纳凉图》，蕉荫滋阴，绿叶染翠，缶翁解衣袒腹，持扇纳凉小憩，神态悠然怡静，具有一种红尘外的清逸，俗世中的淡泊，缶翁甚爱之。这已是任伯年这位海派书画翘楚第五次为缶翁作肖像画了。而吴昌硕亦以深厚的金石铁笔之功，为任伯年所珍藏的《宝鼎砖砚》刻铭："画奴凿砚如凿井，画奴下笔如扛鼎，宝珠玉者谁敢请。"此砚铭刻得刀笔坚挺遒劲，气势刚健畅达，线条朴茂雍穆，是不可多得的砚铭经典之作。

吴昌硕的篆刻在此年创作颇丰，也标志着他的印风已开始日趋成熟、自辟蹊径。一些中年时的代表印作均在此阶段完成。如阳春三月，他所刻的白文自用印"俊卿之印"的边款曰："抚似汉印者，宜先从平直一路入手，庶无流弊矣。壬辰莫春之初昌硕刻于沪。"此谓缶翁的印学心得，他对汉印有着深入而全面的了解，不仅在一些收藏家处观看鉴赏了大量的汉印，如陆心源、吴云、潘祖荫、吴大澂等处，而且曾下过苦功临摹过不少汉印。汉印是中国篆刻史上的鼎盛期，具有经典的传世意义。汉印首先是在篆法上真正形成了自成体系的专门用于印章的文字——缪篆。缪篆笔画线条质朴简约，结构方中带圆，带有隶意，很适宜入印作篆，从而形成了篆刻的独立文字。同时汉印分为铸印与凿印，均技艺精湛、印风典雅、款式多变、刀法遒劲，开创了印学审美的高端形态。汉印中的官印是其代表，而汉官印很大一部分是工稳端庄一路，"笔畅而圆，神存而方"，古朴丰逸，雍容大气。缶翁印艺对其多有取法，且运用精妙传神。如朱文印"汉阳关棠"，边款谓："壬辰三月拟汉铸印，昌硕吴俊。"此年秋刻的自用印"梅花手段"、为顾若波刻的朱印"美意延年"、白文印"剑伯读碑记"及朱印"深之"等，均是缶翁中年篆刻得意之力作。特别是从此年开始，他为好友郑文焯持续刻印达二十多方，其中如"小瑕"、"文焯私印"、"瘦碧所藏金石文字"等，郑文焯甚为珍爱，每印都加评语，如："秀劲"、"古茂"、"雄穆"、"沉毅"等，并极有眼光地认为缶翁在《印人传》中当推巨擘。

光绪十九年癸巳（1893），二月初，吴昌硕自作《缶庐别存自序》，意谓他喜好古砖，但因经济拮据，不能多得，凡得者则自琢为砚，并镌刻砚铭。他因学篆刻，以篆而爱好猎碣。继而学画，喜好徐青藤、石涛，凡得意之作必有题咏，自己也就不计工拙，作题画诗。这么些年来，自己的砚铭、集联、题画诗所积颇富，故署作“别存”：“别存者，可存可不存者也。”(《缶庐别存自序》）缶翁的国学造诣是颇深的，他的猎碣集联，分为四言、五言、六言、七言、八言，语辞雅致、意韵隽永、古趣盎然，深得猎碣之神韵。如四言联：“小吏好古，大朴乐天。识真君子，敬古如来。阴阳可橐，天日同游……”其砚铭则隽逸简约，哲理内涵，禅意弥漫。如《凤凰砖砚》：“凤凰砖，辟砚田。凤来仪，大有年。”《黄龙砖砚》：“黄龙黄龙，尔耳则聋，尔心则聪。”《泰康砖砚》：“砖作砚兮康且泰，煦我五湖之印丐。”《泰始砖砚》：“磨泰始砖安平泰，瓦甓之间有道在。”《方寸砚》：“卖文无苟得，方寸守典衣，一醉谋之妇。”《画荷砚》：“砚池澎湃，荷花世界。”这些砚铭都借砚言志抒怀而感叹尘世，这和缶翁与藏砚大家沈石友的交往是分不开的。

继《石交录》后，缶翁又在此后编成了《削觚庐印存》。他集中辑录了为18位师友所刻的印章，分订为两卷，每位师友后，均写了师友之传，内容颇详细，文笔雅致，辞意真挚，人生知己之交与世间情意之感溢于言表，令人怦然心动而味之无极。这18位契友是吴山、潘芝畦、吴云、章绶衔、沈中复、陈桂舟、凌霞、杜小舫、周作镕、方子听、杨晋藩、毕蕉庵、钱子奇、杨见山、金树本、徐士骈、袁学赓、费以群。《石交录》与《削觚庐印存》均是缶翁手书而成，运笔精湛，法度谨严，书文双佳，曾被缶翁和后代珍藏。后几经战乱，《石交录》终由浙江省博物馆所收藏，而《削觚庐印存》则被日本一所大学所收藏，且有翻版付印。

吴昌硕一生对花中四君子“梅兰竹菊”极为推崇，亦极有情缘，无论是书画篆刻，还是诗文，均有表现。友人高邕40岁时，他曾画菊祝寿，谓邕之人淡如菊，自号书丐，写菊寿之以贺。菊又名延寿客，清瘦超然，如邕之为人。如今他自己行年五十，亦以写菊自寿，并题诗：“老菊璨如霞，不登陶令堂。街头偶拾得，旅馆作重阳。作吏东西驰，安敢南山忘。忆昔种豆时，秋英罗芬芳。摘花酿新酒，母寿妻持觞。今年忽自寿，五十朱颜苍。八月海上天，秋花含未黄。写时对加餐，俾尔寿而藏。”可见正值重阳时节，他办差在海上，客居在旅馆中以菊祝寿。同时，他也遍选了壬辰以前所作的诗三卷刊行，题名《缶庐诗》，并请施旭臣、谭复堂二人作序。施与吴有着深厚的乡梓之谊。施古文功底深厚，诗笔刚健畅达，对吴昌硕早岁学诗多有帮助，对吴的诗作颇为了解，因此，在序言中说吴昌硕：“……其胸中郁勃不平之气，一皆发之于诗，尝曰：‘吾诗自道性情，不知为异，又恶知同。’初为诗学王维，深入奥窔，既乃浩瀚恣肆，荡除畦畛，兴至濡笔，输泻胸臆，电激雷震，倏忽晦明，皓月在天，秋江千里……”可见施对吴诗作的抒发胸臆与气势意蕴等是相当推崇的。谭复堂，名献，号仲修，浙江仁和（今杭州）人。吴与谭于光绪十三年（1887）时识于上海，那时谭从安徽来，吴悉知谭学修深厚，精于诗词，特地登门拜访，并持自己的诗稿请谭指正。谭翻阅后，评谓缶翁诗风有傅山及吴野人之清逸隽迈之神韵，所谈甚契，成为诗友。吴作《芜园图》后，曾诚邀谭题诗。谭在《缶庐集》的序中，亦评述精当，他谓缶翁诗：“献识其幽语而思则隽，险致而声则清，如古琴瑟不谐里耳，世有牙、旷，千载遇之若旦暮也。”吴与谭时常切磋诗艺及学问，尽管谭是晚清一位极有造诣的学者，但性格孤傲，并不得志，与当时缶翁的境遇颇为相近，吴曾作《赠谭复堂先生》云：“种柳红尘隔，填词白屋温。天宽容故我，地僻闭闲门。冷抱箧中集，惊开湖上尊。归来陶靖节，松菊想犹存。”(《缶庐诗集卷四》)

第十九章　参军立马古榆关

晚清岁月，在漫长的华夏史上，是个风云激荡而又时事多变的年代。沧桑的演绎铺陈，命运的变幻莫测，尘世的星移斗转，江湖的波谲云诡，都在这个时代呈现出来。正如先哲所言："道，可道，非常道。"

光绪二十五年甲午（1894），吴昌硕五十又一。"甲午"，这个镌刻在编年史上的干支，无论是对历史，还是对缶翁个人来说，都有刻骨铭心的记忆，让人再一次地体会到了历史的无奈与命运的跌宕。

自吴昌硕与沈石友结交后，共同品砚题铭，诗文书画往返，友情日深，沈还时常寄土特产及寄中草药给缶翁。沈石友作为常熟名门之后，他的家离当时的二代帝师翁同龢的"彩衣堂"甚近，亦是时常来往走动的邻居。凡文人都喜好名砚，翁对沈的砚藏也颇感兴趣。常熟还有一名藏书名家、"旧山楼"楼主赵宗昔，他亦是吴昌硕的书友文朋。赵亦是虞山望族，与翁家系世交。那个时候的文人圈、艺林苑是颇注重相互提携的，沈与赵都感到缶翁金石功力超群，笔墨造诣精湛，可惜未出大名，因而他们二人均曾向翁同龢推荐过吴昌硕，特别是赵宗昔还将缶翁的印谱及诗作转赠给翁。这一年的二月十日，吴昌硕正好有京城之行，于是赵热情地带着吴昌硕去翁府拜望，但可惜时任军机大臣的翁帝师正好外出，因而未遇，但翁府的气派尊贵及拜见之客的络绎不绝，使吴昌硕颇感一代名臣帝师的影响与地位。而翁同龢也在当天的日记中写道："其人曾馆吴平斋（吴云）家能篆书，似不俗，亦不倜傥。"吴昌硕能进入翁这样巨擘大师级人物的日记，并得到肯定，在当时是实属不易的。

此次京城拜翁，虽未谋面，但吴昌硕也算是和声名显赫的翁帝师结了缘，从而为吴昌硕的人脉关系写上了浓墨重彩的一笔。也就是说，吴昌硕的篆刻到此时为止，除了没有为当朝的皇上刻过外，当朝最高级别的官员翁同龢、潘祖荫、吴大澂，最高级别的文人俞樾、朱祖谋，最高级别的名流张之洞、顾麟士，最高级别的书画家任伯年、胡公寿、张子祥、杨岘，最高级别的收藏家吴云、陆心源等，他均刻过了。这种艺术的铺垫和人脉的积淀，在日后将产生不可低估的历史性影响力，从而也奠定了他日后成为艺坛领袖的根基。

吴昌硕所处的正是一个世事多变、风云激荡的时代，他虽然不是什么高官大吏或政治活动家，但他却以自己的学养人品、诗文书画、金石篆刻与同时代不少重臣名流及风云人物相交。因此，他也站在时代的洪流中，诚如明末清初的大学者、大思想家顾炎武所言："天下兴亡，匹夫有责。"体现出了忧患意识与担当精神。他在这个甲午年随吴大澂北上参戎，抗御倭寇，就是他中年时期壮怀激烈的人生一幕。

自1840年鸦片战争后，清王朝已是积弱积弊，风雨飘摇。于是，清廷中一部分官员掀起了一场以"自强"、"求富"为口号的洋务运动，提出"师夷长技以制夷"，力倡科学技术，特别是军事技术的发展提升，以抵御外侮。同时，亦以增强民用工业部门为目标，强化国力，维护朝廷。为此，清朝也一度出现一些"同治中兴"的景象。如1865年李鸿章在上海创办了江南制造局；1866年左宗棠创建了福州船政局；1889年张之洞筹办了汉阳铁厂，1888年建立了北洋水师等。但洋务运动无法从根本上触动旧的国家制度，变革旧的生产关系，因而其"中兴之象"也仅是短暂的回光返照。

而此时期的日本，经过明治维新后，正交叉地进行着两次工业革命。尤其是1888年后，这种工业革命进入高潮，国力日趋强盛。为此，这个资源匮乏、国土狭小的岛国急需对外输出商品和资本，掠夺土地和资源。日本政府由此制定了罪恶的《清国征讨策略》，由此演变出以侵略中国为中心的"大陆政策"。于是一场不可避免的兵戎相见终于在甲午年发生了，史称"甲午战争"。

中日甲午战争以1894年7月25日（清光绪二十年，日明治二十七年）丰岛海战的爆发为开端，后经黄海之战、鸭绿江江防之战、金旅之战、威海卫之战等，北洋舰队全军覆没。1895年4月17日，清廷被迫签订丧权辱国的不平等条约《马关条约》。

在整个甲午战争中，黄海之战最为惨烈悲壮。1894年9月17日，护送4 000多名入朝援军到达朝鲜后返航的北洋舰队在黄海大东沟遭遇日军阻截，北洋舰队奋起迎战。海面上炮火纷飞，鏖战激烈。日舰"比叡"、"赤城"、"西京丸"号受重创，北洋舰队中的"扬威"、"超勇"二舰亦遭重损。由名将邓世昌任管带的"致远"舰一直冲杀在前，因而受到了日舰"吉野"、"高千穗"的轰击，舰身受创着火。邓见"吉野"恃其船坚炮利、气焰嚣张，命舰全速撞向"吉野"，并愤怒地吼道："倭舰专恃吉野，苟（撞）沉是船，则我军可以集事。"但不幸被敌舰鱼雷击中沉没，全舰官兵除7名遇救外，其余250多人全部壮烈殉国。邓世昌的爱国精神，惊天地而泣鬼神，受到了万民敬仰。吴昌硕亦怀着一腔悲愤，以诗作祭奠英烈："凭吊忠魂歌莫哀，传闻邓禹绘云台。可怜旗鼓伸天讨，未见珊瑚入贡来。谢傅围棋终破贼，班超投笔敢论才。妖星看挽强弧射，独立营门遣酒怀。"（《榆关杂诗和窓斋先生》）"绘云台"典出东汉光武帝为追念功臣所建的高台，上绘28位名将像，以永志祭奠。而缶翁特指邓世昌等人为国牺牲，亦将入绘云台而永垂青史。

当甲午战火燃起时，正在姑苏息影窓斋的吴大澂，不顾自己年近花甲，毅然慷慨请缨，共赴国难。当时清廷内以光绪帝为首的主战派和以慈禧为首的主和派矛盾冲突尖锐，而光绪帝在老师翁同龢的竭力支持下，决然下诏征召吴大澂为督办东征军务副帅，督领湘军、淮军北上御敌。崇文尚武的吴大澂诚邀吴昌硕作为高级幕僚，参佐戎军，参办军机，协办文书。此时在吴大澂的幕僚中，还有文人名士、画家印人王同愈、陆廉夫、徐熙、曾广钧、黄自元等。对于吴昌硕的从军，他的家人是表示担忧的，吴已年过半百，且一直体弱多病，北上边塞，"水寒伤马骨"，但吴昌硕有感于吴大澂的知己之情与报国之心，义无反顾地投笔从戎。

随着战事的紧迫，倭寇的猖狂，吴大澂督军北上出征山海关，吴昌硕的军旅生涯也由此开始。山海关古称榆关，位于河北省秦皇岛东北15公里处，有"天下第一关"之称。因其北倚燕山，南连渤海，故得名"山海关"。自1381年建关设卫至当时，一直是军事重镇，兵家必争之地，素有"京师屏翰，辽左咽喉"之称。当吴昌硕来到山海关城门下，昂首观看高达一米半、长达五米多的"天下第一关"匾额时，深为其苍劲雄健的笔力，端庄肃穆的气势所震撼。吴昌硕知道此匾出自明代著名书法家萧显之手。那凝重的书风与古朴的城楼浑然一体。特别是据民间相传，那个"一"字，不是写上去的，而是萧显将醮满墨汁的笔抛向空中点上去的，弥散出历史的流岚与沧桑的烟云。

吴昌硕随吴大澂等一起登上了威武雄壮的山海关箭楼，极目远眺，关外天地，四野茫茫，风声萧瑟，犹如聆听到当年古战场上的"铁骑突击刀枪鸣"，从而使吴昌硕增生思古之幽情。遥想明代学士黄洪宪来此，写有情感炽热的《山海关》诗："长城古堞俯沧瀛，百二河山拥上京。银海仙槎来汉使，玉关秋草戍秦兵。星临尾部双龙合，月照平沙万马明。闻道辽阳飞羽急，书生急欲请长缨。"是呵，如今自己不也正是书生请缨吗？

从吴昌硕从军时所创作的书画篆刻及诗文来看，他立马古榆关时，正是这一年的九月，他面对荒凉嶙峋而突兀的山石及苍莽蓊郁的古松，作了《乱石松树图》，并题诗曰："野店当门水，层阴背郭峰。凴冰狐听老，兵气雁知凶。啖饼名何补，浇愁酒正浓。苍凉娱薄醉，来依两三松。临榆县旅店醉后作此甲午九月，吴俊卿。"十月，他在军帐中奏刀刻了《俊卿大利》印，款刻二面，一为"野店当水门"的一首五律诗，另一面曰："此刻流走自然，略似仪徵让翁。甲午十月记于榆关军次。"通过此方自用吉语印，他在祝愿祈盼此番吴帅出征，能顺利取胜凯旋，因而其心情颇为畅朗，用刀也得心应手，有吴让之的风味。此时的榆关，已是朔风刺骨，雪花飞舞，霜严冰寒。吴昌硕不由得想起了李白在《北风行》中的诗句："燕山雪花大如席，纷纷吹落轩辕台。"轩辕台，相传是黄帝擒蚩尤之处。面对天寒地冻的严酷环境，作为一介书生的他，并不畏缩惧怕，而是为自己终能实现男儿抱负，从军励志而自豪。他曾在题吴大澂创作的《榆关景色图》上题诗云："短衣并马古长城，割面风危胫雪平。三十余年磨盾客，画中观我一书生。云摹古籀开重屋。崖矗丰碑欠一穿。是画是书谁领略，点头那得石通禅。"（《缶庐诗补遗·吴愙斋中丞遗画·榆关景物》）

由于战事的吃紧及倭寇气焰的嚣张，吴大澂率军在光绪二十一年（1895）下月初三即开拔出山海关，兵锋直逼东征的辽东。而正在此时，吴昌硕的家中却来了急函，告知继母杨氏病重。百事孝为先，吴昌硕只得向吴大帅告假。体恤下情的吴大澂马上准假，并拨了一匹快马给吴昌硕。帐前告别时，吴昌硕祝愿吴帅能早日得胜凯旋，班师回朝。也就在前不久，徐熙献呈吴大澂一方出土的汉印"度辽将军"，正合吴帅率军赴辽河征战，是为吉祥谶语之兆，吴帅本人及一班将领、幕僚心中很是欢喜，颇鼓舞士气。故吴昌硕告别吴帅时，以此祝贺。有人推测此方为吴昌硕伪作。但笔者认为此种可能性不大，吴大澂本人是收藏大家，且精于金石古印，不可能被蒙骗，另外这类古汉印当时出土颇多，市上常见，因此没有必要作假。

然而，事与愿违，当吴大澂率军到达战地后，把指挥部设在田庄台，五十余营兵力分布在东北方的牛庄，并电告朝廷，颇有信心地表示在惊蛰前可以平定海城、盖平一线。1895 年 3 月 4 日，牛庄一带突然炮声震天、枪弹如雨，日军发起了猛烈的进攻。清军虽然拼死抵抗，但由于指挥不当，协同不力，血战两昼夜后，官兵死伤无数，终于全线溃散。面对已无法挽回的败局，吴大澂已欲哭无泪，深感愧对朝廷，更无脸面见江东父老，欲拔剑自刎，幸王同愈等人力劝夺剑，方才阻止。

牛庄战败，因吴昌硕不在军中而没有什么牵连，而吴大澂却承受了重大的打击，不仅被罢官撤职，而且被朝野所贬责嘲讽。历史地看，清廷在甲午战争中之所以连战连败，无论是水上还是陆上，均惨不忍睹，这里面有深层的社会制度原因与政治腐败症结。吴大澂率军北上也无力回天，不可能挽回败局。况且他本人亦非马上征战的将军出身，是清流派的名臣，且年过花甲。他本来可以远离战争的血雨腥风，不赴关外的天寒地冻，而在明丽婉约、茶香酒暖的姑苏安度晚年，但他却以国家安危为重，请缨出征，这无疑还是具有爱国情怀、民族良知和担当精神的。这其中当然也有他个人的软肋，吴毕竟是士大夫出身的高官，根本没有实战经验，典型的是书生论战，纸上谈兵，只要看他战前通衢要道上所张贴的招降布告，就令人忍俊不禁："……正二两月，必当与日本兵营决一胜负。本大臣讲求枪炮准头十五六年，所练兵勇，均以精于枪炮为前队……若竟迷而不悟，拚死拒敌，或选精兵利器，与本大臣接战三次，胜负不难立见。迨至该兵三战三北之时，本大臣自有七纵七擒之计。"(《日俄甲午战争文集》)

不要说是接战三次，三战三北及七纵七擒，事实上是清军面对日军的进攻，一战便溃不成军，全线败退。这个原在马背上得天下的王朝，是以骁勇善战的八旗兵起家，可如今却要一个名士来统兵打仗，可见这个王朝是气数已尽矣。

第二十章　临风百回哭伯年

吴昌硕对这段短暂的军旅生涯因失败而告终感到很郁结，不愿多提及。实际上，这种铁马冰河、关山冷月、大漠孤烟、塞外羌笛的岁月，给一向生活在杏花春雨江南、小桥流水人家的吴昌硕以性格上的磨砺、境界上的开阔及视野上的拓展。特别是对其书画创作与铁笔之功产生了重要的影响，使其金石书画更趋粗犷豪迈而大气磅礴，奇崛恣肆而雄健郁勃，这是一种人生可遇而不可求的际遇。因而，在吴昌硕的内心，对此段经历他还是十分在意，乃至终生难忘的。也就是在他从军后的第二年，即光绪二十一年乙未（1895）三月，桃花开时，对缶翁相当了解的杨岘赠隶书联给他："缶无咎，石敢当。"意谓对此次战败之事，缶翁是无咎可找的，却是体现了一种敢当的精神。缶翁深感藐翁的用心良苦，即刻白文自用印"缶无咎"以示心迹，款曰："藐师来联为赠曰：缶无咎，石敢当。乙未三月，吴俊卿。"

此时的缶翁，正在上海。自军中告假回来后，他即奉母至上海治病休养。为了纪念这段难忘的边关从戎生涯，他特请任伯年创作了《山海关从军图》。任以极为细腻而精到的笔触，勾勒了缶翁从军榆关时疲惫的面容和坚毅的神情，看了颇令人动容。因此，当沈石友观看了此幅画后，情不自禁地挥笔题诗道："君生未识边塞秋，一官懒散如海鸥。忽衣短后跨鞍马，饮器欲漆倭奴头……"除了此图外，任伯年还为他创作了《棕阴忆旧图》。

人与人之间的相识相交乃至知音知己，除了缘分外，各自的人品学修乃至禀性境界亦很重要。任与吴真是一对艺坛难得的情深谊长的挚友，意气相投的同道。自1883年吴昌硕在沪候轮时相识任伯年后，任与吴一见如故，在十二年间任为吴创作了一系列的肖像，而且均是大幅，每一张都是精品，这真是难能可贵的。应当讲任当时已是海上最红的大画家，求画者户限为穿，以致有时一画难得。而他对这位缶翁却是如此慷慨，倾心相见。但令人痛心的是，这是这位海派书画巨擘最后一次为他志同道合的好友作画了。他的健康已江河日下，他的生命已时日不多了。任伯年长期患有肺病，时常咳嗽，胸闷痛时需要吸食鸦片来止痛，导致烟瘾日深。据任的儿子任堇叔在《题任伯年四十九岁摄影》中曰："嗜酒病肺，捐馆前五年，用医者言止酒不复饮。而涉秋徂冬，犹咳呛哕逆，湍汗颡泚。"任五十多岁后，肺病加重，更嗜鸦片。据《新语林》载："求画者踵接。然性疏傲，且嗜鸦片烟，发常长寸许，每懒于濡毫。倍送润资，犹不一伸纸。纸绢山积，未尝一顾。"实际上，任的肺病已是晚期，他似乎只能靠吸食鸦片来麻痹自己。乃至求画者倍送润资，他亦无力作画。据笔者所考，任在这一年作画甚少，有些作于此年（乙未，1895）的画，多为其女任雨华代笔。正是在这种情况下，任伯年还是坚持为吴作画，此种重情重义的精神是高贵而可敬的。

又到了一年一度的荷月时节，苏州城内大街小巷的夹竹桃花开得红白相间，明艳中见素雅。清馨的茉莉花香在园林曲径中弥散，婉约的苏昆雅曲在小桥流水间回荡。古城，在这纷纷扰扰的岁月中，似乎还保持着它的一份淡定与从容。缶翁感受到这个古城的底蕴，才长期生活于此。

晴窗下，当缶翁刻完此方长圆的朱文印"千寻竹斋"后，即落款曰："石韫尚书，乙未六月吴俊卿。"此方印的出现，标志着缶翁与一位异国友人的结谊佳话又掀开了新的篇章。"千寻竹斋"为清末流亡生活在苏州、上海的朝鲜李氏王朝的禁卫军大将军、一代名臣闵泳翊（1860—1914），号竹楣、园丁等。他自幼喜好中国文化，工于诗文绘画及音乐，千寻竹斋为其书斋名。他是朝鲜最后一个王朝的王妃——闵妃的侄子，这位闵妃在当时可是一位权倾朝野的风云人物，她为了维护朝鲜王室利益而和日本进行了抗争，并为了巩固闵氏家族权力而与公公大院君进行了惊心动魄的争斗。闵泳翊是亲中派将军，被亲日派的大院君视为眼中钉，必欲除之而后快。1885 年 10 月，闵被刺险些丧命。面对残酷的宫廷斗争，年轻的他只得亡命他国，先是客居香港及广东，而后移居苏州及上海，凭借着他深厚的汉学造诣及精湛的书画功力鬻艺谋生。他性格热情豪放，喜饮酒交友，很快就融入了海派书画家群体，与任伯年、胡公寿、蒲华、杨岘、高邕等结交。

闵泳翊在友人处见到吴昌硕所刻的印章后，被其古朴雄浑的气韵所折服，经友人介绍后即请缶翁为其治印。闵泳翊书宗大唐颜鲁公，运笔遒劲浑穆，尤擅长撇兰写作，笔力酣畅雄健，气格清逸朴茂，吴昌硕的金石印风与其画风颇契合。然而，他们更有心灵上的相通之处。对于闵氏亡国漂泊的悲怆，缶翁是深有同感，因为他有前不久中日甲午之战的痛楚。因此，他们以书画金石相慰，终成莫逆之交。八月中秋，在菊花吐艳、金桂飘香时，闵泳翊再请缶翁为其刻白文印“千寻竹斋”，取汉印法。缶翁颇得意，在边款上记曰：“汉人凿印坚朴一路，知此趣者近唯钱耐青一人而已，石韫尚书以为然否？乙未八月昌硕并记。”

与缶翁情在师友间的藐翁杨岘，对吴的金石印风一直极为关注与推崇，也就在本月，他在仔细观看了吴近年来的印作后，写下了极为精当的印评：“昌硕治印亦古拙亦奇肆，其奇肆正其古拙之至也。方其睨印踌躇时，凡古来巨细金石之有文字者仿佛到眼，然后奏刀，剨然神味直接秦汉印玺，而又似镜鉴瓴鏑焉，宜独树一帜矣，展现再三，老眼为之一明。光绪乙未秋八月杨岘题。”

藐翁真不愧为缶翁的良师益友，他的那种名士风范与诗人气质，使他的艺术感觉极敏锐，鉴赏眼光极犀利，评析观点极到位。吴昌硕的篆刻自过知天命之年后，已趋于成熟，他摆脱了早年临仿浙派与皖派的痕迹，直追秦古玺及秦汉之印，并参以貌拙气盛、老辣豪爽的己意，这也就是藐翁所说的“亦古拙亦奇肆”，将古意与己意变汇通融，使其相得益彰。而且藐翁讲到了缶翁的创作态度极严谨，每作一印时，都要反复踌躇构想，将曾经过眼的古时金石文字思虑斟酌，使其神韵直接秦汉，以此为印艺正脉。同时，吴昌硕从民间艺术中吸纳养料，广采博取，从古时镜铭、钟鼎、权量、诏版、封泥、瓦甓等中多头取法，移入于印，终独树一帜于印坛。此时的杨岘已年届七七。为此，缶翁曾专作《孤松独柏图》，以为藐翁祝寿，并题贺诗曰：“苍松翠柏郁离寄，不受乾坤雨露私。高寿爱公比松柏，青青长见岁寒姿。”缶翁对这位孤傲如独松孤柏而不媚世的藐翁，是从心底里十分敬佩的，他的贺寿诗也的确是知己之音。而这位颇有才华且不入时俗的迟鸿轩主，也许是最后一次评述缶翁的金石印章了。

南飞的大雁带来季节的思念，飘零的黄叶告别岁月的留恋。十一月四日（公历 12 月 19 日），海派书画一代大师任伯年病逝于上海。噩耗传到苏州后，吴昌硕悲伤不已，马上赶到上海任府，痛哭在灵前，悼念挚友，挥泪写下了挽联：“画笔千秋名，汉石隋泥同不朽。临风百回哭，水痕墨气失知音。”另作悼诗一首。为尽挚友之责，吴还与蒲华等人一起料理了任的后事。

人生知己难遇，艺坛知音难逢。任伯年离世，使吴昌硕极为伤感痛惜。他曾创作了一幅悼任诗意图：一古缶中插以幽兰，以缶喻己，以兰寓任。并题悼诗：“海上微官等匏系，日穷画理逐先生。武梁祠古增游历，金石声高出性情。脱剑今朝渐季子，读山何地起长衡。风流已矣应蜷舌，涕泗阑于对月明。”缶翁的晚年，还曾手书挽任之联赠其人室弟子王个簃，并略做修改：“北苑千秋名，汉石隋泥同不朽；西风两行泪，水痕墨趣失知音。”可见这种挚友之情是生死不渝、永难忘怀的。他还拟任伯年画法作《墨猫》、《龙》、《虎》各一幅，并在《龙》上题曰：“神矣哉！龙耶？伯年之笔耶？”《虎》上题云：“惜不能起伯年翁问之。”凸显了痛失良师益友后的追思与无奈。

任伯年归道山后，坊间曾传任是死于贫病交加。早期海派书画家中的“三任”，尽管画艺超群、笔墨高逸，但可惜他们的寿命都不长。任熊35岁时即英年早逝。任薰虽活了59岁，但在53岁时即双目失明，亦不能作画，实际上也代表着艺术生命的终止。而任伯年则于56岁归道山，这是他艺术上最为成熟的时期，但天不假年。诚如其好友虚谷所言：“笔无常法，别出新机，君艺称极也；天夺斯人，谁能继起，吾道其衰乎。”

然而，后世盛传任伯年死于贫病交加，最为流传的记载是郑逸梅在《小阳秋》中所说：“伯年客死沪寓，身后殊萧条。幸其女霞，字雨华，传家学，鬻画以养母抚弟，且常署父名以图易售，伯年画遂充斥于市，真赝为之淆乱矣。”笔者对此早存疑问，任出名甚早，画艺盖世，后又成为海内外著名的海派书画家领袖人物，何以至此窘境？后经考证后，才发现任伯年身后萧条乃有特殊原因。

任伯年长期患有肺病，胸闷痛时需要靠吸食鸦片来止痛，从而染上烟瘾。据近代画家、美术教育家周湘（1871—1933）回忆：“其作画在于夜深人静，万籁俱寂，饱餐阿芙蓉膏，精力充沛，下笔如春蚕食叶，于昏沉灯下，独能著色如意，与白日无殊，亦可异也。”（见《墨林挹秀录》）方若在《海上画语》有一段生活场景记录颇说明问题：“伯年外出，即终日不返。家人愿其多作画，可多得润资，戒勿出。有日闻挝门急，内出恶声，既而察知呼音之为吴昌硕，门始启，笑谢曰：‘不知是吴先生，意为高邕之又来引其去也。’”从中可知任为吸鸦片，常去鸦片馆终日不返，而常约其去者，亦是海上书画名家高邕之，因此其家人很反感，听见敲门声，错把吴昌硕当高邕之而出恶声。笔者曾查考任伯年在最后几年的创作情况，的确是日见其少，但亦有精彩之作，如1892年新秋为黄德先作的《柳岸纳凉图》、晚秋作的《蒲塘鹅戏图》、1893年4月为泳南作的《春风得意图》、仲秋作的《踏雪寻梅图》、1894年10月初冬作的《紫藤鸳鸯图》、11月上浣作的《东山丝竹图》等，均为传世作。而到了他生命的最后一年，1895年几乎极少有精彩之作。所见者，大多为其女儿雨华代笔。

任伯年于1894年（即他逝世前一年）已积蓄数万大洋，以二三万大洋托其表姐夫在绍兴老家购置田产。在当时，这二三万大洋是个什么概念，当时的一块银圆约折合人民币80元，以最少二万银圆来算，即是160万。当时一个五口之家的月生活费是在25银圆左右。而当时的一银圆可换约140多个铜元，任伯年之所以要将历年鬻画所积的大笔资产去乡下买田，实际上也是有长期打算的。像任伯年这样的一个极聪慧的人，不会不知道自己患的肺病是不治之症，正是为了自己的妻子儿女日后的生活有个来源，才决定取出巨款请表姐夫去购田。但其表姐夫乃一赌棍，将其款全部输光，以一假田契欺骗任伯年。待任伯年病入膏肓时得知这实情，更是雪上加霜。

像任伯年这样一代海派书画大师，其生前声誉日隆、名闻遐迩，那么其身后应是福荫家人、光泽后嗣。然而，任伯年所留一子任堇叔及一女任雨华都命运多舛、颇多磨难及未享高寿，这也客观上给人以任伯年"身后萧条"的印象。其子任堇叔颇有才华，能书善画，尤以书画及诗文名世。据《匏簃杂志》云：

> 山阴任堇叔先生，原名光覲，号嫩凉，晚号能婴。其父伯年，族叔祖渭长、阜长，两代均以画闻当世。堇叔生于洪杨乱后，家业荡然。伯年以鬻画赡家，课堇叔读，聪颖异常儿，髫龄尝绘两军对垒图，为伯年斥责。盖其父饱经刀兵丧乱之苦，不忍再见黩武之事也。年十三，从其姊丈吴读。堇叔至孝，父病亲尝汤药，衣不解带。父卒，堇叔哀毁，几至灭性。年十八，从同邑名宿周子贤游。明年以第三名入泮，自应秋闱，落选后遂绝科场，入长白耀廉访幕，平冤狱无数。鼎革后，伤时嫉俗，远游琼崖，主书院讲席，以培植人才为志。数岁东归，日以寝馈坟典，及刑政兵农之学治国，故无宋学汉学门户之见。学日醇而体日弱，疾病侵寻。丙寅、丁丑，旧友于右任、李怀霸先后秉政，招之入都，卒以体弱，不胜繁剧，未期年而归隐邱园。但以家累繁重，笔耕所入，贫不足以赡家。而名士硕彦，朋友文酒之集，日不间断，虽家无儋石之储，先生处之晏然。先世虽以画名，而君则以诗文、书法名重当世。其书真绍锺索，晚年益高，溶合三爨六朝，高劲类黄石斋，有时参以章草，可与沈寐叟比美。画亦偶作，飘飘似有仙气，非俗笔所能几及。名益重而体日弱，于是乞助于阿芙蓉，贫益甚，乃断之。于民国二十五年六月罹肺炎疾逝世，年仅五十六岁。遗著有《长阿那室诗文存》若干卷，《嫩凉词》若干卷，未梓。先生尝梦至一处，琼宇玉阶，异草奇花，有羽士告以前生为第四嫩凉洞天第十二院院长，故自号"嫩凉居士"云。（丁健行《墨林挹秀》卷十三引）

此段记叙较为全面，从中可知任伯年画余亲自教其子，父病重时堇叔事奉汤药，甚为尽孝。后科场失意，从此绝意仕途。曾做过幕僚，平反冤狱。后远游海南，任书院讲席。数年后东归。其旧友于右任、李怀霸等先后从政，请其共事入都，但不久因体弱多病而返回。其书带有章草笔意，可与近代名书家沈寝叟相媲美，画亦有仙气而颇具格调。后因病弱之躯而吸上鸦片，更是贫病交加，因肺病而逝世，其寿与父相同。

任伯年的女儿任雨华深得家传，在近代画坛上小有名气。父死后，靠她卖画来维持生计。可惜这样一位才女却屡遭坎坷，而且婚姻颇为不幸，据《小阳秋》载："霞年事既长，由父执何研北作伐，得某氏子为婿。某氏子美姿容，擅佉卢文。霞私心自慰，益努力于画，积润资以办奁具。于归有期，不料某氏子留学西邦，别有所属，霞大失望，自嗟命薄，几欲自裁。后嫁一寒士，伉俪甚笃。年余，寒士又病死，至无以殓，由某戚为理其丧。霞感极而涕，戚某云：'夫人能以画幅见惠，则幸甚矣。'霞大哭曰：'先夫既殁，未亡人岂忍再以笔墨媚世，所受恩泽，当于来生犬马为报耳。'言至此，呜咽不成声。寻以伤感过甚而殁，闻者惜之。"雨华于 1920 年辞世，亦年仅 53 岁。

也不知是出于宿命或是其他原因，从任熊、任薰、任伯年到他的子孙这几代，寿命都不长，如任薰 1893 年 8 月病卒，其子于是年冬亦去世。书画全部散失。任堇叔有一女因婚姻之事而自尽。任氏后人的不幸，在相当程度上加深了任伯年"身后萧条"的影响。

清代赵翼在《论诗五绝》中曾有二句名言："江山代有才人出，各领风骚数百年。"作为一种艺术规律和周期概率，每个时代都有其艺术的标志性人物和杰出代表。随着任伯年的归去，在此后的几年中，那些公认的书画大家亦不少故去，如吴伯滔于 1895 年，杨岘、虚谷在 1896 年，谭复堂在 1901 年，吴大澂在 1902 年相继辞世，书画金石的天空群星寥落，期盼着未来的一颗巨星的升起，"天将降大任于斯人也"。

此时吴昌硕的生活形态，还是以金石书画鬻艺为主，兼及微臣小吏薄俸为辅，从而为日后奠定了职业书画家的根基，并终为一代艺坛领袖做了前期的准备。光绪二十二年丙申（1896），在"东风夜放花千树"的元宵之日，为老友、海上名书家高邕刻《泰山残石楼》，边款曰："邕之得明拓泰山二十九字，因印以名其楼属，安吉吴俊卿刻之，时光绪丙申元宵。汉王广山印山字衺接广字，收笔取势甚古，兹拟之。博邕老一笑，昌硕。"此印字势雄健苍莽，用刀浑厚遒劲，章法开合自如，取秦官印法并掺古封泥意，系缶翁传世的经典代表印作。光绪二十三年丁酉（1897），在一元复始、万象更新之际，在梅香清逸中挥毫作

《红梅图》，并作《元旦写梅诗》以题之："桃符新书岁丁酉，墨汁一升余古缶。支撑病臂强写梅，秃笔犹能老蛟走。燕支水冻花点萼，赤城朝霞落吾手……"缶翁涉足丹青，最初是从画梅开始的，以后几乎每年岁序更新之际，他均要画梅以迎春。通过此诗，悉知吴昌硕中年以后右臂时常疼痛麻痹，有时甚至长时期不能刻印，亦影响书画创作，此病臂至老未愈。是年七月，他以此首《元旦写梅诗》及近作《拂水岩看竹》书赠远在日本东京的日下部鸣鹤，并在诗的最后写道："吟声继续啸声作，引得天风来和琴。拂水岩看竹，鸣鹤先生两正，丁酉七月安吉吴昌硕。"

第二十一章　挂官一月安东令

虽说吴昌硕的生活还是以金石篆刻相伴，丹青翰墨相随，且随着年岁的增长及名气的逐步上升，他的鬻艺生涯也不像从前那样门前冷落，且时常到上海、嘉兴、宜兴、常熟等地或访友，或出差，与友人诗文唱和，笔墨互酬，篆印相赠。然而，作为心怀世情的艺士诗人，他还常抱有忧国忧民之虑。岁月又一次地进入了一个狂飙突进期。光绪二十四年戊戌（1899）来临了，以“戊戌变法”载入史册的这一年，惊涛骇浪过后，即是血雨腥风。尽管吴还不具备卷入这些历史风暴的社会地位和政治身份，但他与置身在风暴中的人，却有着或师或友之情。

三月阳春，他赴陶都宜兴公干。宜兴，古称阳羡，一个连太阳都羡慕的地方，自然是钟灵毓秀之地了。这里的泥土色彩斑斓，人称“五色土”，烧出的紫砂壶，被尊为“紫玉金砂”。紫砂壶艺发轫于北宋，欧阳修有诗云：“喜共紫瓯饮且酌。”明代后，出现了供春、时朋、时大彬等壶艺大师。清康熙年间，博学多才的陈鸣远崛起于壶苑，继往开来，精品迭出。嘉道年间，以“陈杨合璧”名世的陈曼生、杨彭年领军紫砂界，接着以“一壶千金”传世的邵大亨，更是才高艺精。至清末，朱石梅、黄玉麟、陈光明等亦成紫砂大家。

吴昌硕的好友任伯年不仅自己能制壶，亦曾用紫砂塑其父任湘云的全身像。在吴昌硕的案头上，常放一把提梁紫砂壶。壶壁上所刻的两只龟，即出自任伯年的手笔。另外。吴还与当时的壶坛名家黄玉麟合作了《弧棱壶》，壶面刻有吴昌硕手书的铭文：“诵《秋水》篇，试中泠泉。青山白云吾周旋。”下钤吴昌硕印，壶底有“黄玉麟作”的篆文方印。此外，吴昌硕还以壶入画，创作了不少古朴典雅的茗壶花卉图，可见缶翁对宜兴紫砂的喜好。他在前一年也曾到访宜兴，并携回精拓禅国山碑。此次到宜兴时，他以相当惆怅的心情写了《别阳羡》：“搜奇狂赋囤碑行，盛事长吁射虎亭。红把将离招客泪，青随不借别山灵。愁边步步趋尘海，醉后乌乌对晓星。泽国哀鸿啼满眼，可怜无语慰飘零。”从中流露了对动荡时局的不安和对纷乱世事的忧虑。

就在这一年的冬天，温煦的冬阳映照着虞山鹁鸽峰下的一座粉墙黛瓦、简朴宁静的民居，这就是翁同龢被罢官革职而隐居在此的“瓶隐庐”。吴昌硕在友人沈石友的陪同下，专门来此拜访，想慰藉一颗失意而孤傲的心灵。他还带了自己的诗文书画，想请教于这位大儒名师。

掩映在“溪添半桥绿，山可一窗青”的瓶隐庐，寓意为守口如瓶而隐居于此，内中交织着翁师多少无奈和凄凉。在此年夏秋之际发生的这场轰轰烈烈的“百日维新”，最终以“戊戌六君子”的人头落地而告终。作为戊戌变法最大的支持者之一的翁同龢被开缺遣回原籍，永不叙用。正值江南“梅子黄时日日雨”的时节，一位年届67岁、须发全白的老人，踏着琴川泥泞的乡间小道，在先祖守坟的墓庐旁轻轻地放下行囊，从此远离红尘市井，清贫自守，朝对虞山的青峰烟岚，暮听尚湖的渔舟晚唱。作为曾经权倾朝野的帝师国相，他此时的生活竟然靠门生旧友来“分俸见赠”，接济维持。他为历史留下了一个高风亮节、清廉刚正的背影。尽管在常熟城里，翁家还有老宅“彩衣堂”，但为了避嫌自律，翁同龢只是偶尔去小住数天，瓶隐庐才是他朝夕相居的退思终老之地。

与四年前吴昌硕到北京拜访翁府的那种热闹尊贵相比，此时的瓶隐庐显得如此清寒寂然，“结庐在人境，而无车马喧”。可惜的是，翁师刚外出，吴昌硕又无缘相见。但翁师的家人还是热情地接待了这位斯文儒雅的访客。瓶隐庐共有三进院落，第一进是翁氏祠堂，供奉着翁氏先祖的画像，两边对联为：“无渐三世德，莫负百年身。”凸显了翁氏以德立命修身的家风。二进院落稍大些，但也仅是平房两间。正中朝南的是书房，上挂自书的横匾“紫芝白龟之室”。翁养有紫色灵芝和白龟，十分钟爱，遂以此作斋名。院中青砖铺地，当中有一块正方形白石板，是为叩石。翁每逢同治帝忌日、光绪帝生辰都要跪在此石上面北遥叩，以示不二之心、忠贞之志。在书房右边有一间矮小的起居室，紧挨着有一扇小门可通外，就在门口处有一口小井，老人自题为“渫井”。熟谙宫廷内幕、太后手段的翁知道变法失败后，有些开缺回乡的老臣，不是被追杀，就是被赐死。为此，老人也做好了应急准备，一旦有什么风吹草动，老人就跳井自裁。“渫井”语出《易经》，意谓不受污染而自清。第三进才是瓶隐庐的主体建筑，这是翁返乡后在老的墓庐地基上新建的，并挂“瓶隐庐”匾在正中，并自立五条约钉于壁上：不赴宴会，不管闲事，不应笔墨，不作荐书，不见生客僧道。老人自称“五不居士”。

两次拜望翁师，都未曾谋面，吴昌硕不免感到有些遗憾，亦为翁师的晚景感到悲凉。但看了这位帝师在京都与乡野两处的寓所，使缶翁对人生颇多感叹与省悟，即人生无论是春风得意之日，还是落魄失意之时，都需要坚守与执着，不能迷失自我而随波逐流。在访翁师未遇后，沈石友欲请吴在常熟小住几日，但吴却谢辞了，连酒也没顾得上喝一口，就冒雪夜乘小船返回苏州。为此，沈石友诗送好友："未尽一樽酒，忽忽上夜航。仆饥愁道路，裘敝饱风霜。宦海沉寒士，苏台当故乡。新年下陈榻，有约踏春阳。"（《鸣坚白斋诗集》）当翁回来后得知吴昌硕来访过，很是过意不去，于当晚备了薄酒想招待吴，但吴已经回姑苏了。只是日后在缶翁的诗中评价翁师为"忧时直志杜陵同"，将忧国忧民的翁师比作唐时诗圣杜甫。

从乡村的同治童生、咸丰秀才到姑苏的"酸寒尉"，这么多年来，吴昌硕作为一个封建时代的士子，他对仕途是有所向往的。男儿当自强，士人求功名。但他的秉性气质，又使他难以驾驭宦海浮沉与官场角斗。自山海关从军失败后，他还依然在小吏任上维持。然而按清朝的官场规则，在当了多年的小吏后所积聚的资劳（资历），可以上升为知州虚职，再经举荐可得实职。也就在他访翁同龢不遇归姑苏后不久的十一月，经同里丁葆元的大力举荐，他出任淮安府安东县（今江苏涟水）的县令，这可是一地父母官的实职，使缶翁终于有了可进入仕途的台阶。

吴昌硕已年届五十六，对于这显然迟到的官运升迁，他并没有什么大惊大喜，而是抱着既授之就纳之的平常心。为此，他专门写了《岁己亥十一月摄安东县偶成》一诗："旧黄河势抱安东，古木寒潭万影空。卧榻冷悬高士雪，卷茅狂听大王风。诗来淮上秋山里，人在天涯水气中。眼底石头真可拜，侻容袍笏借南宫。（米芾曾官涟水军）"（《缶庐诗补遗》）

安东在淮阴的东北面，黄河古道的北岸，地处淮河流域。宋时曾置涟水军，后置安东州。这里土地贫瘠，大多是一片白花花的盐碱地，连年歉收，乡民穷困。吴昌硕到任后，取水研墨作书或调色绘画，此水都难以和墨色融解，何况人取之饮用，于是便立即请人打井取水，并让百姓前来取水，惠泽乡民。宋代四大家之一的米芾，在绍圣四年（1097）曾在此知涟水军二年，这个见石就拜的石痴在任上依然积习难改，搜罗奇石赏玩珍藏。尽管他为政清廉，秉公执法，乡民口碑甚佳，但依然有人告他废弛公务而玩赏奇石。于是按察史杨次公前来调查此事。面对上司的询问，米芾毫不在乎，从怀中把随身携带的一块奇石拿出，颇自得地讲："如此石，安得不爱？"不料杨次公见此石后，眼睛顿时放光，一把夺过此块玲珑剔透的奇石："非独公爱，我亦爱也！"扔下这句话后，登车扬长而去。米芾离开此地时，曾将手中之笔最后一次在县衙内的池中洗涤，此池后被称为“米公洗墨池”。

米芾是“石痴”，而吴昌硕亦有“石癖”。吴到任后，深为琐碎的公务及每日的坐堂问案所厌烦疲倦，他在给老友沈石友的信中亦苦恼地写道：“聋瞶之人，居然登之堂上，自审殊可笑。”况且清末的官场已是十分腐败，吏治更是混乱昏庸，作为小小的县令，对上要打点逢迎、巴结讨好，对下要审案查办、催税纳贡等。吴昌硕本来已人到中年，对功名仕进已逐渐淡漠，如今深陷衙门，真切地感受到了官场的黑幕。于是，他疏于坐堂，无意理政，不管吏事，在寓所内写字作画，奏刀刻印，衙内变成了艺斋。

弹劾吴县令的奏本已放在了淮安知府的案上。一纸传书将吴昌硕叫去问责，罪状之一就是擅自凿井。缶翁实话实说，当地之水系盐碱，不能研墨调色。淮安知府听后厉声斥其荒唐。于是，知府大人立马给吴县令颜色看，要他去查办清理清河县（今江苏淮阴）的历年积案。此处地贫多盗，治安瘫痪，因此案子积重难返，如今要文弱书生前去办案，似乎是带有惩罚性质的恶作剧。至此，来安东一月的缶翁已对官场心灰意懒，对仕途已无期盼，他做出了辞职的决定，以“重听加剧”为由，挂官而去，从而在他的人生履历上留下了“一月安东令”的记录。

从山海关从军到一月安东令从政，这对于身处封建时代的一个士子、一个文人来讲，是刻骨铭心而终生难忘的，“闲章”不闲，印为心声。只要看缶翁在以后的岁月中，曾三刻“一月安东令”之印，就表明了他的心迹。在一方白文的“一月安东令”的边款上，他刻录了《岁已亥十一月摄安东县偶成》的全诗，就佐证了他当时那种无奈而苦涩的矛盾心情。对于吴昌硕在56岁时出任这么一个穷乡僻壤的小县令，某些人有所非议，认为缶翁是当官心切，这实际上是不尊重客观历史的偏见。作为一个封建社会中的读书人，且又是秀才出身，做了那么多年的芥末小吏，当有人荐举而去当一个县令，也未尝不可。况且他在任上并没有鱼肉百姓、横行乡里，对上司要其逼税办案之事也敷衍了事。他打的一口井，也惠及了乡民，此井至今依然保存，安东乡民以作纪念。而且就吴昌硕本人的秉性气质而言，他与官场既不融，于仕途也难争。为此，他还别有意味地刻了一方朱文印“弃官先彭泽令五十日”，边款曰：“官田种秫不足求，归来三径松菊秋，我早有语谢督邮。”印中的彭泽令是指东晋时著名的田园诗人陶渊明（365—427），名潜，字元亮，浔阳柴桑（今江西九江）人，虽出身官宦世家，但年轻时已家境贫寒，做过祭酒、参军一类的小官。这是一个崇尚“文的自觉”与“人的觉醒”的时代，亦即道学、玄学与佛学兴起，产生了林下风流、超然旷达的“魏晋风度”。陶渊明生性潇洒，喜好自由，风骨傲然。他于晋安帝义熙元年（405）八月出任彭泽县令，面对上层门阀士族集团残酷的政治斗争，他心生厌意，十一月上传浔阳郡派遣督邮来彭泽县，陶县令当然要出面接待，但须束带前去恭迎。陶县令说道：“我岂能为五斗米折腰向乡里小儿！”遂挂冠辞官而去，并创作了流传至今的《归去来兮辞》。自此，“采菊东篱下，悠然见南山”。(《饮酒》) 吴昌硕似乎比陶渊明的辞官更决绝，一月后即自我解脱。因此，他这个小县令要比彭泽令弃官先五十日。

此番缶翁的辞官行动，绝非一时轻率冲动的意气之举，而是人到中年后的重大决策。尽管他辞去安东令后还保留着知州的虚职，但也意味着他日后在仕途上已无发展升迁的可能，他的官海生涯将就此落幕。从此，他将橐笔世间，鬻艺江湖，成为一名真正意义上的职业艺术家。这也可谓官场不幸艺坛幸。如吴昌硕真的迷恋官场，在仕途终老，那么，末世的封建官衙中，仅是增加了一个多如牛毛的顶戴花翎者，而未来的中国艺坛将失去一位艺术大师和流派领袖。1899 年的岁末，安东城的早梅绽放了，缶翁却悄然踏上归程，把他的背影留在了 19 世纪最后的一个“为有暗香来”的时节。在归途中经过盐城县时，他觅到了一块带有“仓”字的古砖，这也许就是他这次“一月安东令”的缘分之物。

第二十二章　扶桑弟子长相忆

当19世纪最后一抹落霞消失在地平线，当20世纪第一缕曙光出现在山之巅时，光绪二十六年庚子（1900）来临了。辞官后的吴昌硕先来到了镇江金山寺。当他伫立在长江边，看着浪涛奔涌的浩瀚江面，内心反而平静了。他在官场上的急流勇退，也正是为了在艺海中直挂云帆。不久，他即乘船来到了上海松江东南产盐地袁公浦小憩，以调养身心，勤于艺事。他刻了自用印“仓石”，边款曰：“盐城得仓字砖，兹访之，缶道人记于袁公路浦。庚子春正月。”

阳春三月，桃花灼灼，染红了江南的原野。时客袁浦的缶翁挥毫作了《桃花图》，题诗：“美人香水尚留谿，谿畔桃花亦姓西。庚子莫春之初录金邠句，昌硕时客袁浦。”然而，一纸电文送到了缶翁的手中。原来是淮安府拍来的，让他去清河县清理陈年积案。吴昌硕乃以重听加剧为由请假。于是，他从松江到上海市区，然后乘火车返回苏州。当时吴昌硕在给其好友沈石友的信中讲道：“第二月中已至上海……淮安府委清理和县积案，弟因月来重听加剧，此差辞去不当，请假南旋。”对吴的辞官归来，沈石友似也在预料之中。就在吴走马上任之时，沈寒夜独酌，思念缶翁，愁不能寐，遂作诗寄安东：“窗纸白如此，灯花红可怜。夜明楼拥雪，冬暖酒回天。骨贱难除傲，心孤欲近禅。倚阑望桥外，恐有剡溪船。”还是沈深知缶翁的傲骨心志，因而倚阑望桥外，期盼着缶翁的突然归来。

由于情在师友间的杨岘已归道山，吴昌硕也搬离了寒山寺畔的西畮巷，入住苏州城里石灰桥畔的铁瓶巷，自此，他过着半隐居的生活，摆脱了吏务宦事的纠缠，闭门从艺，专心于书画金石与诗文创作。值得一提的是，铁瓶巷环境雅致幽逸，以收藏书画名家之作及善本古籍著称、有“江南第一家”之誉的过云楼即在此巷内。缶翁与过云楼的传人顾麟士早就相熟，曾在过云楼鉴赏顾氏丰硕精湛的收藏，并在过云楼临摹过所藏名画，还是1895年由顾麟士、吴大澂等发起成立的“怡园画社”成员。过云楼不仅是当时文人艺士雅集之地，亦是苏州主流文化圈的代表。吴昌硕搬迁至此，也许正是出于此种从艺交友的考虑。

从人文地缘的历史角度看，在清末动荡飘摇的社会时局中，一批在仕途上发展受阻或是失意于庙堂的文人型官吏，亦即士大夫阶层，他们都相对地聚集在苏州，并时常往返于上海。毕竟苏州文化底蕴深厚，艺坛名家辈出，且生活环境相对安逸舒适，消费指数也不高。而上海作为新崛起的开埠都市，风云汇聚，时尚领先。海派书画又是潮头涌起，艺事昌盛，展示着大码头的气象格局。因而苏州—上海，不仅是缶翁的双城记，亦是当时不少士大夫的双城记。尽管吴昌硕是芥末小吏，但凭借着他深广的资历和人脉，再加上其独到的金石书画之功力，和这些士大夫相交甚契，这批人均嗜好书画金石及诗词文章，如潘祖荫、吴大澂、俞樾、谭复堂、顾麟士及其后的朱祖谋、郑文焯、况周颐、王鹏运等，他们时常雅集于听枫院、耦园、怡园、过云楼、窸斋等，丹青挥洒，翰墨飞驰，奏刀印石，或是诗词唱和，拍谱度曲，在那动荡不安的时局中，寻找一方可以自慰的精神家园。如吴昌硕和清末的词坛大家、常州词派的领袖谭复堂相识在1887年的上海，其后谭复堂常来苏州，与吴交往甚多，他在《缶庐集》的序中对吴评价甚高，视为知己："献识其幽语而思则隽，险致而声则清，如古琴瑟不谐里耳，世有牙、旷，千载遇之若旦暮也。"而吴昌硕则在《赠谭复堂先生》诗中曰："种柳红尘隔，填词白屋温。天宽容故我，地僻闭闲门。冷抱箧中集，惊开湖上尊。归来陶靖节，松菊想犹存。"（《缶庐诗集卷三》）相互表达了在乱世中的知交互慰之情。

吴昌硕此时在苏州的住所题名曰"去往且随缘室"。随缘而相适，正是他在年近花甲时的人生状态和生存智慧。尤其是在一月安东令挂冠而去后，他对自己更有了自知之明，凭其秉性是难以应酬，也不适应官场仕途的。因此，其后的生活，他除了参加艺友文士们的一些雅集，或是到苏州一些名胜或无锡、常熟、宜兴、溧阳、南京等地踏青游春、赏桂秋旅、冒雪寻梅外，就是在家中与妻子施酒一起作画写字或奏刀刻石。此时的他在金石篆刻上已名声在外，求其刻印者还是有一些，尽管生活并不宽裕，时常有些拮据，但也可维持，他的内心也趋于平静。吴在当时作画后的题诗前曾自叙云："作画三帧，各赘六言一首，茶熟香温，闭门自赏，忘此身在尘海中也。"（《缶庐诗补集》）就是他当时真实的心境写照。这年的新年前夕，吴昌硕从上海归苏州，即创作了设色《岁朝清供图》以辞旧迎新，这也成了他约定俗成的丹青惯例，每年均作此图以贺岁迎春。他在此幅《岁朝清供图》上题句云："岁朝清供图约略写之，岁时物之迁流也，光绪庚子腊月归自黄歇浦。"

缶翁为何每年新春来临之际，都要作《岁朝清供图》？这从深层心理分析，除了文人的习俗雅兴外，更凸显了其生命意识，他不是麻木地对待岁月的流逝，得过且过，而是总有期待和追求。另一方面，从年轻时至今，他经历了那么多的风雨坎坷、生离死别，他总希望来年能带来好运及吉祥如意，这亦是一种精神上的自慰。“岁朝”，按《汉书·孔光传》所载：“岁之朝曰三朝。”唐代颜师古解释为：“岁之朝，月之朝，日之朝，故曰三朝。”“岁朝”也就是万象更新、一元复始的“正月初一”。旧有“岁朝会集诸生，讲论终日”的记录。最早的《岁朝图》，也许要算宋代名家赵昌所作的《岁朝图》，以钟鼎彝器、金石书画、古玩名瓷、博古盆景、花卉佛果等为清供之物。由明及清后，《岁朝图》在书画家中创作尤甚，特别是海派书画家中的赵之谦、张子祥、任薰、钱慧安、任伯年、蒲华等均是名家高手。而吴昌硕前些年时常在海上过春节，都留下了《岁朝清供图》，这也表明了他的创作取向与绘画题材亦开始融入海派书画家群体。

自从日本碑体书法大家日下部鸣鹤回日本推介吴昌硕的金石篆刻后，他在扶桑的名声便开始传播。日下部鸣鹤的学生河井仙郎（1871—1945），正是受到他的影响而仰慕吴昌硕，遂于1897年将自己的作品鸿雁传书给缶翁。对于这位来自东瀛的青年印人的作品，吴认真评点指教，还以自己的印蜕寄赠。他在回复缶翁的信中，真诚而感激地说道：“……先生与仆未有半面之识，而眷爱之厚，既业如此，一读再读，感极，潸然泣下。先生更见惠大作印存，直秦直汉，古朴苍然，妙不可言，高谊之贶，铭感不知所谢，当子孙永宝焉……仆欲一游贵国，叩大门以请诲者有年矣，而未果者，无他，仆素一介寒生，因不能支其费而已。然窃信数年后，必有遂宿志之期。”

这一年的冬天，吴昌硕正客居上海，而河井仙郎在日文求堂主的带领下，东渡来沪，在罗振玉、汪康年二人的引荐下，终于叩响了缶庐之门，拜吴昌硕为师。吴昌硕以深厚的功力、独到的目光，分析了河井仙郎的篆法、章法、刀法，指出了其应循的篆刻取向，“道在瓦甓”请他多学多临秦汉古印及鼎彝石鼓文字，特别嘱咐其多看多读明清印谱及印人传，并出示了自己的篆刻印作让其观摩。此种诲人不倦而毫无保留的师授之道，使河井仙郎如沐春风，深为感动，而且对河井仙郎日后成为日本印坛的一代大师作了前期铺垫。可以这样讲，如果没有吴昌硕，就没有日后的河井仙郎。特别是日后当吴昌硕出任西泠印社首任社长后，河井仙郎又成为首批外籍社员，得到了缶翁大力提携和鼎力支持，最终使河井仙郎成了日本篆刻界的领袖，这自然是后话。河井仙郎是明白这一点的，他深知感恩敬仰，从此执弟子礼甚恭甚勤。吴昌硕曾在《题日本河井仙郎子得所刻印存》诗中云：“躬入篆室多岁年，猎碣堕于穷氐鲜……有道有道在瓦甓，臣是能为金石刻……”

为了帮助年轻的日本印人河井仙郎在中国的拜师游艺从学，罗振玉、汪康年还特为其制定了篆刻润格：“日本西京河井仙郎先生，精仓、史之学，金石刻画，直摩秦汉人壁垒，今将登苏台，泛泉唐，爰以刻印之赀，暂充舟车之费，并与中邦人士，广结墨缘，为订润例……”从而使河井仙郎能在苏州、杭州等地游历鬻印，观摩艺林，拜访名家，广结金石印缘、书画之友。

自20世纪初叶以来，亦即吴昌硕临近花甲之时，尽管没有直接的资料来佐证缶翁的收入，但从其金石书画的创作情况来看，特别是其篆刻在沪苏浙一带已颇具名声，当时主流文坛艺林中的大多数名人均请其治印，他为郑文焯、闵泳翊等人就刻了很多，应当讲是有一定的润格收入，且有一份小吏的薄俸贴补，虽不富裕，但亦能维持日常生活，否则的话他不可能以书画金石度日，外出游历访友，偶尔还收些碑刻古物。1903年，他还自定了润格，可见其金石书画已初涉艺坛市场。

也就是说，从光绪二十六年（1900）起至辛亥革命爆发的宣统三年（1911）止，这11年，他在苏州—上海的双城记生活中，实际上已是一个职业金石书画家的人生形态，他在金石、书法、绘画上已开出了自己格古韵新、气势雄健、笔墨老辣、风格苍迈的风格，尽管还未大举进入市场，但已引起了当时主流书画金石界的瞩目，且已进入了海派书画家的群体，这为他日后定居上海，并一跃成为一个流派的领袖做了最后的奠基。只要看他这几年所观摩或所题跋的历代名家书画，就可知他当时在艺界的资历与影响，如《跋董其昌画册松》、《跋李龙眠（公麟）画降龙罗汉》、《跋李龙眠画佛像》、《跋钱选青绿山水》、《跋柯九思枯木竹石》、《跋淳化阁帖残本》、《跋仇十洲（英）山水》、《跋赵伯驌画夷齐图》、《跋周文矩画伯牙横琴》等。正因吴昌硕的声名日高，影响渐大，京派书画名家、大儒名士陈三立的儿子陈师曾，海派书画精英赵云壑均拜缶翁为师，成为缶翁门下的开门弟子，为日后缶翁弟子群体团队的引领者。

由于自小出生于山村，在战乱中又饱受逃亡之苦，后又长期生活在古城姑苏的市井，因而吴昌硕自身保存着浓浓的平民情结。有一年夏日，他访友归来途中，忽遇倾盆大雨，他赶忙到附近的一个废弃园子躲雨，邂逅一位也在此躲雨的卖浆者（可能是卖苏州小吃的）。两人闲聊得很投机，这个小贩也颇有文化修养，悉知一些古典书画轶事。当小贩得知眼前的这位老者就是姑苏有些名气的书画家时，就直率地向缶翁求画。茫茫人海难得的是缘分，滚滚红尘珍贵的是真情。吴昌硕一口答应。可见他对引车卖浆者、贩夫走卒的尊重。回家后，他不仅专门画了一幅画，还作诗以记之：“飘瓦千家雨，流霞一斛春。鬓非无尽白，花已近前嗔。云静思良友，山寒坐逸民。武梁祠里见，君亦古之人。”(《缶庐诗卷第五》)

在20世纪初的风云激荡中，吴昌硕迎来了自己的花甲之年（光绪二十九年癸卯，1903）。孔子谓花甲是“耳顺之年”，这实际上是一种生命的境界和人生的姿态，在经历了而立、不惑、知天命后，如今似乎是一切顺其自然，顺之随缘。况且他在铁瓶巷寓所的书斋就是“去住且随缘”。包容、随和、谦逊本来就是缶翁的秉性，而在迈入花甲之年后，他的金石翰墨、从艺交游的生活似乎更波澜不惊而惜缘珍重了。为此，他在八月初一孟秋之时，画《双桃图》以自贺其寿，并自题诗云：“琼山玉桃大如斗，仙人摘之以酿酒。一食可得千万寿，朱颜长如十八九。”此诗写得乐观而阳光，真的再想活个千万寿，也预示着他晚年生命高潮的涌起与金石书画的璀璨。他又把壬寅（1902）以前所作的诗编为《缶庐诗》第四卷，连同前刊三卷及《别存》（包括题画诗、石鼓集联、砚铭、猎碣集联等）一卷，并为一册，铅印行世。

六十花甲，已进入了人生的桑榆期，经济的支撑是相当现实的生活问题，况且在历经了宦海的浮沉和小吏的辛酸后，缶翁已把金石书画视作自己安身立命的根本。因此，在这一年，他正式推出了自己生平第一份正式的金石书画润格。在这之前，缶翁的润格可能也有，但未正式成文，仅是口头约定或依情酌定而已。这份润格现在已难看到，但却证明了他已是一位职业艺术家的身份，凸显了他在清末社会转型及城市经济崛起中的人生转折，尽管他的这份从艺润格定得不高，仅是常规应市范畴，但却是人生经济上独立的标志。

润格，又称润笔、润例。最初的出处是《隋书·郑译传》：“上（文帝）令内史令李德林交作诏书，高颎戏谓译曰：‘笔干。’译答曰：出为方岳，杖策言归，不得一钱，何以润笔。”欧阳修在《归田录·卷二》中亦记云：“蔡君谟为余书《集古录目序》刻石，其字甚精，余以鼠须栗尾笔、铜绿笔格、大小龙茶、惠山泉为润格。”蔡君谟即蔡襄，与苏轼、黄庭坚、米芾合称“宋四家”。欧阳修请其书写仍以实物为润格。据黄宾虹先生考证，润格始于隋唐而盛于宋元。但目前所能见到的最早的是明末文学家、书画家，官至太仆少卿的李日华在其《山居随笔》中所载的润格：“扇收取磨墨费五文，如小字细楷则收银一钱和磨墨费三文，卷册字多者收磨费二十文，匾书一件三十文，单条草书每幅五文。”其后所见最出名的润格就是那个自称“南腔北调”人的郑板桥：“大幅六两，中幅四两，小幅二两，书条、对联一两，扇子、斗方五钱，凡送礼物、食物，总不如白银为妙，公之所送未必弟之所好也，现送银则心中喜乐，书画皆佳，礼物既属纠缠，赊欠尤恐赖账，年老神倦，亦不能陪诸君子作无益言也。”历朝历代，书画名家林立，而他们的润格却鲜为其见，这可能是文人耻于言商、君子忌于金钱的传统观念将这些记录湮没了。另一方面，一些名家书画的润格也是缺乏广泛的市场和普遍的人气。而将润格真正形成气候，并推向市场化运作的，应当是清末的海派书画家群体、相关书画笺扇庄的中介及新兴的新闻媒体的推广。

是年11月，缶翁年迈体弱的继母杨氏终病逝。杨氏对缶翁甚亲甚好，平日关心有加，并与其夫人施酒一起操持家务，照顾孩子。而缶翁对杨氏也很是孝顺，1887年他移家上海浦东时，还专门把患眼疾的杨氏接来上海医治。1894年他随吴大澂从军山海关时，因杨氏病重而及时赶回家中，随即将继母带至上海医病疗养。因此，他与继母感情甚笃，继母的离世，使他甚感悲伤。而这几年中，他的一些师友如沈翰、谭复堂、吴大澂、翁同龢、施石墨等也相继归道山，他的内心有时也平添一种寂寞感。

继日本书法篆刻家河井仙郎拜缶翁为师后，这一年又一位日本友人长尾甲在吴昌硕客居上海时，投于门下。长尾甲（1864—1942），又名长尾雨山，是日本赞岐国高松人氏。他是一位学者型的书法篆刻家，主要是以汉学研究为主，曾任东京高等师范学校教授、东京帝国大学文科讲师。作为一名仰慕华夏汉学文化的汉学家，他明白要真正深入汉学领域，那必须到中国去。于是，他于日明治三十六年（1903）辞去了教职来上海，在商务印书馆任编译，以“只缘身在此山中”的精神研究中国文化。书法篆刻是中国文化的经典体现，为此，他在友人的介绍下，拜师于缶翁，从诗词古文到书法篆刻，颇多契合，相交甚欢，吴昌硕与他情在师友间。长尾甲在上海居住了11年，特别是吴昌硕定居上海后，长尾甲与缶翁结邻而居三年，时常请教，过往相从甚密，金石奏刀，书画题跋，诗文唱和，缶翁与长尾甲结下了相当深厚的师生情、金石缘。长尾甲于1914年回日本后，吴昌硕与之书信相寄，时在念中。缶翁在信中云：“乃与先生短檠谈艺，孜孜三昼夜，是亦缶之老年一快乐境也。”缶翁还绘《墨梅图》、《山水图》以作赠别，并在《墨梅图》上题诗曰：“鳌身映天水奔赴，天上尾星欲东渡。沪渎结邻坐三载，数典谈诗时却步。羡君风格齐晋唐，书法遒劲张钟王。意造不学东坡狂，奇石苍寒索我画。……赠无长物诗难成，佐以画梅君性情。君无忆我君且行，老眼只盼天下平。”此诗极有纪实风格，面对即将东渡归国的长尾甲，缶翁讲到了从沪渎结邻到数典谈诗，从书法遒劲到奇石苍寒，从藏古满屋到校辑古籍，并盼长相忆毋相忘，天下太平君且行。

第二十三章　西泠印社金石缘

光绪三十年甲辰（1904），又是一个“接天莲叶无穷碧，映日荷花别样红”的时节。吴昌硕应友人之邀，正客居杭州，三潭的月色，苏堤的碧波，六和的涛声，雷峰的夕照，花港的鱼跃，虎跑的清泉……使缶翁有些流连忘返。忆及1868年，26岁的他负笈孤山之麓，投于诂经精舍俞樾的门下求学，并仰慕西泠八家中的丁敬、黄易、曼生等印人而效之，而今倏忽间已三十多年过去，回首往昔，颇多感叹。

而此时，在西子湖畔的人倚楼中，几位才华横溢、志同道合的篆刻家丁辅之、叶为铭、王福厂、吴石潜雅集于此，他们品茗论艺说印，鉴赏古今印玺印谱，深感篆刻艺术源远流长，名家辈出，流派纷呈，特别是西子湖畔的西泠，更是浙派西泠八大家的崛起之地。丁敬、小松、曼生等前贤的金石精神，就是在此烛照康乾以来的印坛。但回眸上下五千多年的印坛，却从未有过一个专门研究、创作印学的团体。于是，一个宏愿在他们心间萌发，即在人倚楼中印学结社，“人以印集，社以地名”。于是“西泠印社”在西泠桥畔应运而生。其时，叶为铭42岁，丁辅之36岁，王福厂25岁，吴石潜38岁。这些英姿勃发的俊才，以先进的艺术觉悟、大胆的开拓精神，就这样在一个西湖仲夏的午后，完成了一件在中国印学史上具有划时代意义的创举。

从春秋古玺至秦章汉印，篆刻只是匠人的坊间之作。虽然秦汉印是中国印学史上第一次高峰，但在社会格局的变动中，从唐宋至元，篆刻已急剧地滑坡。明嘉靖年间文彭、何震担负起振兴印学的重任，并改革印材，以青田石入印，从而开创了明清五百多年的流派印，篆刻也从匠人的作坊乔迁进了文人的书斋。但篆刻家社会生存的个体化、创作形态的封闭性及相互交往的狭隘化，已开始影响并制约着印学的发展。就以丁敬为开山的西泠浙派来讲，至清末的赵之琛已出现了创作上的程式化和板结化。而与浙派相媲美的皖派至吴让之后，已是后继乏人。此刻，我们把目光再移向邻近杭州的上海，吴昌硕虽年过花甲，在书画篆刻上已独树一帜，但其毕竟是以个人影响名世。而此时在岭南创“黟山派”的黄牧甫已悄然地归老乡里，在安徽黟县黄村与槐为邻，从此不复出山。自称“鲁班门下”的齐白石，此时还处于探索临摹期。这一年，他把自己的一些习作编成一本《白石印草》，仅拓一部，聊以自慰，为日后进入“大匠之门”做前期准备。

由此可见，20 世纪初的中国印坛正处于一种青黄不接的现状，印坛急切地需要一种新兴力量的接应，一种先进观念的拓展。正是在这样一个历史背景下，西泠印社的应运而生，起到了承前启后、继往开来的关键作用。印社的建立，使印人有了真正意义上的团体组织，形成了“少长咸集，群贤毕至”的精英格局，并以其极大的号召力和凝聚力，从根本上改变了篆刻家的个体创作形态，成为一种组织化的艺术群体，参与了社会系统的文化艺术运转，从而形成了印学文化的社会格局。在这个意义上，西泠印社的建立，体现了中国印学界高度的人文主义精神，从而使印社在组织、研究、创作、出版等方面起到了印坛领头羊的作用。于是，一个不可否认的印学史分期问题凸显了出来：以往把整个印学发展史分为三期，即把春秋战国古玺作为滥觞期，秦汉印作为鼎盛期，明清印作为流派期，那么西泠印社后，应当确认印学分期将改写，即新增一期，印学进入了近代期。

西泠把印学推入了近代期，具有重要的文化缔造意义和艺术创建作用。正好客居杭城的吴昌硕悉知此事后，甚是赞同。这也是他与西泠印社的缘分，他对丁辅之、叶为铭等人芟除荒秽、拓地建社、集资营建的精神，也很支持。而丁辅之、王福厂、吴石潜亦前往缶翁的客居处，邀其出任西泠印社社长。缶翁谦辞相推，认为印社初筹刚建，还是待日后略具规模后再议此事为妥。西泠四君子觉得缶翁言之有理，遂相约十年后再共襄盛举。自此，吴昌硕对西泠印社相当关注，西泠四君子有什么相关印社事务找他，他均全力以赴。如第二年，西泠印社建仰贤亭，吴石潜摹刻丁敬像嵌于壁间，缶翁以诗记之。他亦曾作诗题《西泠印社图》赠丁辅之：“画者不见戴，居然习苦来。墨痕青玉案，水气白云推。选印开新社，得碑想大才。他年述佳话，一样小蓬莱。”并应吴石潜之请，篆题“西泠印社”匾牌。可见在西泠印社筹建的前十年中，缶翁一直投以关注的目光，并给予了积极的扶持与帮助。

是年炎夏消暑、纳凉蕉下，忆念好友任伯年，遂以篆书题长诗于任伯年当年所作的《蕉荫纳凉图》，诗从自己的腹鼓身肥、耳聋足跛的自嘲说起，然后简略地回顾了自己的人生历程，最后吟唱道：“青山白云处，大有吟诗处。”可见他的心态还是颇为乐观，对未来是怀有憧憬的。此幅画后来被窃，缶翁颇为痛惜。想不到三年后的夏季，好友郑文焯在上海见到此画，随即购之持赠，缶翁对此失而复得之画，自是十分欢欣，深感好友之盛情。为此，郑文焯还专门题跋于画的下侧："此任伯年画为吾友缶道人写行看子。岁久沦佚，今忽得之海上，当有吉祥云护之者。爰为题记以识请异。道人题诗其端奇可玩也。光绪丁未夏始鹤翁郑文焯。"

这一年的秋季，缶翁得病甚重，腹泻不止，全身浮肿，求医无效，在生命垂危之际，幸得精于医道的金瞎牛出手，经过悉心治疗，转危为安，妙手回春，且一文钱不取。缶翁深感救命之恩，为作小传中云："君治我不一而绝不受一钱，古称独行之士，君当之无愧。"在这之前，缶翁的儿子得重病，亦得金瞎牛治愈。可见金是缶翁家不收费的"家庭医生"，这也是缶翁广结善缘所致。

自吴昌硕50岁后，几乎每到岁末年终之际，他均要到上海过腊月，有时还要过完春节方回苏州，已成为常规的人生行踪。出于何种原因？笔者曾关注这一现象许久，但找不到内中原因。这一年的腊月初，他又赴上海，客居严小舫的小长芦馆，并应筱公之情作花卉长卷，并为图中的牡丹、玉兰、盆兰等配诗，卷末又题写了数首诗。特别是在题盆兰的诗中，他写道："东涂西抹鬓成丝，深夜挑灯读楚辞。风叶雨花随意写，申江潮满月明时。"诗中再次表达了他对未来的期盼及对上海前景的向往。而通过缶翁到上海为筱公作画，可见他是为鬻画售艺而行。由此可佐证当时在上海（也包括江南一带）有一个风俗，即每到辞旧迎新之际，一些商界老板或绅士名流，均要请一些书画家作画写字，以迎新春，或是挂在家中，或是馈赠亲友。上海作为开埠后的新兴都市，这方面的需求量颇大，吴昌硕也就在每年的这个岁尾年头之际，赴上海从艺，作《岁朝图》等，以纳福迎春。

也就在此次上海鬻画之行后回苏州不久，12月14日，吴昌硕举家从铁瓶巷搬到了桂和坊19号。他命书斋为"癖斯堂"，在过花甲之年后，以此为斋名，是颇有寓意的，即从此以金石书画此"斯"为人生之癖好。他还将大堂题为"雍穆堂"，将大厅名为"古缶庐"。从书斋、大堂到大厅，可见他的居住条件相比铁瓶巷得到了改善，"癖斯堂"，是缶翁在苏州最后一个居所了，也是他苏州—上海双城记中，在苏州的最后一站了。为了给自己以鼓舞，增添阳刚之气及展示雄迈之风，他专门刻了一方"雄甲辰"的朱文印，并在边款中略述了"雄甲辰"的出典，然后曰："予于道光甲辰年生，古人既有雌甲辰予曷不易之，以雄以寿诸石。光绪三十六年岁次甲辰适为缶道人周甲开始特识。"他迁居桂和坊后，友人鲍简庐赠红梅二盆以贺乔迁之喜。十天后，缶翁作画以回馈，并题诗云："移居十日罕来人，古盎红梅照眼新。莽泼胭脂劳冻手，一枝来换两枝春。"

随着缶翁自己进入暮年，他的不少师友也花自飘零水自流，其恩师俞樾也于光绪三十二年丙午（1906）在西子湖畔去世了。缶翁得此噩耗后，甚为悲痛，昔日在杭州、苏州求学从艺之事，历历浮现在眼前。其笔含深情撰挽联云："薄植荷栽培，附公门桃李，行今成松木；名山藏著作，自中兴将相后，别是传人。"

就像太阳每天升起一样，在缶翁的恩师好友相继离世后，他在桂和坊又迎来了一位日后可结交终生的新知己——诸宗元（1874—1932），字贞壮，一字真长，别署迦持，晚号大至。浙江绍兴人。光绪二十九年（1903）举人，曾官直隶知州、湖北黄州知府等。他是一位才华横溢的诗人、书法家，诗与当时的陈三立、李宣龚、夏敬观齐名。系南社社员及同盟会员，投身辛亥革命，在政坛、艺坛交游甚广。他年轻时即喜好购书及收藏古今名人书画，藏书达15 000卷，藏书处有"大至阁"、"吾暇堂"等。光绪三十年（1904）与顾燮光合编有《译书经眼录》。著述丰富，有《大至阁诗稿》、《病起楼诗》、《吾暇堂类稿》、《箧书别录》、《中国书学浅说》、《红树室近代人物志》、《书法徵》等。他的书法运笔劲健雅秀，有晋人遗韵，商务印书馆所出涵芬楼珍本题署，出自其手笔。他的诗作，文字清逸洗练，意境含蓄隽永，用典自然妥帖，才思高迈丰赡，有南社才子之称。

宣统元年己酉（1909）那个金菊盛开、桂子飘香的时节，在友人的介绍下，诸宗元来到缶翁的癖斯堂拜访，尽管其时缶翁已66岁，诸仅36岁，但从古今诗文、历代书画到丹青流变、翰墨名札，乃至宋元版本、鉴赏收藏，眼前这位青年才子均相当精通，且见解独到。这使有些静逸的癖斯堂内生机盎然，高见纷呈。他们相见恨晚，知己相契，从而使这一老一少超越了年龄的界限。"太白游仙诗浩荡，留候决胜策纵横，眉间侠气随风色，胸次天河洗甲兵。"这就是缶翁当时对诸的印象。而诸宗元望着癖斯堂中缶翁所画的《菊花图》，笔墨雄悍恣肆，气息古朴苍莽，甚为敬佩，即兴赋诗寄兴。缶翁明白这是以诗换画的雅举，亦相当豪爽地将画取下，在上题款以赠。

吴昌硕一生喜交诗友，从杨岘、沈石友到朱祖谋、郑文焯、谭复堂等，均已上了年纪，有的已作古，惟诸宗元是最年轻的，笔力健畅，诗思敏捷，格调高雅。缶翁的可贵之处就是善于学习，不耻下问。好在诸宗元的寓所与他相邻，于是他将自己近作的几首诗派人送到其大至阁，请诸指教。后想起将信封上的"诸"写成了"褚"，将人改姓，这可是很失礼之事。第二天一早，缶翁便专程登门道歉。相识的是可遇而不可求，相知的却是天长地久。诸宗元亦是颇有慧根之人，他在缶翁这种登门道歉的行动中，明白了缶翁对他的推崇与在乎，从此对缶翁敬重有加，结为终生忘年之交。

当时的癖斯堂内，不时有些艺士文友前来品茗小聚，大家作书绘画、品鉴收藏、吟诗观文，诸宗元亦成为常客。缶翁也会将自己所收藏的名家书画、金石碑拓及秦汉古玺等与诸宗元一起品赏把玩，诸亦不时发表些个人独到的看法或精到的评析，令缶翁也耳目一新。应当讲，诸宗元的到来，为癖斯堂晚年的缶翁增添了不少知己情怀和同道乐趣。缶翁骨子里是诗人，他甚爱诸宗元之诗，诸就时常以诗相赠。诸宗元甚爱缶翁金石书画，缶翁也就慷慨相赠，为其治印多方，作书画多幅。翻开《缶庐诗卷》，有多篇和诸宗元的诗答和韵，如《庚戌岁朝诸贞壮宗元以诗来和答》、《读贞壮诗和韵》等，特别是在《端阳和贞壮韵》中云："西江变酒杯无底，东野论诗笔有神。天地樊笼云大海，与君同是鹤前身。"（《缶庐诗卷第五》）诗中饱含着这对忘年交的契友之情，而且充满了自由之精神、独立之人格。

这一年，海派书画家第一个真正的书画慈善赈灾组织——豫园书画善会（又称邑庙书画会）成立，该会由海派书画名家钱慧安、杨逸、高邕、蒲华、杨伯润、王一亭、吴昌硕、马企周、程瑶笙、张善孖等人发起，钱慧安任会长。书画善会以上海老城厢豫园为活动基地，租赁园中得月楼为会所，配有专职的工作人员及专门的创作展出场地。初起时会员有近百人，后增至二百多人，是海派书画家最大的慈善赈灾盟会组织，为会员代定润格、组织书画展销及推介书画家作品等。据《豫园书画善会缘起与章程》载："应纳之润，早储会中，存庄生息；遇有善举，会议酌拨，聊尽善与人同之意云尔。"即会员的作品售出钱款，一半归作者，一半捐善会，存钱生息。凡遇有慈善赈灾之事，开会公议，实行民主管理。书画善会不仅在每年都要举办数次大规模的慈善赈灾活动，而且常设性地在每年冬季施米、夏季送药。从社会学观点来看，豫园书画善会已具备了近代意义上的公益慈善机构的职能，并在运作机制上实行了组织化、契约化和公开化。而缶翁作为该会的发起人之一，不仅说明了他已跻身于海派书画家的主流骨干群体，而且已有了相应的社会身份与艺坛地位，这也为他在日后定居上海做了人脉、群体上的准备。

与诸宗元的相识与深交，为缶翁的晚年生活带来了不少阳光与欢乐，这也是缶翁日后很喜欢和年轻人相交的渊源。宣统二年庚戌（1910）的初夏时节，他在作完了那幅著名的《玉堂富贵图》，并题款"拟李复堂高华之笔，庚戌七月，吴俊卿"之后，便收拾行囊，以67岁的年龄与诸宗元、商笙伯等友人乘船同赴武汉，做沿长江的壮游。一路上浩瀚壮阔的江景，令缶翁诗兴大发，在《江舟与商笙伯（言志）共饮，时同赴武昌》中，他很豪放地吟道：“湖口秋山读，东流古县观。水天无闲色，今夕酒杯宽……”（《缶庐诗卷第五》）在《江行入鄂境》中，他颇感叹地抒发了思古之幽情：“孙刘事业吊兴亡，满眼苍波出大荒。身讶如仙骑赤鲤，弩愁无力射天狼……”（《同上》）在《登黄鹤楼》中，他亦独抒胸臆：“振衣独有登楼兴，楼满秋风亦快哉。鹤去易占天地否，我来山作芙蓉开……”（《同上》）在拜访了张之洞故居抱冰堂后，他亦写下了《游抱冰堂与笙伯、伯平、贞长》等。

在游历了武汉三镇后，缶翁在诸、商等友人的陪同下，一路北上。他在《七月廿二夜半过黄河铁桥》中，亦情感丰沛地写道：“铁虹百丈跨黄河，水自天来夜不波。身已御风驰朔漠，心如寒雨对滹沱。山长莽带胭脂色，秋老悽闻勅勒歌。毕竟成仙无我份，邯郸先已梦中过。”（《缶庐诗集卷五》）从宦海浮沉到艺坛探索，从恩师挚友到屐痕游踪，缶翁的人生是历经风雨后归于应变安然。八月抵京后，他下榻在同乡友人张弁群（查客）处，张对其盛情款待，时常请京城书画金石艺友雅聚，缶翁为此作《天竹子图》以答谢，其款云：“错落珊瑚珠，铁网出海底。安吉吴俊卿为弁群老兄方家正拟复堂点色，时客京师。”年轻倜傥的诸宗元则陪他畅游京城名胜古迹，会客访友，品茗宴请，使缶翁感受到了京城艺界对他的推崇。他在京为朱旭辰作诗题道光己酉年出的《搢绅录》，为期仲跋《毛公鼎》拓本，为葛侗蔚题其父毓珊像等。此番来京，缶翁客居的时间较长，约有两个月。

是年，日本文士、书画家水野疏梅，在海上书画家、实业家王一亭的介绍下，拜吴昌硕为师学书画。水野疏梅（1864—1921），名元直，号疏梅，日本福冈人。当年杨守敬出使日本时，水野疏梅亦从其学书法。因相当崇拜杨守敬的博学宏才和书法造诣，遂在杨守敬回中国后，追踪其到上海继续投于门下。水野疏梅乃一个寒士，经济相当困难，但学习相当刻苦勤奋。他当时住在高昌庙东亚同文社，离杨守敬寓所甚远，为了节约车费，他常步行数里才搭乘电车到先生家。杨守敬对这位异国学生亦很关照同情，常留他在家吃饭。杨由于年迈体弱多病，但仍坚持在病榻上为水野疏梅讲授《学书迩言》。水野疏梅极受感动，诗赠杨守敬云：“钦仰风容玉群温，胸无城府共谈论。夏彝周鼎精稽古，秦阔汉碑远溯源。介绍一生翰墨妙，奇书万卷草堂尊。殷勤向我传心画，正是深高海岳恩。”水野疏梅后又结识了王一亭，王对其人品书艺亦颇为肯定，于是引荐给笔墨功底深厚、以金石书风名世的吴昌硕。水野拜见缶翁时，即以日本长柄葫芦相赠，缶翁甚是欢喜。作诗《依样》云："长柄葫芦众共珍，我将乞种种芜园。"称其"长髯过腹，苦心为诗"。可见水野诗才超群，文笔隽美。与缶翁唱酬和韵，意气相投。缶翁对其书法多有指点，要其多临金石碑刻，取高古劲健之势，从而使水野书艺大进。缶翁在赠《疏梅游倦东归索诗，时丙辰十月二日》中写道："扶桑浑似古蓬莱，曾听王郎（谓一亭）说异才。肯代愚公携笔去，疏梅一树并移来。"(《缶庐诗卷第七》) 从中折射出了缶翁与这位日本弟子的深厚情谊，望其"一树并移来"。至此，缶庐门下已收了河井仙郎、长尾甲、水野疏梅三位日本弟子，由此形成了日本缶庐弟子群体，从而为弘扬中华文化、推介缶庐艺术起到极大的推动作用。

就在诸宗元、商笙伯等友人陪同缶翁游览武汉时，一场改朝换代的社会大革命正"山雨欲来风满楼"。缶翁在《登黄鹤楼》诗的最后，相当敏锐而忧虑地写道："却是万方多难日，吾襄何幸临高台。"(《缶庐诗卷第五》)

第二十四章　1912 年定居海上

宣统三年辛亥（1911），缶翁已六十又八了，在这人生的暮年，他似乎依然勤于书画金石与诗文行旅。正月初二，他在苏州新春游园，寻梅闻香，意兴盎然，并作长歌以记之。初夏时节，他赴无锡游惠山，小憩于天下第二泉品新茶，念及诗友宗元，遂作《新茶怀贞壮》。6 月 22 日，诸宗元从上海回苏州后，专程来看望缶翁，老人甚是高兴，将两年来所写诗作，请这位年轻的诗人品读。诸每读到佳句妙言处均加圈，拍案叫好，并题句于稿本，可见缶翁对诸宗元诗才的推崇与欣赏。缶翁还关心地询问了上海的一些近况，宗元一一做了生动的介绍。老人有感于此，即赋诗《贞壮语海上近事赋示》："花隔盈盈水，旗翻片片风。繁华谈海上，日月比壶中……"（《缶庐诗卷第五》）

是呵，一个"旗翻片片风"的大时代来临了，辛亥年正是以辛亥革命载入了史册。随着社会上天翻地覆的变化，缶翁个人的命运也发生了重大的转机。人的命运就像大海，在垂暮之年，他所期盼的"苦铁之苦终回甘"的日子真正到来，可以"直挂云帆济沧海"。这无疑是时代为缶翁提供了机遇，而他亦以大师能量的储备迎接了这个时代，这正是一个人与一个时代的因缘际会。

这一年的 10 月 10 日夜，武昌城里的新军工程营所打响的"首义第一枪"，迅速掀起了推翻清王朝的辛亥革命风暴。当武昌起义的消息传到上海后，同盟会的领导人陈其美和李平书、王一亭、沈缦云等于 11 月 3 日发动了起义。上海的光复，不仅有力地策应了武昌起义，而且直接对江苏、浙江的光复起到了重要的促进作用。为此，孙中山给予了很高的评价，他认为武昌起义后，"时响应之最有力而影响于全国最大者，厥为上海"（《建国方略》《孙中山选集》第 208 页）。

在这一年的深秋，也就是上海光复不久，吴昌硕从苏州来到了上海，在吴淞租屋居住。由此产生了吴昌硕于 1911 年秋定居上海的说法：当一代书画大师吴昌硕在人生的垂暮之年定居上海时，这种文脉艺绪的因缘际会，预示着一座城市艺术高峰期的到来，也标志着中国近代艺术史将进入一个具有开创性意义的转折点。正是吴昌硕的乔迁上海，使当时中国最大的都市拥有了一位真正意义上的艺术领袖人物，海派艺苑将随着他的到来而风起云涌，铸造辉煌，由此成为一种独特的历史文化现象。

那么，吴昌硕究竟是何年定居上海的？对此历来说法不一。比较多的说法是认为吴昌硕系在宣统三年（1911）秋定居上海的。吴晶在《百年一缶翁——吴昌硕传》（浙江人民出版社 2005 年 7 月版），王家铖在《吴昌硕传》（百花文艺出版社 2007 年 1 月版）中，都持此说。而王中秀根据吴昌硕友人潘飞声 1912 年至 1913 年的诗文，认为 1912 年到 1913 年吴昌硕都在上海，见《王一亭年谱长编》（上海书画出版社 2010 年 8 月版）。然而吴昌硕 1912 年至 1913 年在上海与“定居上海”是两个概念，因为自清末民初，吴昌硕时常往返于苏州、上海。

持吴昌硕 1911 年定居上海说的主要依据是吴昌硕于 1921 年 12 月所撰的《白龙山人传》开头所言：“余于辛亥秋，橐笔至沪，书画交获——吴兴王君，名震号一亭别字白龙山人，为人豪迈，相与接谈，若和风之拂几席者。”但吴昌硕于 1925 年 5 月所作的《白龙山人小传》中又说：“余于甲寅秋国变后，移家海上，始晤山人，意一经商巨擘耳。久久过从，乃知山人有了解智慧、毅力公益。”

辛亥为 1911 年，甲寅为 1914 年，前后相差三年。而在 1913 年初春时节，在王一亭的帮助及操办下，吴昌硕已举家迁至上海北山西路吉庆里 923 号。据此，我认为两份不同的《白龙山人传》及《白龙山人小传》中，“甲寅”应是“辛亥”的笔误。吴昌硕在 1921 年所作的《白龙山人传》中很明确地讲是“余于辛亥秋，橐笔至沪”，而在 1925 年所作的《白龙山人小传》中则是说：“余于甲寅秋国变后，移家海上。”一为“橐笔至沪”，一为“移家海上”。“橐”乃一种口袋，前者是带着毛笔来沪，而非移家定居。亦有研究者认为“甲寅秋国变后”，应是辛亥秋国变，即 1911 年 10 月 10 日的辛亥革命，1914 年已是民国三年。可见，国变即是 1911 年的辛亥秋。正是基于这些方面的原因，吴昌硕于 1911 年定居上海成为相对集中之说。

历史的研究，无疑应以综合考查的史料为依据，以经得起推敲的史实为凭证。据笔者所查，吴昌硕的确是在 1911 年秋从苏州来到上海，可是问题的关键或是成为悬案的是，究竟是“橐笔至沪”还是“移家海上”？为此，笔者花了不少时间与精力，查阅了大量的相关史料与吴昌硕生平年谱，但都没有相关或直接的材料。后翻阅《吴昌硕尺牍集》，见到吴昌硕在 1911 年上海光复后不久写给好友沈石友的一封信中，颇为详细地谈了他这个时段的经历：“弟于初七日为迈儿扯往吴淞住数日（内子赴安吉），风声疊疊，又同至沪上，始住后马路同泰栈，因该栈有人满之患，再移居爱而近路……苏抚已改都督，城内尚安，上海都督陈，吴淞都督朱，闻三督不甚通气，而苦于无正，养兵金陵，闭城痛击，民军似不得势，安庆亦坚守云云。大约一切有名人多逸于海上，以商界可靠耳。弟处实在界外，以房价可略便宜而已。”

这封信对吴昌硕1911年秋来上海的情况做了最直接的文字见证，现逐段来予以解读：“弟于初七日为迈儿扯往吴淞住数日（内子赴安吉），风声疊疊，又同至沪上……”吴昌硕所说的“初七日”，应为农历十月初七，阳历12月上旬，而上海光复为11月3日，农历九月十三。“为迈儿扯往吴淞住数日。”迈儿即吴昌硕的儿子吴东迈，当时吴昌硕托友人为吴东迈在上海吴淞货捐分局谋得一差事，吴昌硕是陪儿子来上海的。“内子”即吴昌硕的夫人施酒，则从苏州去了老家浙江安吉。因当时吴淞一带光复后尚未稳定，“风声疊疊”，故吴昌硕携儿到市中的“沪上”，“始住后马路同泰栈，因栈有人满为患，再移居爱而近路”（爱而近路为今闸北安庆路）。“苏抚已改都督，城内尚安，上海都督陈，吴淞都督朱，闻三督不甚通气。”这是吴昌硕为辛亥革命上海光复后所留下的一段史录，三都督为江苏都督程德全、上海都督陈其美、吴淞都督应是李燮和而非朱姓，当时吴淞都督府中有朱廷燎，为总参谋。“大约一切有名人多逸于海上，以商界可靠耳。弟处实在界外，以房价可略便宜而已。”吴昌硕所说的商界，即为租界，因此有不少名人寓住于此，而他则由于经济原因，只能在租界外借房居住。

通过以上解读，可知吴昌硕于1911年辛亥秋是和儿子吴东迈同行来沪，乃是“橐笔至沪”，而非“移家海上”，他的家眷还留在苏州。吴昌硕在1911年辛亥之秋“橐笔至沪”到他“移家海上”，究竟是在哪一年？实际上据笔者发现，在有关吴昌硕“移家海上”的查考中，不少研究者忽视了一个重要的中界点，即是爱而近路——安庆路。吴昌硕在辛亥秋之前，曾多次来沪上，并在吴淞租屋客居，而安庆路正是吴昌硕从吴淞到最后入住北山西路吉庆里的一个重要的中介驿站。从一位书画大师与一座城市的心路历程和因缘际会，凸显了清末民初艺术家的生存形态与从艺方式。

1909年3月，吴昌硕在上海豫园与高邕、杨逸、王一亭、蒲华、钱慧安等人发起“上海豫园书画善会”。在这期间，在上海所举办的书画展及艺术雅集中亦时常可见吴昌硕的名字。1910年3月6日下午，中国书画研究会在上海小花园商余雅集开上海书画出品会，王一亭时任研究会董事，吴昌硕是第一批会友，而当时上海几乎有一定知名度的海派书画家全都参加了这个研究会。从1909年3月在上海参与发起书画善会到1910年3月参加中国书画研究会，吴昌硕不仅已正式进入了上海主流书画家群体，而且其书画印诗四绝的艺术造诣亦为艺界所瞩目。也就是在1910这一年，吴昌硕亦加入了云集海派书画名家的海上题襟馆金石书画会。

1911年12月，由于吴东迈在上海吴淞货捐分局谋得一差事，再加上吴昌硕这几十年来在上海从艺交友所集聚的人脉及一定的艺苑影响，吴昌硕有了“移家海上”的愿望。但这一次他参照了1887年迁居上海的经验，不是贸然举家乔迁，而是带着谋差的儿子“橐笔至沪”，投石问路。况且这一年，吴昌硕已是六十又八的老人，他的想事处世已显得稳健老练。当这位未来的海派书画领袖再次敲响上海大门时，他和这座都市的缘分到了吗？从1887年冬日他“移家海上”，到1911年“霜叶红于二月花”时“橐笔至沪”，整整二十四个春秋，吴昌硕入住上海的步履显得那么艰难而曲折。二十四年，这并不单纯是个纪年数，这正是对“天降大任于斯人也”的一种人生磨炼和艺术历练。因为，上海要接纳的是一位领袖级的大师。唯其如此，这种考验与抉择才显得如此严峻乃至漫长。

“去住且随缘室”是吴昌硕于1886年夏时，客居上海所题的斋匾，“且随缘”很清楚地表明了吴昌硕是以一种试探的心情来上海从艺的，即能住则住，不行就回，一切且随缘。1887年岁暮，吴昌硕举家迁上海时，他又自署为“去住随缘室”。尽管仅少了一个“且”字，但却表明了吴“移家海上”“住”的真实愿望。然而凡事岂能尽如人意，窘迫的现实又使他打道回姑苏。正值1911年12月初，吴昌硕再次“橐笔至沪”时，他又题匾为“去驻随缘室”，这次似乎有了自信与自慰，改“住”为“驻”了。特别是此时我们如关注一下吴昌硕在上海的生活地图，就会发现他借住的爱而近路——安庆路，与海上题襟馆金石书画会所在地交通路都属闸北，这并非偶然的巧合，而是有从艺及经济上的重要原因。

海上题襟馆金石书画会是一个典型的海派书画家艺术团体，在清末民初的海内外艺苑颇具影响力。书画会不仅是海派书画家交流创作、品评鉴赏、探讨世事之地，也是书画家们作品的推介销售处。据1948年10月出版的《美术年鉴》所载：“会员常把收藏的珍贵书画，到会里陈列，供彼此观摩。书画掮客也每晚拿大批的书画古玩去兜售。会里备有会员的润格，代会员收件。新到上海行道的书画家，总得请人引见这班先生，替他们代定润格和介绍吹嘘。”尽管书画会的会长是书法家汪洵，但实际运作者却是王一亭。他是一位书画家，亦是一位上海督军府的交通部长（后改任农工商务部长）。他在上海工商金融实业界及书画艺术界有着重大的影响及广泛的人脉。王一亭对吴昌硕书画印诗“四绝”的造诣及独特高迈的金石气息颇为服膺敬重。虽然他们在豫园书画善会及中国书画研究会时有过接触，但这次两位同乡相遇在书画会的雅集上，且吴昌硕是“橐笔至沪”，于是吴昌硕与王一亭正式订交。这也印证了吴昌硕在《白龙山人传》开头所说：“余于辛亥秋，橐笔至沪，书画交获一吴兴王君，名震号一亭别字白龙山人。”

日后被尊为“海上双璧”的吴昌硕与王一亭，他们在海上题襟馆书画会的订交，对于海派艺苑来讲具有里程碑的意义，预示着不久将迎接海派书画鼎盛期的到来。只是当时因王一亭正在为新生的共和政权而奔忙，他与陈其美、李平书、沈缦云等人均为督军府的领导核心，因而没有更多的时间与吴昌硕挥洒丹青，运毫翰墨。

吴昌硕与王一亭的深交始于1912年，这一年正是民国元年，农历壬子年，新生的共和政权已度过了其最艰难的初创期，使王一亭能腾出一部分精力从事其深爱的书画艺苑。而当时的海上画坛也正面临着一个历史的嬗变期，一批大师级画家已先后谢世，如任薰（1893）、任伯年（1895）、虚谷（1896）、胡公寿（1886）、蒲华与钱慧安（1911）等都归道山。与此同时，一大批原清廷的高级官吏、名流鸿儒因封建王朝的倾覆而来到了“江海之通津，东南之都会”的上海，如陈宝琛、沈曾植、陈三立、朱祖谋、李瑞清、曾熙、张元济等，他们在上海实现了华丽的转身，加盟了海派书画家的队伍。正是在这种纷繁多变的形势下，王一亭敏锐地意识到海派艺苑需要一位大师级的领军及巨擘级的领袖。

王一亭通过与吴昌硕的接触，认识到他那雄浑豪放、劲健老辣的笔墨，气势酣畅、格古韵新的艺风，苍迈郁勃、莽然强悍的金石气息及工于诗文、学修深厚的书卷气，乃至年近古稀、人艺俱老的69岁高龄，无疑是相当合适的海派书画盟主的人选。为此，王一亭才力邀吴昌硕“移家海上”，与吴倾心交谈，并开始在艺界、商界大力推介吴昌硕。唯其如此，吴昌硕才在《白龙山人传》中说王一亭“为人豪迈，相与接谈，若和风之拂几席者”。客观地讲，吴昌硕当时在上海，还仅是一名高龄书画家，而王一亭却已是海派画坛的大腕、社会的名流、商界的大亨、督府的高官，但他却礼贤下士，对吴昌硕敬重有加。据吴昌硕先生的孙子吴长邺先生对笔者讲：“当时吴昌硕在辛亥后来上海时，刚开始画卖得也并不好，是王一亭悄悄地吃下（买下）一批，以安老人之心。”吴昌硕正是以其雄厚的实力、独特的风格、四绝的造诣及王一亭的扶佐，迅速在上海艺坛崛起。

王一亭（1867—1938），本名震，字一亭，后以字行，自号梅花馆主、海云楼主，中年以后又自号白龙山人。晚年笃信佛教，名为觉器，字为苦行头陀。原籍处有古樟树一株，故名其居曰：樟园。在海派书画家中，王一亭也许是具有多种身份的人，他首先是位书画家，一生勤于笔墨艺事，是第二代海派书画家群体中的重要人物。他又是一位大商人，善于经营和精通金融，曾两次任上海总商会主席，在船务、银行、企业、办厂方面颇具影响力。他亦是社会活动家、慈善家和宗教家，曾任中国佛教会会长。王一亭出身贫困，是依靠其堂舅父蒋秀才的资助才在朱道台的私塾附学八年。后为生计所迫，只得到上海怡春堂裱画店当学徒。这对于自小就喜好书画、求知欲甚强的王一亭来讲，无疑是工学结合、艺事并举。他在这里相识了大画家任伯年及开钱庄而喜好书画的儒商李薇庄。李系著名女画家李秋君之父，是宁波士绅名门，为长期寓居上海的富商，他见才15岁的王一亭办事勤快能干，人亦聪明灵活，于是在1881年介绍其到“慎徐钱庄”当学徒。尽管钱庄的学徒生活辛苦繁忙，但他依然在晚间坚持学画，并到当时的“广方言馆”攻读英语。后又去“恒泰钱庄”继续学生意。在钱庄的社会实践、经济活动及人际关系，使王一亭在商界金融界中得到了极大的锻炼，并迅速地成长，1885年，年仅20岁就被提升为“天徐号”的跑街先生，这在当时的钱庄行业中是特例，不久又以出色的工作业绩晋升为经理，专搞航运经营。

上海自1843年开埠后，经过半个多世纪的积聚、发展，至20世纪初，已进入了一个经济迅速发展期，而此时刚过而立之年的王一亭已为自己在商界挣得了第一桶金，在上海工商界脱颖而出。与此同时，王一亭也从未放弃对书画艺术的创作与钻研。从1902年他35岁起开始担任“大阪商船”的买办后，其高薪收入一下子使他成为有产阶级，1907年他又受聘于“日清汽船会社”任买办。也就在这一年，他与李平书、沈漫云等人集资20万两，创办了“立大面粉厂”，从此正式跻身于上海实业界、商界，他与商界同仁创办了两家银行，并担任“华商电器公司”、“大达轮船公司”、“大有面粉厂”的董事。王一亭还先后担任上海总商会、上海商业联合会的主席。他系同盟会员，在辛亥革命的上海起义中做出了重要的贡献。他的晚年热衷于社会公益及慈善事业。吴昌硕在《白龙山人小传》中评曰：“以慈善事业引为己任，绘图乞赈，夙夜彷徨，不辞劳苦，于是四方之灾黎得以存活者无算。”王一亭曾任国民政府赈务委员会常务委员、中央救灾准备金保委会委员长及上海慈善团体联合救灾会、上海国际救济会等社团的要职，并在上海创办了孤儿院、残废院、习艺工厂等。对于海外灾情，他也给予赈助，如当时日本发生关东地震等灾难后，他亦慷慨捐资，有日本人称其为“王菩萨”。他虔诚信佛，50岁后吃素，每天早上7时起床，拜佛画画，到10时开始工作，曾在《梅瓶》画上题诗为：“五十后习禅，每日写佛一帧。”1925年曾率中华佛教代表团一行20多人赴日参加“东亚佛教大会”。日寇入侵上海后，逼其出任伪职时，王一亭坚辞不就，不顾自己年迈体弱，毅然抛家别业远避香港，体现了民族气节和爱国精神。经商、从政、行善、事佛，是王一亭从青年、中年至晚年的人生轨迹，然而从艺却是他贯穿始终的追求。

王一亭的绘画是从裱画店这个艺术工场起步的，而不是从文人士大夫的画斋中开笔，这个笔墨生涯的初始，就决定了其绘画的实践性与社会性。正是由于执着于翰墨丹青，再加上勤奋刻苦，他的绘画基本功扎实，笔墨底蕴丰厚。他早年从徐小仓学画，甚有悟性，初具笔墨造型能力。后师事任伯年时，任已是一位风格卓然、技艺超群、闻名遐迩的大师级画家，这就使王一亭的笔墨具有了较高的艺术起点，他的人物画深受任伯年的影响，在人物的结构造型上，生动自然，颇有生活气息，更可贵的是在面相方面，喜怒哀乐刻画细腻，从而赋予了人物的性格与禀性，与传统的人物画那种面容淡然、烟云供养相比，王一亭的人物画已具有近代人文意识及性格特征。其笔墨线条朴茂灵动而浑厚华滋，并加以适当的变形与夸张，使笔触更具神采性。其用色则明丽雅逸、富有生活情趣而大气端庄。与线条相对应的泼墨法，王一亭亦运用自如，亦工亦写，丰简自如。特别值得指出的是任伯年那种雅俗共赏性的创作理念及平民大众化的笔墨表现，对王一亭的审美追求及绘画观念影响极大。这不仅是当时社会大环境的客观反映，而且也是一流书画家群体的师承之风。因此，吴昌硕当年在见了王一亭仿任伯年的一幅山水人物画时，欣然题曰："一亭韵伯年先生画，亟索研法之，勾勒苍古，的有师承，所谢唐于帖，神在合中也。"(《王一亭书画集》)

从王一亭后期的书画创作来看，吴昌硕对其影响是十分明显的，而其中最突出的笔墨展示就是金石气与诗文性。这两种艺术元素，可以讲是后海派书画家标志性的审美特征和笔墨形态。金石气崇尚一种气势、力度、质感、书意，具有节奏畅达、跌宕起伏、古朴矫健的笔墨张力和线条构成，也是吴昌硕将金石篆刻的铁笔之功、扛鼎之力用入书画的艺术开拓。这不仅使中国传统书画的笔墨表现力有了很大的质的提高，而且使线条内涵性有了更丰富的韵的提升。王一亭诗文书画并茂的形式，显示了其对文化境界的追求和社会意识的强化。吴昌硕曾在《白龙山人题画诗·序》中指出："王君之画因绵邈高浑，直逼元宋；而其诗又温婉排奡。悉称其画非所谓体差愔等，诗与画互为裒益者欤。"

也许正是王一亭对吴昌硕书画的全面继承并深得衣钵，从而强化并扩大了缶门艺术的社会影响和创作成就。同时，王一亭乃是一位有自己风格建树的艺术家，特别是在人物画上，他是继任伯年后的又一大家。其人物画线条空灵流畅，笔墨简约传神，勾勒潇洒生动，造型准确自然，并且富有场景性与情趣性。他的佛像画亦是造诣独到而功力深厚，在近代艺术史上无人能望其项背，颇受海内外收藏家的青睐。张大千先生曾在《王一亭先生书画集·序》中写道：“古今妙作，从于心者也。外境炫心，心感于物而动，两相神会，蕴为意象。于是发之笔墨，纵情挥洒，化为新境，斯乃锻炼操守而呈之艺术创作也。”“先生民胞物与，复耽禅悦，胸襟阔达，而志节高迈，落笔放达不羁，始能纵送由心，全其气势也。”王一亭的人生可谓风云际会而变幻传奇，从学徒、跑街、代办到商贸家、实业家、金融家、社会活动家、佛学家等的演变，可谓少年弟子江湖老，但不老的是他终其一生对艺术的执着情结。

2007 年 10 月 5 日下午，笔者在上海吴昌硕纪念馆执行馆长吴越的陪同下，采访了其父、吴昌硕的孙子吴长邺先生，当我问及吴昌硕是何时搬家上海时，吴长邺说：“据我父亲（吴东迈）讲，吴家全家搬来上海，是民国初年（1912）的五月间。当时祖父（吴昌硕）在上海已开始出名，画也卖得可以了。因此，也就将全家从苏州接到了上海，初到上海时，就住在吴淞。”吴昌硕的儿子吴东迈在 1912 年 1 月初即到吴淞货捐分局上班，吴昌硕亦于 3 月从安庆路迁回吴淞，因吴前几次客居上海大多租居吴淞。笔者正是根据相关的史料查考及具体的文字佐证，再加上与吴长邺先生的访谈，可以确认吴昌硕先生是于 1912 年 5 月间最终完成了其多年的夙愿而“移家海上”。从“去住且随缘室”至“去驻随缘室”，一代书画大师吴昌硕于上海定居之事终于尘埃落定，一位艺术巨擘与一座都市在经过长达几十年的交往后，也终于缘定今生。

吴昌硕在 1912 年 5 月间定居上海后，凭借着其已臻人艺俱老、人脉甚广的条件，已在经济收入及生活境遇上颇多改观，他终于等到了“酒滴珍珠论贾值”之日。在 9 月（农历八月）先后有朝鲜友人闵泳翊及书友汪洵为吴昌硕举行 69 岁的寿庆。为此，吴昌硕当时在致好友沈石友的信中云：“衰病时作，明年七十老翁。八月朔是弟生日，韩友闵君昨日要往密探里，大餐以酒（陪客），吃太多，一席竟化去四十六番（元），真贫家可作一年用也。书画会中，又蒙汪子渊君发起来附老卅余人，为弟公祝，可称大嚼，因弟不肯受礼物耳。”汪洵正时任题襟馆书画会会长，是他发起为吴公祝庆寿，由此也反映了吴昌硕在当时上海的声望与影响。

1913 年初春，吴昌硕举家从上海吴淞乔迁到北山西路吉庆里 923 号，这是一处新建的三上三下的新石库门里弄房。由此可见，吴昌硕 1913 年初春迁到吉庆里，实际上是他已在上海定居了半年多后，在做了一定的经济准备、社会磨合和生活铺垫后，才在王一亭的帮助下，水到渠成地搬入新居的。在这一年的农历八月初一他生日那天，老人自刻了一方“七十老翁”印，边款为：“七十老翁何所求，工部句也。余行年正七十，刻此纪念。”

“人生七十古来稀”，但当一位真正的大师在一座极富活力的都市定居时，那么吴昌硕的生命将迸发出创造的能量和绚丽的火花。他不仅使自己的丹青翰墨金石在暮年完成了最后的变法与冲刺，并以领袖群伦的能力打造了一个大师级艺术团队，并将海派书画引领进了鼎盛期，从而在整体上提升了海派艺术的历史地位与社会影响。

第二十五章　海上士大夫群体

在观赏吴昌硕那些笔墨遒劲酣畅、气势郁勃豪迈的丹青翰墨时，经常发现盖有这样一方闲章："吴昌硕壬子岁以字行。"究竟是什么原因，使当时已是一位69岁的老人弃名（俊卿）而以字（昌硕）行世？其中是否隐藏着风云激荡的历史往事？还是蕴藉着扑朔迷离的艺术玄机？

农历壬子年，正是1912年。这一年，对吴昌硕个人来讲具有命运转机的意义，他正式定居上海，完成了从艺术大师向海派领袖的嬗变。而这一年，对于整个中国来讲，却是具有开天辟地的历史意义。腐朽没落的清王朝在辛亥革命的急风骤雨冲击下土崩瓦解，就在这年一元复始、万象更新的1月1日，孙中山在南京宣誓就职，为临时大总统。是年称为中华民国元年。作为一种意识形态和艺术理念，闲章不闲，印为心声。此方"吴昌硕壬子岁以字行"的闲章，正是一位卓越而敏感的大师为当时刻下的时代印痕，也是为后人留下的历史密码。从中折射出了这位老人面对历史转变所产生的心灵感应和笔墨反馈，亦为我们解读那个时代留下了精湛而宝贵的启示。

于是，在中国近代史上一个最重要、最活跃、最强势的艺术流派——海派书画就这样与1912年邂逅相逢。由于改朝换代，使当时已是"东南之都会，江海之通津"的上海，在社会性质、城市结构、经济形态乃至市民意识等方面产生了极大的变化。对于艺术史的研究是重在发现艺术演变过程中重大转折的契机或是引起巨大变革的成因。诚如温尼·海德·米奈在著名的《艺术史的历史》中所说："什么是艺术史，它从哪里来，它的背景是由怎样的思想、制度和实践所写成的。"辛亥革命推翻了中国数千年的封建统治，使社会性质有了巨大的进步，这在一个更大的历史背景上，是一个根本性的转机与时代性的更新。历史地看：正是1912年，为海派书画提供了一个高端发展的契机和创造辉煌的平台。是为"1912现象"。

从国际背景来看，1912年正处于第一次世界大战前夕，列强放松了对东方的控制。而从国内背景来看，由于旧式封建生产关系被打破，新型的生产关系逐步建立，使近代上海工业特别是民族工业迅速发展，使城市综合能力及市民经济有了较大的提升。“辛亥以后，民族工业进入发展的黄金时代。所谓黄金时代不仅指民族工业发展速度快，获利丰厚，而且也意味着这一时期民族工业发展所必需的原料、劳动力、资金融通特别是市场所面临的形势都处于最有利的时期。”（《上海——一座现代化都市的编年史》）著名史学家白寿彝先生总主编的《中国通史·近代前编》中亦指出：“辛亥革命还解放了清朝专制统治禁锢下的生产力，为民国初年的资本主义经济进入较大规模发展的‘黄金时代’开辟了道路。”这个时期上海的棉纺织业、面粉业、机器制造业、化工业等都取得了很大的发展。一些富有创业眼光和奋斗精神的实业家也抓住了这个良好时机，将民族工业企业做大做强，如面粉、纺织大王荣宗敬和荣德生兄弟，煤炭大王刘鸿生，以创办大隆机器厂名世的严裕棠，灯泡大王胡西园，华生电器的创办人杨济川等，从而使上海成为全国经济的领头羊，出现了开埠后人口增长的迅猛期，经济发展的黄金期。正是在这个基础上，由于城市实力的提升，上海的投资环境也得到改善，市政建设开始实施。而从外来移民到都市市民的文化素质也得以初步提升，无论是从经济条件还是从文化水准来看，城市市民代表着一个新兴都市的意识观念。“市民当然是居住在城市里的人，但近代意义上市民是属于公共领域的概念，指的是城市自由民或公民。”（《上海通史》）从而为城市工业的发展和文化的构建夯实了基础。特别值得一提的是，这些民族实业家中，有不少是海派书画的收购、收藏大户，如荣家、刘家、庞家等。

在这个历史阶段，上海新一代民族资本家开始崛起，他们与清末的实业家、绅商，如李平书、曾铸、王一亭、虞洽卿、伍廷芳、朱葆三等有所不同，他们大都有留学的背景，具有现代企业家的素质和开放办工业的理念。如和兴钢铁厂的陆伯鸿，厚生、德大两大纱厂的穆藕初等，他们引进了西文先进的管理方法及经营理念，使工厂在规模、设备及生产能力、产品质量上均处领先水平。诚如《中国通史·近代前编》中所述，“辛亥革命推翻了清朝的反动统治，在一定程度上提高了民族资产阶级的政治地位和社会地位。以孙中山为首的南京临时政府制定了一系列的政策和法令，以保护和奖励工商业的发展。袁世凯获取政权后，为了笼络资产阶级以赢得他们的支持，也把一些资产阶级上层的代表人物吸收到政府中来。资产阶级利用手中的权力，又制定出了一些有利于发展民族工业的政策和法令，逐步解除了某些对资产阶级的封建束缚。这样，在1911年革命后，中国出现了兴办资本主义工业的热潮。”(《中国通史·11卷》)历史地看，这一时期正是上海民族工业发展的黄金期，亦为海派书画这一民族艺术的兴盛做了经济上的铺垫和市场化的奠基。这就像当年扬州八怪的崛起是凭借着扬州盐商的钱袋一样。

此时，上海租界也取得了发展时机，外资开始集中投入，成为东南亚地区最大的国际投资市场，如棉纺、造船、煤气、自来水、电车乃至唱片公司等。同时，由于租界的独特性，大量资金又汇入上海。因辛亥革命后不久，各地军阀混战而上海租界相对安全，从而促进了金融业的兴盛。晚清时期，外国银行即开始进入上海，著名的有英国汇丰银行(1867)、美国花旗银行(1902)、法国东方汇理银行(1899)、比利时的华比银行(1902)、德国的德华银行(1899)、荷兰的荷兰银行(1903)、意大利的义品银行(1907)、日本的横滨金正银行(1893)。而中国第一家华资银行中国通商银行也于1897年5月27日在上海黄浦滩路6号(今中山东一路7号)开业。银行最主要的业务是吸收存款和进行融资，而汇丰银行从开办之初就大力吸收存款，为此曾开办过1元起存业务，特别是到了辛亥年后的1912年，大批清王朝的高官大吏及商绅贵族将钱款存入，另有中国政府的关税和盐税，从而使其存款猛增。“汇丰银行吸收存款之多，在远东也是首屈一指。其存款来源广泛，一是在华外资企业周转中的间歇资金和外国资本家的货币资金；二是1911年和1913年起开始保管中国政府的关税和盐税。同时，中国王公贵族、封疆大吏、富商豪绅等搜刮来的巨额存款也都保存在这里，因为汇丰银行当时被认为是保存私人财富最可靠最安全的地方。汇丰银行在中国的其他业务，如发行钞票、黄金买卖、国际汇兑、贷款等也十分成功。”(《上海》)

在辛亥后的1912年，华资银行中的中国银行上海分行以先进的现代市场意识运作，并抵制了北洋政府的停兑令，使业务向工商业靠拢，成为上海金融市场的中坚。而交通银行上海分行后来在实力派人物钱永铭的改组下，聘请本身就是书法大家的张謇为总经理，业务也转向汇兑和工商业，发展较快。另外，在1912年一些华资银行将总行集中迁至上海，如浙江兴业银行将总行迁沪，以商业汇兑、存放款为主要业务。浙江银行也在这一年将总行迁沪，胡济生任董事长，李铭任总经理。上海成为华资银行集中地，和外资银行形成了对应。上海不仅成为中国的金融中心，亦是远东的金融中心，有“东方纽约”之称，而银行集中的江西路段被称为中国的“华尔街”。“上海黄金市场的交易量仅次于伦敦和纽约，超过法国、日本和印度任何一个城市。外汇市场也由于汇丰银行的巨大吞吐量，成交数量巨大。”(《上海》)经济的勃兴、金融的发达，为海派书画培养了市场和支撑了价位，直接促使了海派书画市场价格在这一年的极大飙升，海派书画低价位的时代就此终结。

辛亥年后，随着近代工业的迅速发展，远东金融中心的形成等，极大地促进了商业的兴盛，近代意义上的百货业、旅馆业、酒店业、服饰业、娱乐业（包括游乐场、舞厅、戏剧院、电影院）等进入了繁荣期，上海有了“东方巴黎”之称。社会形态的改变及生活方式的更新，是时代变化的必然。特别是上海，是现代市民意识和都市生活理念最先成熟的地方。“民国以后，更是中国人极度崇洋的时代，西方的生活方式是一种时尚，这时人们仿效西方生活方式也有了更多的渠道，如西方的演艺明星时常来沪演出，一些小报记者对演艺明星们的穿戴津津乐道，描绘得详尽无遗。除了外国人的示范，上海城市本身的发展也为现代都市生活方式的形成创造了条件，如日渐完备的城市基础设施、发达的工业和商业、电影等现代娱乐方式出现，这都使便捷、舒适、丰富的都市生活成为可能。”（《上海》）

正是由于近代工业的昌盛、金融业的繁荣、商业消费的兴旺等因素，从而为海派书画销售及流通打造了雄厚坚实的市场平台，同时亦提供了广泛丰富的受众资源。当时上海市民群体的主要构成是工商业实业家、中间阶层、产业工人、个体劳动者等。历史地看，这正是在资本主义及其市场经济的生产体制、商品关系下，所产生和形成的新兴市民群体。而其中上海新兴的民族工商业者及资产者的规模与数量、实力与作用，不仅在全国是首屈一指的，而且构建了上海新型的社会结构、经济形态和市民阶层。“上海工商、金融资产阶级领导着社会新潮流，构建了上海都市文化与人群性格，刻画了上海人的基本形象，导引着上海人的价值观与生活方式。某种意义上可以说，上海人的‘理性经济人’的特征正是其人格的投影、造型与复制。在一个相对独立的社会空间里，形成一支独特的社会力量，具有特殊的社会功能。对社会中间团体如工会、商会等有着强大的影响力与控制力，在上海各种社会关系中，他们占据了矛盾的主导面，构成了上海现代化一股极为重要的内部力量。”（忻平《从上海发现历史》）这批民族工商业者及资产者、金融家等，既有传统文化的背景，又有时尚意识的认知，从而形成了购买海派书画作品的第一高端群体，他们大都是买名家、大家的书画作品。他们亦通过熟悉的大笺扇庄来定期购买书画家的作品。

而中间阶层，亦是购买或收藏海派书画的重要社会力量，尽管他们在财力上不及工商业家、金融家，但在个人文化修养、艺术造诣及鉴赏能力上，却有优势，他们主要由教授、律师、医生、工程师、记者、编辑、作家、会计、职员等组成。他们大都有着较高较稳定的收入，在过着小康型生活的同时，亦有一定数量的余钱可以用来消费书画。“上海开埠通商后，中外商家企业纷纷在上海经商置业，这些商业和实业除了需要普通劳工之外，当然也需要许多能写会算的读书人甚至是文化人，来担当相应的文书、技术和管理的工作。”（《上海市民社会史论》）可以这样讲，他们是海派书画购买收藏最基本的群体，他们有着完善的教育背景、良好的知识构成和高层次的审美素养，因而成为人数最多的受众。诚如杨东平在《城市季风》中所说：“他们往往被称为‘白领阶层’、‘中产阶级’、‘中等阶级’等等。”

另外，海派书画销售的对象还有第三个不容忽视的群体——外籍外侨群体，这就是外来居留民，他们由于较多地接触中国传统文化，又有艺术爱好，因而也购买或收藏海派书画家的作品。他们中有领事、代办、洋行老板、银行董事、商行总经理、传教士、高级管理人员、工程师、记者等，其中主要是英国人，后来大批日本人来到上海办厂或经商、行医等，他们亦是收购、收藏海派书画家作品的大宗群体。有些日本画商还组织海派书画家赴日本办展，如日本的求文堂、至敬堂、长崎双树园、大阪高岛屋等画廊就举办过吴昌硕及王一亭等人的书画篆刻展。

辛亥革命对清朝的颠覆，使不少高官大吏名流失去了顶戴花翎，他们怀着“一士不仕二朝”的古训和“忠君不二”的旧德，纷纷寓居在生活条件较为优越、文明形态较为先进的城市，其中以上海为最，其次是青岛、天津、广州、徐州、南京、南昌、北京、苏州等。据刘成禺在《世载堂杂忆》中载：“胡小石言：辛亥之后，清室遗臣，居处分两大部分：一为青岛，倚德人为保护，恭王、肃王及重臣多人皆居此，以便远走日本、朝鲜、东三省；一为上海，瞿鸿机曾任军机大臣，位最高，沈子培（曾植）、李梅庵（瑞清）则中坚也。小石居梅庵家，青岛、上海两方遗臣举动，多窥内幕。在袁世凯谋称帝时，日人曾派重要人物多次往来协商于青岛、上海间，欲拥宣统复辟，或在东三省建立大清国，恭王、肃王移住旅顺，即商订此协议也。青岛方面一致赞同，日人乃偕青岛遗臣要人，来沪方争取同意。瞿子玖首先反对。坚持瞿意者，则李梅庵、沈子培、陈散原（三立）诸人。梅庵谓是置宣统于积薪上也。青岛、上海意见既分歧，袁世凯多罗致青岛重臣入北京矣。”当时寓居上海的清末高官大吏名流主要有陈宝琛、沈曾植、陈三立、李瑞清、瞿鸿机、陈夔龙、冯煦、朱祖谋、康有为、曾熙、张謇、袁树勋、刘承干、樊增祥、张元济等，而寓居青岛的则有于式枚、刘廷琛、赵尔巽、周馥、陆润庠、劳乃宣、辜鸿铭等，无论在人员数量上，还是在社会地位及影响上，上海是占绝对优势的。更为重要的是，上海、青岛两地清末高官大吏名流的政治倾向截然不同。上海绝大多数是帝党，曾经是维新变法的积极参与者。如陈宝琛是著名的“清流四谏”之一。沈曾植曾与康有为开强学会于京师。陈三立与父陈宝箴在湘实行维新新政，为此他被指“招引奸邪”而“永不叙用”，其父则被慈禧秘密赐死。康有为即是“戊戌变法”的领袖。朱祖谋曾因朝廷之事面斥慈禧而险遭杀身之祸。张元济因参与变法而被“革职永不叙用”。张謇曾代湖广总督张之洞撰写了著名的《代鄂督条陈立国自强疏》。而青岛则绝大多数是后党，崇尚守旧复古。

海派大文化圈在辛亥年后的形成，海派书画润格在壬子年中的飙升，正是在这种综合的历史背景和社会条件下形成的有利因素。除了上述情况外，1912 年的上海，也是全国政治重镇。就如辛亥革命的领袖、民主革命的先驱孙中山先生“从辛亥革命后的 1912 年到 1925 年逝世的 14 年中，就有 9 年是住在上海租界的，这当然也与当时上海租界的特殊体制有关”(《上海市民社会史论》)。也就是说，上海从 1843 年开埠至 1912 年这个历史转折点，经过半个多世纪的发展，上海的城市风范呈现了高度的物质文明化和开放的精神主体化，作为整个上海，也即海派文化艺术大系统已从孕育发展趋向成熟。这为海派文化艺术的发展夯实了基础，提供了高层次的起点，不仅使海派书画取得了良好的发展契机，与之相应的海派京剧、海派文学、海派娱乐、海派电影、海派话剧等都进入了蓬勃发展期。

1912 年的历史垂青，滋润了海派书画艺苑。然而作为一种社会成因和经济效应，其意义不仅有力地促进了海派书画艺术的大发展、大提升，由此决定了海派书画在全国的领军地位和中心重镇，预示着一个大师辈出、流派纷呈的鼎盛期的到来。可以这样讲：海派书画的辉煌与成就，就是以 1912 年为起点的。

寓居上海的这批清末高官大吏名流具有极高的文化艺术含金量，可谓是硕学鸿儒、大师精英。他们是大师中的大师，精英中的精英。他们来到上海，不仅是居住生活时空的转移，亦是社会身份的转换，从三叩九拜的旧臣子到直面市场、自食其力的新市民，从封建士大夫到润格售艺、鬻画卖字的从艺者，正是由于：一、历史交替期的改朝换代；二、上海作为近代都市的崛起；三、海派书画经济形态的勃发。这种历史、城市、从艺元素的组合，使清末的这批高官大臣名流成功地转换角色，成了海派书画的新型成员和骨干中坚。从他们的身份（进士）、地位（高官）、影响（名流）来讲，要比海派前期书画家任阜长、任伯年、蒲华、虚谷、钱慧安等这些来自民间的书画家优越得多，从而使 1912 年的海派书画进入了高价位期。而此时，又正逢人艺俱老的吴昌硕定居上海，吴昌硕与他们均关系良好，时常雅兴联谊，挥毫泼墨，诗文唱和，聚社结盟，从而成为这批封建士大夫书画家的领袖人物。

陈宝琛（1845—1935），字伯潜，号弢庵，福建闽县（今福州市）人。清同治七年（1868）进士。光绪元年（1875）擢翰林侍读。授翰林院侍讲学士。与学士张佩纶、通政使黄体芳、侍郎宝廷好论时政，被称为“清流四谏”。后仕途浮沉，曾会办南洋事务、主持高等学堂、总办福建铁路等。宣统元年（1909）奉召入京，任总理礼学馆事宜，补授内阁学士兼礼部侍郎，任宣统（溥仪）太傅。溥仪复辟时，宝琛力阻面谏，但遭拒。陈宝琛书法功力精深，擅长楷、行，其笔法雅逸稳健，气格清高古秀，取法于初唐及赵孟頫、董其昌。因学问广博、为官清正，其书法在上海颇得时誉。他亦是一位古印收藏大家，著有《澂秋馆印存》、《沧趣楼诗文集》、《奏稿》等。

沈曾植（1850—1922），字子培，号乙庵、巽斋，晚号寐叟，别署乙公，东轩居士，斋名“海日楼”，浙江嘉兴人，以“硕学通儒”名闻遐迩，有“中国大儒”之称。光绪六年（1880）进士，历任刑部主事、员外郎、郎中、江西广信与南昌知府、总理衙门章京、安徽提学使、署布政使。曾与康有为等开强学会于京师，参与维新。亦受湖广总督张之洞聘主讲两湖书院。1901 年任上海南洋公学（上海交通大学前身）监督（校长），改革旧制，主张新学。晚年寓居上海。通政宋学，擅文字音韵。后治辽金元史及西北南洋地理，究心佛学，工于作诗，被尊为“同光体之魁杰”。精于书法，师承有绪，早年攻帖学，得包世臣法，后由帖入碑，融南北书为一炉。笔法遒劲生辣而爽捷刚健，结构险峻奇逸而灵动多变，气息高古浑朴而意趣奇逸，系清末民初书坛上风格卓然的大家，书名远播，学者众多，如于右任、马一浮、谢无量、吕凤子、王秋湄、罗复堪、王蘧常等一代大师均受其熏染。当时评其书为：“书法家的字求法；画家的字求趣；学者的字书卷味；碑学家的字有金石气；帖学家的字滋润丰腴肌理；唯寐叟翁全有，故能兼美。”章士钊评沈书为：“奇峭博丽。”沙孟海则从笔法上称之为：“专用方笔，翻覆盘旋，如游龙舞凤，奇趣横生。”

陈三立（1853—1937），字伯严，号散原，室名散原精舍，江西义宁（今修水县）人。其父陈宝箴系一代名臣，先后任河北道、浙江按察使、湖北布政使等职。光绪八年（1882），陈参加乡试不按考场规定文体八股文答卷，而是以自己平素擅长的散文体，初选时即遭弃，后被陈宝琛发现，大加赞赏，从落第卷中抽出选为举人。光绪十二年（1886）赴京会试，中进士，官吏部主事。光绪二十一年（1895），其父陈宝箴任湖南巡抚，在湘实行新政，陈三立助父改革，成为全国维新运动的中心之一，罗致了谭嗣同、梁启超、黄遵宪在内的变法志士。1898年维新失败，谭等“戊戌六君子”被杀，陈宝箴因保荐刘光北等而被革职，陈三立也被加上“招引奸邪”而“永不叙用”。光绪二十六年（1900），陈宝箴在南昌西山家中被慈禧秘密赐死，陈三立从此以诗文书法为伴。辛亥革命后，以遗老自居，寓居于上海、杭州等地，与吴昌硕等人交契。陈三立是“同光体”诗派的代表人物，抒怀言志，写景叙情，意境丰逸，文采斐然，风骨自见。其书法学帖法碑，取帖之秀逸婉约、雅致淳和，取碑之质朴高古、遒劲酣畅，因而温润处见骨力，厚重处见流丽，典型地代表了海派书画汲古纳新的变通精神，为艺苑所重。1936年，英国伦敦举行国际笔会，邀请中国代表两位参加，一是代表新文学的胡适，一是代表旧文学的陈三立。但此时陈已84岁，未能成行。第二年因愤于日军侵华而绝食逝世于北京。著有《散原精舍诗集》、《散原精舍文集》。子陈衡恪、陈寅恪皆艺苑文坛大家。

朱祖谋（1857—1931），原名孝臧，字霍生，又名古微，号沤尹，又号彊邨。浙江归安（今吴兴）人。光绪九年（1883）进士，授编修，官至礼部右侍郎。朱系一代词学大师，汇编校刻《彊邨丛书》，选辑《宋词三百首》，推动了词学在清代的复兴与研究，卓有文化建树。门人龙渝生曾云：“彊邨先生四十始为词，时值朝政日非，外患日亟，左衽沉陆之惧，忧生念乱之嗟，一于倚声发之，故先生之词托兴深微，篇中咸有事在。”曾因朝廷之争面折慈禧，险遭毒手。后因病假寓上海，专攻词文书画。其逝世前五日填《鹧鸪天》云：“忠孝何曾尽一分，年来姜被减奇温。眼中犀角非耶是，身后牛衣怨亦恩。泡露事，水云身，枉抛心力作词人。可哀惟有人事间，不结他生来了因。”陈三立在为其所撰的墓志铭中亦云：“晚处海滨，身世所遭与屈子泽畔行吟为类，故其词独幽忧怨悱，沉抑绵邈，莫可端倪。”其书法初效颜鲁公，点画凝重丰腴，运笔稳健秀丽。后师法褚遂良，得其畅达流美之气韵和灵动矫健之笔法，转而变通自创，书风为之一新。运笔温淳典雅而静穆浑厚，气息和顺雍容而娴逸悠然，富有大家气和书卷气。书论家马宗霍曾评其书为：“彊邨老人以中锋作侧势，落墨重迟而标格苍劲。”据笔者观其墨迹，发觉其用笔善提按运腕，因而点画线条生动婉约而情趣别出，形成横粗竖细、转折含蓄之特征。其字体结构造型则欹侧相映、高低相依，颇有动态之美。其书法以其鲜明的风格，对后世影响极大。偶作人物花卉，亦清丽华润，诗意浓郁，著有《彊邨词》、《彊邨语丛》等。

张謇（1853—1926），字季直。江苏通州（今南通）人。光绪状元。在中国近代史上，张謇是个绕不过去的人物。这位才华横溢、思想敏锐的“末代状元”，深得“清流”领袖潘祖荫、翁同龢的赏识，亦得到了北洋大臣李鸿章及两广总督张之洞的推崇，在晚清的政坛上，留下了一个叱咤风云的背影。辛亥革命后，出任实业部长、农商总长、全国水利局总裁等职。然而，他更大的历史功绩和社会贡献是实业救国，使南通这个原本匍匐于长江边的闭塞小城，成为中国近代最先开放的城市之一，系当时城市化建设的典范。客观地讲，张謇无愧于“南通之父”的称号。1895年甲午战争后，他认为救亡图存就必须建设工业、开办学堂、兴起商务，于是他代湖广总督张之洞撰写了《代鄂督条陈立国自强疏》，受张之洞的委派，在南通创办了大生纱厂，自任总理总揽全局，同时还创办了垦牧公司、渔业公司、大达轮船公司、淮海实业银行等，真是风生水起，大行天下。他提出工业为父、教育为母的兴国之道，创办了国内第一所师范学校：通州师范。他在南京创办了河海工业专科学校，对吴淞中国公学、复旦大学的创办，多有资助。并兴办了养老院、博物馆、图书馆等，成为一个有杰出贡献的大实业家、中国民族工业的先驱。

张謇对于公益可以说是挥金如土，对于扶贫济困，会慷慨解囊。他的恩师、亦是两代帝师的翁同龢晚年贫病交加，隐居在虞山脚下荒凉的瓶隐庐，靠弟子维系，而他就是最主要的资助者。但他对自己却相当吝啬，为此，自号“啬公”。其高风亮节，足为后世楷模。他在其独子张孝若书房的墙上贴有一副篆书对联：“白饭道德，黄金时间。”这就是张謇对其子的告诫，要像白饭那样清白做人、老实做事；要像珍惜黄金那样珍惜时间，寸金难买寸光阴。他喜好文学艺术，擅长音乐，工于书法，运笔娴静典雅，线条丰丽淳厚，气息酣畅飘逸，颇有豪爽豁达之势。初学颜鲁公，得其筋骨，旁参欧阳询法，以其严谨质朴之气，后又取北碑法，笔势雄健开张而增加点画内蕴。凭借着其社会声望，其书为艺坛所重。他晚年在上海鬻字，通过开在九江路上的大生沪事务所收件，并时常用于赈灾。

康有为（1858—1927），原名祖治，字广夏，又字长素。广东南海（广州）人。光绪二十一年（1895）进士。早年从简凤仪学儒学，后从朱次琦学，朱主张“济人经世”。后受到改良思潮和西方资本主义思想影响，认为唯有变法，才能使中国富强，最后达到“大同”境界。他在上海建立强学会，创《强学报》，宣传变法维新。1894年，他在北京发动“公车上书”。会试发榜，康中进士，授工部主事。1898年与梁启超、谭嗣同等发动戊戌变法，后慈禧发动政变通缉康，其由京逃沪转港，开始海外流亡。后成为保皇派首领，辛亥革命后，康反对共和。1913年返国寓居上海并任孔教会会长。晚年在上海以讲学鬻字为主，并办天游学院。康博学多才，著作甚丰，系清末民初有全国性影响的大书法家，对碑学多有阐述。其书法从碑出，取法高古，以《石门铭》为宗，得笔法峻迈矫健，字势开张宽博之功，后又参以《金刚经》、《云峰石刻》等，笔法更为恣肆逸放，线条更为奇拗壮悍，气势更为雄健郁勃，在海上书坛颇受尊重，从学者甚众。有书法理论著作《广艺舟双楫》传世，把魏碑归纳为十美三宗。他认为："北碑当魏世，隶、楷错变，无体不有。综其大致，体庄茂而宕以逸气，力沈著出以涩笔，要经茂密为宗。"他的书论有片面之处，但仍为碑学书论的建立做出了一定的贡献。其著作达139种之多，有《新学伪经考》、《孔子改制考》、《戊戌奏稿》、《大同书》、《康南海先生诗集》等。

李瑞清（1867—1920），名文洁，字仲麟，号梅庵、梅痴、梅花庵主，自称庵道人，晚号清道人。原籍江西临川县温圳杨溪村（今属进贤县温圳）。因其父李必昌在湖南为官达30年，因而他自幼在长沙成长，深受湘文化系统的影响熏染。其高祖李宗瀚是乾隆、嘉庆时的书法家、鉴赏家及收藏家。李瑞清曾自述："瑞清幼习训诂，钻研六书。""少治《公羊》学，为文学司马迁、范蔚宗，诗宗汉魏古直苍凉。"清光绪二十一年（1895）中进士，授翰林院庶吉士。1905年分发江苏候补道，署江宁提学使。任南京两江师范学堂总办（即校长），致力于清末的教育事业，"为国育才"。经过他筚路蓝缕的亲力亲为，两江师范学堂成为当时东南亚地区规模最大、声誉最高的学府，所定校训为"嚼得菜根，做得大事"。光绪三十二年（1907），他在两江师范首创国画手工科，课目以中西绘画和手工为主，亲自上台讲授国画课，兼授音乐课，大力倡导艺术教育。光绪三十三年（1908），他赴日本考察教育，并聘请了日本讲授西方科学与近代工艺的教讲来两江师范上课，开教育新风。李瑞清无妻妾儿女，视学生如亲子。1911年辛亥革命风暴席卷全国，当革命军冲进两江师范时，学生们高呼："李总办不可杀！"当李瑞清辞职离校时，卖掉了自己的马车，将钱散发给生活贫困的学生。这位中国近代教育的奠基人和近代高等师范教育的开山者，将一个敬业清廉的背影永远地留在了六朝古都石头城。两江师范学堂（后改为国立东南大学、中央大学、南京大学等）为了褒扬李的办学功绩，后在校园西北角六朝松旁建"玉梅花庵"以作纪念。

李瑞清一身道服黄冠，两袖清风至上海定居，以卖字售画为生，亦从事收藏鉴赏，享有极高的艺名，成为海派书画家群体中的领军人物。李瑞清于诗文、书法、绘画、鉴藏均极有造诣，尤其精于笔墨之道，是近代中国书法史上一代宗师级的人物。他对中国历代书法的流变有着相当系统而深入的研习，上窥周秦金文篆书，取法汉魏六朝碑学，旁参唐宋大家法帖，下探明清诸家流派。他在《玉梅花庵书断》中曾云："余书幼学鼎彝（学散氏盘最久，后学齐侯罍之属，偏临诸铜器），弱冠学汉分，年廿六始用力今隶，六朝诸碑，靡不备究，尔后始稍稍学唐以来书，然从碑入简札，沉腿不入格，始参以帖学。"李瑞清书法各体皆能，笔墨遒劲浑朴，气韵古雅丰逸。他从鼎彝铭文中取金石气融入魏碑之间，将周秦金文笔法掺进隶书线条，行书则变通六朝碑刻及黄山谷法汇之，笔势开张而法度谨严。其榜书亦端庄浑穆，气度宏阔，力扛九鼎。李瑞清的丹青以山水见长，笔墨清逸，气韵典雅，有宋元遗绪，亦能作佛像与花卉，为时所重。李瑞清的弟子，亦有书画大师张大千、书法名家胡小石与李仲乾等人。

历史地看，在清末民初的书画界与收藏界，李瑞清与曾熙是双子星座，互相辉映，同放异彩。1891 年，李、曾相识在湖南长沙天心阁，李时年 25 岁，曾时年 31 岁，均系湘潭青年才俊，因爱好相同、意气相投而一见如故，甚为契合。自此共涉艺林藏界，结谊终生。辛亥后，是李瑞清力促曾熙来上海加盟海派书画家中的士大夫团队。当曾熙来上海后，又是李瑞清大力推荐介绍，并在当时上海发行量最大的报纸《申报》上撰文《海上又来一书家》给予宣传，从而使曾熙能在很短的时间内立足名家林立的海上艺坛，打开局面。自此，他们时常在一起挥洒丹青翰墨，探讨藏品真伪，鉴赏历代名家珍品。李瑞清长期来一直体弱多病，定居上海后更是健康状态每况愈下，他在《致与诸门人谢寄钱来书》中自云："卧病数月，执笔错昫，几至辍业。"终于 1920 年 8 月 1 日英年早逝。曾熙悲痛万分，长哭于灵前，含泪写下挽联："道德吾师，文字吾友；永诀此日，相期来生。"曾熙与其弟子胡小石共同为其办理丧事，曾熙为此还不惜举债。年末，已鬓须银白的曾熙在漫天飞雪中扶柩将挚友安葬在南京牛首山。李瑞清亦是一位才华横溢、文笔隽美的诗人文士，早在 1939 年中华书局就出版了《清道人遗卷》，分为文、诗、跋、书论四卷。另有《围城记》及《清道人拟古画册》等。

张元济（1867—1959），字攸斋，号菊生，浙江海盐人。1892 年参加科举考试，中进士，入翰林院任庶吉士，后在总理各国事务衙门任章京。1897 年创办"西学堂"，后改名为"通艺学堂"。曾参加康有为发起的戊戌变法，后受到"革职永不叙用"的处分。1898 年底到上海，出任南洋公学译书院主事。1902 年因商务印书馆的创办人夏瑞芳的邀请，进入商务。学贯中西、观念新锐的他由此开创了商务全新的格局，创立了编译所、印刷所和发行所，还请了蔡元培等一大批专家、学者加盟，引进西学，介绍新知。1904 年出版了我国第一部小学教科书后，又编了高小、中学教科书。此外，在他的创意主持下，还出版了我国第一部新式辞书《辞源》，编辑出版了《东方杂志》、《小说月报》、《教育杂志》、《妇女杂志》、《学生杂志》等十多种影响广泛的杂志。由于张出身名门望族，自小书香濡染，工于书法，造诣深厚，擅长行、楷，取意于唐楷，旁效何绍基，运笔遒劲丰丽而浑朴华润，点画线条圆劲跌宕而起伏灵动。特别是行书气势酣畅飘逸，运笔提按顿挫，纯任自然，颇有颜鲁公《祭侄稿》神韵，显得大气磅礴而无一般书家的习气，为海上士林所重。著有《涵芬楼烬余书录》等。

曾熙（1861—1930），字季子，又字嗣元，子缉，号俟园，晚号农髯。出生于湖南衡阳县石市乡石狮村。自幼丧父，家境贫寒，靠母亲刘氏为人缝补浆洗度日。后得外舅接济才上学，尤为勤奋刻苦，有“囊萤照读”的传说。8岁即能诗善书，被人誉为“神童”。清光绪十六年（1890）中举人，被推荐到兵部任职。光绪二十年（1894），他投笔从戎，入刘坤一幕，赴山海关防御日本入侵，因兵败而卸职。康有为发起“公车上书”，他积极响应参与，要求清廷拒和、迁都与变法。光绪二十八年（1902）殿试中进士，官至兵部主事，兼任提学使，弼德院顾问。后曾返湘，讲学于衡阳石鼓书院和汉寿龙池书院，授春秋公羊学。宣统元年（1909）任湖南谘议局议员、副议长，推行君主立宪。曾参与创办湖南南路优级师范学堂（今衡阳师范学院），并任衡清师范学堂（今衡南一中）监督。辛亥革命后，孙中山在其好友谭延闿的陪同下，曾两次登门拜访曾熙，请其出山，共商国是。其抒己见，认为富国强兵之道，首在培养人才，重在教育为先，要求回湘办教育，任湖南教育会会长，被尊为“南学津梁”。晚年应知己李瑞清之邀，赴上海定居，鬻艺书画，设帐授徒，享誉海上，与李瑞清有“北曾南李”之称，并与吴湖帆、李瑞清、黄宾虹一起以其融汇古今、不拘一格的艺风，被称为“海上四妖”。亦与吴昌硕、李瑞清、沈曾植被尊为海上“民初四家”。

在清末民初的书画界及收藏界，曾熙以士大夫的地位及名流的身份而颇受推崇。他的书法造诣精深，精于四体，功力独特，能取帖掺碑，融南北之长，汇各派之优，尤推崇《张黑女碑》、《夏承碑》、《华山碑》、《石鼓文》、《瘗鹤铭》、《史晨》，运笔古茂朴质而浑穆高逸，气势雄健凝重而雍容遒劲，极有格调与意韵。特别是善用篆隶笔法于楷、行、草书中，更见笔意高古而底蕴丰厚，线条恣肆潇洒而气势开张。他能将每一种书体都写出己意与新趣，石鼓文中掺入三代金文的笔法，使之奇谲而劲健。隶书融进大篆运笔造型，骨丰而韵秀，神酣而气足。曾熙曾深有感悟地讲：“《夏承碑》阴敛阳舒，云谲涛骇，盖中郎取古籀之精以八分人，神品也。”曾熙隶书曾被誉为“民国第一人”、“今蔡中郎”。曾熙亦工于丹青，并将书意笔法融于绘画之中，以增强其古秀气与书卷气，晚年多作泼墨山水和墨梅，浑朴华滋，挥洒自如，别开新意。从1929年全国第一届美展和第四、五届中日绘画联展，他都有精品力作参展。在清末民初的艺林，曾熙亦是一代名师，张大千、康和声、朱大可、谢彬、萧迁、马宗霍等皆出自门下。由于曾熙有着多年授课讲学的经验，且颇有见地，因而他教弟子注重方法，循序渐进，层次甚高。曾熙亦是位鉴定、临摹、修复古代名家书画的大家，这使张大千得到了系统而全面的训练，日后在书画创作、收藏鉴定及摹习修复上得益匪浅，奠定了相当坚实的基础。曾熙为了培养弟子的鉴赏甄别水平及笔墨参照之用，将自己珍藏的古代名家书画让弟子品鉴，并在笔墨技法及传承演变上多有讲解。他对石涛的山水尤推重，要张大千多作临摹研习，他在张大千仿石涛的《后游赤壁图》上曾题道："季爰自得髯所藏大涤巨幅册子，笔力更雄厚。"著有《和陶诗》、《诗集》、《文集》、《书画谈艺录》等。

郑孝胥（1860—1938），字太夷，号苏戡，又称海藏，福建闽侯（福州）人。清光绪八年（1882）中举，曾任广西边防大臣，安徽、广东按察使，湖南布政使等。辛亥年后（1912）居上海以书法谋生。1932 年任伪满洲国国务院总理兼文教部总长。1935 年被解职。他亦算是清末民初书坛的大家，传统积淀深厚而能自创书风，工于楷、行书及隶体，初学欧字及苏字，笔法端庄丰丽而劲健郁勃，后参魏碑之法，更使运笔宽绰舒展、气格宏大而线条凝重浑穆，在海上书坛颇为风靡，求字题写者甚众。亦擅长诗文及绘画，古朴苍健，颇有书卷气。惜晚节不保，沦为汉奸，终损其艺名书品。著有《海藏楼诗集》等。

1912 年 3 月，叶楚伧、柳亚子、李叔同等人发起成立了以"研究文学美术"为宗旨的文美会，在该会的雅集中，吴昌硕就应邀出席。1912 年 5 月 27 日上海《时报》刊"题襟馆书画金石会在张园助赈志"："昨日星期天放晴，张园会场游人颇众，题襟馆所陈列名人书画如吴昌硕、何诗孙、倪墨耕、黄山寿、赵子云、沈墨仙诸君均聚精会神之作。"从此则报道中可见吴昌硕自 1911 年 12 月初来上海，至 1912 年 5 月，在半年的时间中，已成为海派书画的重量级人物。而在当时上海乃至全国最大的报纸《申报》，1912 年 6 月 25 日刊出了《金石书画共览会广告》："战事初平，古物流出，多萃汇沪上，加以海内收藏大家，赏鉴巨子均以避地同处一隅，际此首夏清和，正宜雅集参观，墨缘同结。"而此时，吴昌硕已与海上书画名流李平叔、李瑞清、宣古愚、庞莱臣、陆廉夫等人一起列入发起人名列。由此可见，吴昌硕在上海不仅已具有了艺术影响力，而且已奠定了相应的社会地位。而在吴昌硕日渐走红沪上的背影中，我们亦看到王一亭对其的尊重、推崇与支持。吴昌硕正是以其雄厚的实力、独特的风格、四绝的造诣及王一亭的扶佐，迅速在上海艺坛崛起。唯其如此，我们才明白吴昌硕何以日后以深情而谢忱的笔调诗赠王一亭谓："风波即大道，尘土有至情。"

是年桂子飘香、枫叶初红的10月，缶翁赴杭州游西湖，与西泠诸印友相聚，论印说艺，颇多真知灼见。鲁坚在《西泠印社记》中载："犹忆十月某日同人宴集社中，缶老从容谓余曰：'前辈不生，我辈老矣。徜异日学子谓悲盦诸老翔步天衢，缶庐辈即不能蹑足，或能为悲盦携拾草履，则此愿跸矣。'念我朋从，当同此肯。"悲盦，即是前海派领袖人物赵之谦，缶翁系感叹及谦词，意谓前辈不能再生，而我们已老了，悲盦达到的是天衢的水准，而我辈已无法追踪蹑足，就是为他携拾草鞋，亦足矣。这和后来齐白石所写的"青藤雪个远凡胎，缶老衰年别有才，我欲九泉为走狗，三家门下轮转来"是有异曲同工之妙的。吴昌硕一直对赵之谦相当推崇，一为前海派领袖，一为后海派领袖，赵之谦的人生经历、从艺方式乃至笔墨精神，与吴昌硕有许多相似之处。

赵之谦（1829—1884），初字益甫，后改字撝叔，号冷君、悲盦、孺卿、悲庵、无闷等，自署二金蝶堂，浙江会稽（今绍兴）人。幼承庭训，学习书画诗文，17岁随沈霞西攻金石之学，丧父后，遂以授馆为生。后赴杭城从艺，并北上京师，仕途落魄，但艺名却声振京城，并与潘伯寅、刘铨福、李文田等结交，致力于书画篆刻诗文及金石考订，成就卓然。同治四年（1865）会试，方取为国史馆誊录。同治十年（1871）才分发江西，任鄱阳、奉新、南城县令。自此疏于笔墨而勤于吏事。修桥筑城，为官清廉，甚得民心。因不满官场腐败而欲辞不能，后中法战起，督促修城，劳顿过甚，促使哮喘病发而逝于南城官舍，时年56岁。

在前期海派书画家中，赵之谦是一个颇为特殊的人物，他被公认为前海派书画家领袖人物，但一个值得注意的现象是，他在上海的时日并不多。据杨逸《海上墨林》载，赵之谦于1859年曾来上海，时年31岁，他的书画在上海颇受欢迎，人争宝之。他主要居住地为杭州、北京、江西，与其他前海派书画家的交往也并不多，而论年龄他也没有张熊、任熊等人大，但为何他被选作前海派领袖人物？从地域概念上来讲，他系浙江绍兴人，而海派书画艺术圈主要是以江、浙两地画家为主，他获得了身份的认同。更重要的是，从艺术观念上讲，他具有综合变通精神及多方吸纳意识，精于诗、书、画、印，并善于在师承传统的基础上推陈出新，富有市民意识与商品意识，而这正是海派艺术的主体精神和思想宗旨。唯其如此，历史垂青于他，将他推上了"前海派"书画领袖地位。1910年夏，吴昌硕到赵之谦曾为知县的江西南城，其子吴涵在此当官，吴涵得赵之谦《断万氏争葬地朱判》真迹，吴昌硕观后，深为其人品艺格所感动，题长诗曰："无闷宰南城，吏才著卓卓。风流文采余，心细能折狱。……乾坤正多事，竞争叹危局。

吏隐闭闲门，临风听修竹。”从中可见两位前后海派书画领袖的心是相通的。

从文化学意义上来看，艺术创作活动的形式与内涵、价值与效应是积淀在整个文化系统内，活跃在整个艺术过程中，从而对以后的文化发展产生影响，对以后的艺术创作产生辐射，不仅为文化更新提供媒介，而且为艺术突破提供能源。也正是在这个思维坐标上来透视赵之谦的艺术创作，才能发现其独特的文化意义与艺术价值。

以书画篆刻家面世的赵之谦，尽管在艺术创作上成就卓然，然而，在现实生活中却颇不走运。在那盛行仕途经济、科举风靡的封建时代，他参加乡试却名落孙山，直到而立之年时，仍以一身“布衣”在风景秀丽的杭州卖画为生，但人卑艺贱，问津者寥寥，作为一个极有艺术抱负、注重自身人格的艺术家来说，内中的苦涩和积郁之气是可想而知的。如果说赵之谦早年濡染翰墨、挥洒丹青（他2岁即能把笔作字，据《赵之谦大事纪》）是传统的士大夫式的家学，而当他在西子湖畔开始卖画为生，就有为生活所迫、为五斗米奔走的辛酸了。这种现实的生存环境，很可能使赵之谦失去艺术理想与创造欲望，沦为一个为谋生而从艺的工匠型艺人。然而，作为一个有个性、有追求的艺术家，赵之谦并没有在生活的重荷下泯灭自己的创造才能，而是进行不懈的探索与艰辛的创造。从大文化背景上来看，赵之谦的这种秉性气质是传统文化中士大夫人格的体现，即“清贫不坠青云之志”。从个人性格基因来看，是优化的智能结构、韧性的意志精神、建树型的抱负理想所导致。赵之谦成功地运用了变通精神，海派艺术才有艺术创作上的扩张力与包容性、艺术精神上的变通性与创造性。赵之谦的艺术创作为后代提供了一种书画篆刻美学图式。这是赵之谦为他人所难以企及之处，即，他不仅仅是一位优秀的艺术家，而且是一位开宗立派的艺术领袖人物，由此而构成了一种“赵之谦文化现象”。

第二十六章　润格的经济形态

1912年5月，吴昌硕正式定居上海后，不仅使名家荟萃、精英云集的海派书画家队伍有了一位真正在艺术创作上具有引领能力、在风格开拓上具有典范意义、在群体构建中具有权威作用的领袖人物，由此打造出了在中国近代艺术史上一支阵容强大、群贤毕至的大师级海派书画团队，而且为日后培养出了像潘天寿、张大千、陈师曾、刘海粟、徐悲鸿、陈半丁、沙孟海等这样一批大师级的传人，从而支撑起了中国艺术百年的大师之门。

然而，自吴昌硕1912年5月定居上海后，一个值得关注或是值得研究的问题是，从1912年下半年起，海派书画的润格开始上升，进入高价位期。从社会学意义上来看，人的经济形态对人的精神形态、价值形态、生存形态有极为重要的影响，如果没有经济上的相对独立和基本保障，艺术家的精神生产和从艺形式就缺少了必要的、基本的社会物质条件。首先是生活的人，然后才是艺术的人。作为一种社会机制，艺术家的经济形态和从艺方式有着直接而本体的关系。因此，独立的人格往往需要独立的经济支撑，精神的自由常常是以经济选择的自由为保障。

在中国近代艺术史上，海派书画的崛起和繁荣，是和现代都市经济及工商发展相对应的艺术现象。海派书画所具有的多元的艺术表现性和勃发的审美创造力，同强大的市场动作机制的活跃和商品供求关系形成了一种有效的互动结构。但是历史地看，这与吴昌硕个人的作用也是分不开的。他在书、画、印上取得了全方位的突破，使传统的书画金石展示了崭新的审美形态，特别是他的那种雄健豪放、气势勃发的金石风，更集中反映了一种时代精神和民族意志。再加上他已年届古稀，处于人艺俱老的最佳之期，他所具有的社会影响力和市场号召力，为海派书画鼎盛期的到来及高润期的出现，无疑是起到了推波助澜的作用。

海派书画家的经济形态直接影响了他们的生活方式和创作取向。第一代海派书画家的润笔，前期以任伯年为领军，第二代以吴昌硕为标志。吴昌硕创作的鼎盛期是在 20 世纪初。当时主要的流通货币是以银圆和铜钱为主。需要说明的是，任熊、任薰、胡公寿、虚谷、任伯年等人，他们艺术创作的成熟期都在 19 世纪末。尽管当时海派书画家的润例还不高，这一方面是海派书画家的作品还有和市场的磨合期，另一方面是当时的生活成本还很低，银圆还是高比价。如当时一流海派书画家的作品大约在每尺 1 至 2 元，而二流的仅几角，有的仅 1 角。而在 1872 年，1 块银圆约折合今人民币 100 元，一斤白米价为 1.5 分。在 1901 年，一块银圆约折合今人民币 70 元，一斤白米价为 2.2 分。从下列刊发在《申报》上的润格就可见当时书画的低价位运行状态：

> 上海志仁书画社润格：（申报 1878 年 9 月 16 日）
>
> 书家王笔花、金梅生、邵子仙、姚鲈洲、陈云士，画家唐云阁、钱梅生、周尺珊、韦子钧、潘稼梅、唐子禅、韦子颐、赵少圆、郭慕梁、萧吟林、汪硕卿、翁小轩、邹渔谷、王铁仙、陈士卿。润格：屏条每幅三尺一角、四尺二角、五尺三角、六尺四角、八尺伍角。对联同上，正书加倍。纨折扇册页每件一角，人物仕女山水加倍。堂轴照屏条加倍。局设四马路南画锦里公济局内。

也正是在 1872 年，33 岁的任伯年已成名于海上画坛，并名扬海外。1878 年夏豫鲁受灾，上海书画界发起减润赈灾，由当时名气最大的胡公寿、张子祥、朱梦庐、任伯年、杨伯润等人参加，每人画扇，2 圆一件（系 7 折）（载《申报》1878 年 7 月 17 日）。按书画惯例，扇面画算一尺，可见任伯年当时的润例是每尺约 3 元。一张四尺画约 12 元，可见其润例在当时是算高的。但求画者依然甚多，任的画案上积稿如山，应接不暇，有的求画者为了能及时取到画件，不惜加价，甚至加倍。而当时一块银圆约相当于当今人民币 85 元，一斤上白米在 1.8 分，一个五口之家的月生活费在 20 元左右。可见当时的任伯年相当富裕，而那些具有相当知名度的书画家生活也颇为体面，有的还是相当优越的。由此使笔者关注起一个现象，即像张熊、任熊、任薰、胡公寿、任伯年、杨伯润为何在《申报》众多的书画润格广告中难得一见。特别是任伯年，更是少之又少，在收录颇为全面、润例浩繁的《近代金石书画家润例》（王中秀、茅子良、陈辉编著）中，就仅见刊于《申报》1878 年 7 月 17 日一则有“任伯年画翎毛花果”一条，而且是和另六人合刊而已。由此推理，这些一流的书画家已有了相当的影响与人气，即使是不刊润格广告，也是如前所说“每苦户限欲穿”。而那些小名头的海派书画家则属于温饱型，也正是这种窘境，促使他们努力提高书画技艺，参与群体竞争，从而能跻身名家行列。这对于新兴的海派书画及相关的书画市场来说，无疑是开拓了艺术空间、激活了商品环境，从而为20世纪二三十年代海派书画鼎盛期的到来做了历史的铺垫。

19世纪末的一批海派书画家在活跃而繁华的上海经济社会中以画作为商品为自己构建了各自不同的生活形态，并逐步形成了稳定的职业画家群体，从而产生了“宝塔形”结构，即宝塔顶尖的一流画家，如当时走俏于市场的张子祥、任熊、任薰、胡公寿、任伯年等人均收入不菲，一张四尺的画大约都在8—10元。而蒲作英是个例外。他虽然与胡公寿、任伯年、虚谷、吴昌硕友善，可谓是跻身于一流书画家群体。但他生前画价一直上不去，这可能和其“短袍长褂，油腥染身，人呼‘蒲邋遢’”有关。但其生活水准也在一般市民之上，时常雅集宴请，诗文唱和，并收藏古琴与古砚，斋名即为“九琴十砚楼”。他在1881年和1882年两次东渡日本。切莫把这些一流海派书画家经济上的富裕，仅看作是个人收入的增加，从一个更广阔和更深层的背景来看，这极有文化生态学上的意义及艺术创造学上的价值，正是这些一流海派书画家拥有了良好或较好的经济条件，使他们能安心于艺术思考及笔墨提升，并关注其他艺术样式的表现手法，从而使海派书画能广采博取、面目一新。很早就关注社会生活现状和经济形态对应的学者李大钊，在《物质和精神》一文中很客观地指出：“物质上不受牵制，精神上才能独立。教育家为社会传播光明的种子，当然要有相当的物质，维持他们的生存。不然，饥寒所驱，必至于改业或兼业他务。久而久之，将丧失独立的人格。”(《新生活》)这不仅涉及艺术家的从艺观，而且从最根本上体现了艺术家的生存权、艺术品的价值性。

住房条件很能反映一个人的生活质量，特别是对于书画家来讲，就显得更为重要。如“张熊居住福州路第一楼隔壁，杨伯润居住新北门口，王冶梅居住南京路江西路口，胡铁梅居住三洋泾桥怀德里，卫铸生居住南京路德仁里，陈曼寿居住西兴圣街（今永胜路），后居住吉祥街（今江西南路），就连任伯年也不知不觉迁居到‘城西北’租界，和居住在西兴圣街的陈曼寿‘邻里相望’了”(《兴圣街：任伯年住过的小街》，刊《荣宝斋》2004年第2期）。这批海派书画家的收入除了鬻画买字外，还有稿费版税收入，如1836年点石斋印行《绘事津梁》，内收胡远、张子祥、朱梦庐、任伯年四家绘画。1887年4月，点石斋石印任薰《历代名将图》；7月，石印吴淦、任伯年赤壁书画扇出售；10月，石印任伯年绘《六法大观》发售。1888年正月，任伯年双钩人物四屏石印由门人填色发售。1892年5月，“古香室”笺扇庄发售石印任伯年《钟进士》。另外，海派书画家们也颇有社会公益意识，他们时常联合减润助赈救灾，扶贫帮困，周济难民，从而将书画资源化作救灾的社会资源。这即是慈善积德，但在客观上也扩大了海派书画家群体的社会影响。如上海当时发行量最大的《申报》在1878年一年中就刊登了几十条书画家助赈的公益广告。

吴昌硕在1912年正式乔迁上海后，海派书画润格开始大幅上升，进入了一个高价位期。也就是说吴昌硕是海派书画润格飙升后的第一桶金的获得者。1913年吴昌硕就在上海推出了他定居后的第一份润格（可惜至今难以查阅到），1914年上海振青书画社书画集第一期载吴昌硕润例是：

> 堂匾念（二十）两、斋匾八两，楹联三尺叁两、四尺四两、五尺伍两、六尺捌两。横直整张四尺捌两、五尺拾贰两、六尺拾陆两等。每两作大洋壹元肆角。癸丑正月缶翁七十岁重定。

而到了1922年，77岁的吴昌硕重新推出的“缶庐润格”已是：

> 堂匾三十两、斋匾拾贰两、楹联三尺六两、四尺八两、五尺十两、六尺十四两。横直整幅三尺十八两、四尺三十两、五尺四十两、山水视花卉例加三倍，刻印每字四两，题诗跋每件三十两、每两作大洋壹元四角。

从此张润例来看，吴昌硕书画的价格涨幅是很大的：如原先写堂匾是2元8角，而后是42元。原横直整张四尺11元2角，而后是42元。吴昌硕自1912年迁至上海，至1927年在上海逝世，在这十几年中，上海的物价还算是稳定的。陈明远在《文化人的经济生活》一书中曾说：“中华民国（1912）成立以后，在上海使用银圆和国币（国家指定的几大银行发行的纸币）。十几年间，上海银圆币值基本上是坚挺的，日用品物价基本上是稳定的，没有出现后来40年代法币和金圆券的通货膨胀和物价飞涨的恶性循环。”从中可见，吴昌硕也是幸运的，他在上海生活时期正是币值坚挺而物价稳定期。当时的一块银圆约可以买30斤上等大米，8斤猪肉，10尺棉布，6斤白糖，4斤菜油，订一个月的报纸，买一到两本书。可见在职业书画家中，吴昌硕的经济状况是相当优越的。

笔者在此不妨做一下横向比较。如鲁迅在1913年4月商务印书馆出版的

《小说月报》第4期第1号上发表了署名“周倬”的一篇文言小说《怀旧》，收到的稿费是5圆。而当时《中华小说界》的稿费分为四档：甲、千字5圆，乙、千字2圆5角，丙、千字1圆5角，丁、千字1圆。鲁迅当时的薪俸220圆。1918年5月，教育部颁布《修正大学令》，分大学教师为正教授、教授、助教授、讲师四等。几乎同时公布的《国立大学职员任用及薪俸规程》制定标准为：学长（系主任）分为四级，一级450银圆，二级400银圆，三级350银圆，四级300银圆；正教授分为六级，从一级到六级月薪分别为400银圆、380银圆、360银圆、340银圆、320银圆、300银圆；教授分本科、预科二类，各分为六级，月薪级差皆为20银圆，本科教授自280至180银圆，预科教授自240至140银圆；助教授分为六级，月薪从110银圆至50银圆。当时北大的校长蔡元培为每月600银圆，理科学长夏元瑮350银圆，文科学长温宗禹300银圆，教授胡适280银圆，辜鸿铭280银圆，马叙伦280银圆，蒋梦麟280银圆，钱玄同240银圆。由此做一比较，可见吴昌硕的书画润格收入要远远超过他们，相当于中型实业家的资产。他1912年到上海靠鬻画卖字刻印的润格积蓄半年多后（即1913年），经王一亭介绍迁至北山西路吉庆里的石库门建筑，居住条件大为改观，并在此终老。

王一亭虽然也是海派书画家中的代表性人物，但据杨逸编撰的《海上墨林》所列海派书画家名录中，并没有将其列入，可见他是不属职业书画家。因为《海上墨林》是上海豫园书画善会发行的，而吴昌硕与王一亭正是该会的发起人，王对此没有异议，可见他是认可的。所以，王一亭的经济形态是富庶的，他拥有“名画家”和“名实业家”的双重身份，他在上海南市乔家栅建造了典雅的私家庄园“梓园”，并在庭院内养了白鹤等多种鸟类。反袁的二次革命失败后，他又从南市迁至爱而近路（现安庆路）隐居。张静江乃民国元老，南浔巨贾，当年曾资助过孙中山及蒋介石。通过王一亭与张静江的交往，可见这位海上书画家的社会地位与经济实力。

作为职业书画大家的吴昌硕，由于收入的丰厚，曾引起某些人的眼红，并在1926年搞了一次未遂的绑票案。该年中秋以后，家住北山西路吉庆里的吴昌硕家收到一封匿名恐吓信，说是要借10万大洋用用，并附有子弹一粒。没过几天，又来了一封匿名信，并直接告示要绑吴昌硕的孙子吴长邺。两信都被吴昌硕的幼子吴东迈收下，为了不惊动已83岁的吴昌硕，吴东迈托书法家刘山农去找黄金荣。黄在南市裱画店学徒时，曾受到吴昌硕的帮助和照顾，黄尽管此时已退出江湖，但表示对吴家的事，他一定会出手帮忙。不久就查到了密谋绑票者，虽经审讯拷打，这两个绑匪却挺硬气，就是不招。最后还是黄金荣想出了办法，告知绑匪如再不招，就割生殖器。绑匪这才从实招来，竟是和吴东迈关系友善的一位骆姓书法家，骆闻讯后即逃出上海。1927年，吴昌硕逝世后，留下了大宗遗产，吴东迈自然也分到了一大笔。1934年冬，吴东迈到老家安吉去查看房产，他很豪爽地花了300大洋包了一条小火轮，随身行李甚多，衣着豪华，想不到在乡间遭到了绑票，财物被洗劫一空，甚至连身上贵重的灰鼠皮袍也被剥去，后趁绑匪疏忽，逃了出来。通过这两件绑票事件，也从一个侧面反映了吴昌硕作为书画名家的财力。

吴昌硕作为海派书画家的巨擘，不仅丰富了海派书画的艺术表现形态，而且能以雅兼俗，以俗显雅，从而拓展了海派书画的海内外市场。而海派书画家润格的整体飙升也使海派书画家的经济形态在整体上得到了改善和提高。

如和吴昌硕差不多同时代的曾熙、李瑞清、陈半丁等人当时的润笔都价格不菲。如1916年1月23日《民国日报》所刊曾熙书例为：堂幅：丈二尺每幅十四金、八尺十二金、六尺八金、五尺五金、四尺四金（一金作一银圆，下同）。1916年1月21日《国民日报》所刊李瑞清的书例与曾熙的基本一样。1918年4月《毛公鼎》刊曾熙的书例为楹联丈二廿四元，一丈二十元、八尺十元、六尺六元、五尺五元、四尺四元。李瑞清书例也大致相同。康有为在1922年8月25日《申报》上刊登减价鬻书百幅助赈，减价折实润例：楹联四尺十元，每加一尺加一元；中堂四尺十二元，三尺六元，每加一尺加一元；琴条三尺五元，每加一尺加一元；小横额三尺五元，每加一尺加一元，书上款加倍，磨墨费加一。可见其润格就是减价助赈也是很高的。即使是吴昌硕学生辈的书画家其润例也并不低廉，如《申报》1923年6月11日刊“吴昌硕介绍楼辛壶书画名家”山水：堂幅三尺十元、四尺十四元、五尺廿元、六尺念（二）六元、八尺四十元。扇面三元。石章每方一元。其时楼辛壶43岁，吴昌硕79岁。1925年已年届81岁的吴昌硕在为自己年仅21岁的学生徐穆如订“虚云阁润例”时，标价为堂幅四尺六元、六尺十二元、八尺二十元。刻印，每字一元。而1920年至1925年在上海，一银圆可买16斤大米，4—5斤猪肉，6尺棉布，约折合今人民币30—35元。而那些具有历史影响和文化地位的社会名流书法家，其润例也是相当高的，如张謇鬻字的润例载《申报》1922年7月12日，系助赈性质，屏每幅四尺十元，每尺加二元，堂幅每件四尺十六元，每尺加四元。从中可见海派书画家对文化名人的价值评定和地位认同。

吴昌硕的身边总是聚集着一批有才华和底气的书画家，他团结同仁、提携后进、扶持学子、襟怀坦荡。在笔者所查阅的民初海派书画家的润例中，有很大一部分多是出自吴昌硕的手笔，他的荐语评述严谨客观，言简意赅，十分精彩。如他 1921 年为小他 20 岁的齐白石定润格时，开首写道：齐山人生为湘绮弟子，吟诗多峭拔，其书画墨韵、孤秀磊落，兼擅篆刻，得秦汉遗意。曩经樊山评定，而求者钟相接，更觉手挥不暇，为特重定如左：石印每字二元。整张四尺十二元、五尺十八元、六尺二十四元、八尺三十元，过八尺另议。屏条视整减半，山水加倍。工致画另议，册页每件六元，纨折扇同，手卷面议。是年吴昌硕已 77 岁，而齐白石 57 岁，一为海派巨擘，一为京派代表，但吴昌硕并没有门户之见和派别之分，其润格评述全面肯定了齐白石在诗、书、画、印上的独特造诣，为海派、京派书画家的友善交往留下了一段佳话。而从经济结构上来看，北京当时的物价水平和生活费用要比上海低，如北京在 1921 年其 8 角银圆，约折合今人民币 42 元 8 角，而上海在 1921 年其 7 角 5 分 6 银圆，约折合今人民币 37 元 8 角。诚然，海派书画润格高于京派，是和当时的物价水平和生活费用有关的。但从艺术社会学的角度来分析，也展示了上海作为大都市其经济水平和商品销售的张力，凸显了海派书画在全国的中心地位和领军作用。

第二十七章　任西泠印社社长

民国二年癸丑（1913），缶翁已年届七十了。杜甫在《曲江二首》中曾云："人生七十古来稀。"然而，就在这古稀之年，吴昌硕的人生却出现了"为霞尚满天"的景观，他的生命焕发出了巨大的创造力。元旦之日，缶翁刻自用印，朱文《吴（押）》，款云："癸丑元旦刻二面印，老缶七十岁卯。"白文《缶翁》，款云："二字神味浑穆，自视颇得汉碑额意，工部诗云：老翁七十何所求。予年政七十窃以翁称之。人日晓起又识，右丞误刻工部，缶。"

西泠四君子丁辅之、王福庵、叶品三、吴石潜自于1904年创建西泠印社后，缶翁一直参与各种雅集聚会，特别是定居上海后，与在上海经商的吴石潜多有联系，丁、王、叶、吴对缶翁颇敬重，有重大活动均邀缶翁。是年三月初三上巳日，西泠印社诸印友赴绍兴兰亭作祓除不祥会，缶翁因病未能成行，甚感遗憾，作诗书赠："坐忆兰亭数驿程（东友招游兰亭，余以病未赴），喜闻印社结鸥盟。已惭逸少工为叙，但恐延之不署名（兰亭会者四十二人，何延之兰亭记又有释支遁则在四十二人外也）。述古近过寒食节，几时谁赋丽人行。吾衰济胜嗟无术，来对湖山饮巨觥。癸丑上巳西泠印社作兰亭祓除不祥会，予未及躬逢其盛，作此请同社君子正之，老缶吴昌硕草稿。"

缶翁骨子里有着深深的诗人情结，这并不仅是由于他出身诗文之家，后又从俞樾等诸师学诗，他亦是情感丰富之人，需要吟诗来抒发。而上海在1912年前后，随着一大批封建士大夫的到来，由陈三立、陈宝琛、沈曾植、瞿鸿机、李瑞清、王闿运、梁鼎芬、陈夔龙等发起成立了"超社"、"逸社"。这些高官大吏以遗老寓公的身份，以诗社结盟从而构建起一个社会平台。吴昌硕也时常参加他们的雅集，诗文唱和，挥毫泼墨，绘画作书。然而他更喜欢的是参加1913年在海上成立的"淞社"，其成员颇为广泛，有书画家、篆刻家、收藏家、报人、实业家等。春光明媚的四月八日，正是浴佛节，缶翁邀饮于淞社，以《浴佛日》诗记之："鱼我所欲熊掌俱，花丛醉卧贪目娱。不成人处敢见佛，以逸自放天相於……"鲜花盛开的五月，他又作《明季乐府（专指宏光时代淞社题）》八首和梦坡及淞社诸吟长。枫叶霜染的九月，他亦作《淞社六题》并书赠梦坡。从中可见他在淞社中活跃的身影，及与梦坡的挚友关系。

梦坡系淞社的创始人，亦任淞社社长。梦坡者即是湖州南浔大实业家周庆云（1864—1933），字景星，号湘龄，别号梦坡。清光绪七年（1881）秀才，曾例授直隶知州，未就任。经营丝、盐、矿等业，曾任苏浙沪属盐公堂总经理，是富有爱国情怀与民族精神的儒商。他曾投资兴建苏杭铁路，竭力反对向英商借款。在杭州开办天章丝织厂，以振兴传统丝业。兴办教育，资助南浔中学，并任校董。为浔溪书院延师，改革科举旧学。精于诗词、文史、书画，喜好彝器及藏书，建藏书楼"晨风庐"及"梦坡室"，藏书达五万多卷，亦收古琴书，谓"江南第一"。章太炎在《吴兴周君湘龄墓志铭》中云："家既给足，藏书至十余万卷，善鉴别铜器，获古彝亦至多，以是工篆隶。"著述丰富，有《琴史补·琴史续》、《梦坡诗文》、《南浔志》、《历代两浙词人小传》、《浔溪词征》等。他与缶翁及国学界沈涛园、朱古微、王文濡等均为知己之友。

淞社的另一发起人，亦是南浔富商刘承干（1881—1963），字翰怡，号贞一。晚年自称嘉业老人，室名有嘉业堂、求恕斋、留余草堂等。幼年就学于南浔著名的浔溪书院，深受传统文化的熏染。清光绪三十一年（1905）考中秀才，后于宣统初年在各地赈灾中捐银三万多两，获分部郎中、四品卿衔，被人称为"京卿"。平生喜好读书藏书，工于古籍版本目录之学。当时清廷农工商部在金陵（南京）举办南洋劝业会，刘承干在参会期间，"独步状元坊各书肆，通览群书，兼两载归"。1911 年辛亥革命后，举家从南浔定居上海，和士大夫多有结交，与周庆云遂发起组织"淞社"，有三四十人定期雅集。后在南浔刘氏家园小莲庄的鹧鸪溪旁，兴建了一座规模巨大、占地 20 亩的藏书楼。因获清帝溥仪颁赐"钦若嘉业"而命名为"嘉业堂"，被誉为民国私人藏书第一家。他与吴昌硕、沈曾植、罗振玉、朱祖谋、况周颐、张元济、郑孝胥、张宗祥等均多有交往，关系良好。嘉业堂所刊刻之书，不仅精美典雅，皆有题跋，而且不为营利，大多赠送学人。鲁迅在《病后杂谈》中曾说："对于这种刻书，我是很感激的。"

是年"不似春光，胜似春光"的重阳时节，西子湖畔、孤山之麓的西泠印社，经过十年的草创期的准备及基本建设，建楼造阁，筑室树亭，题匾集联，刻石镌碑，已初具规模。小龙泓泉与小龙泓洞映照春华秋实，那一弯隽秀的锦带桥将古今印学之脉传承拓展。就在重阳节这一天，在数峰阁边召开了印社正式成立大会，订立了契约章程，确立了“保存金石、研究印学”的建社宗旨，一致公推一代金石书画大师吴昌硕为首任社长。西泠印社的建立，标志着中国古代印学史的终结、中国近代印学史的开始。而由缶翁出任社长，亦标志着西泠印社鼎盛期的到来。

西泠印社从创建之初开始，打破了以流派为归属的格局，突破了门户的疆界，旗帜鲜明地提出：“顾社虽名西泠，不以自域。”(《西泠印社记》) 从而体现出了开放意识，即地域不分南北，印派不管何家，均吸纳加盟，使印学具有互补交融性。而由吴昌硕为社长，此举无论在当时还是在日后，都充分展示了其先进性和优越性。吴昌硕是一位富有创造精神且在书画篆刻上艺领群雄的大家，任印社社长时七十出头，正值其艺术进入最辉煌期。他的担纲，使西泠印社在社会影响上得到了确认，在艺术地位上得到了提高，在创作走向上得到了引导，使其能迅速地在海内外产生影响。同时，不可否认的是，吴昌硕在印坛领袖地位的确立，也是以出任西泠印社社长为标志的。而且他具有领袖的亲和力及包容性，并对西泠印社的文化建设和印学推进倾注了全力，为西泠印社留下了不少具有名胜价值的文物。1914 年仲春五月，他以精湛古穆的石鼓文书写了《西泠印社记》，并勒石镌刻成碑。1916 年“燕子来时春社”的时节，他作《西泠印社图》题诗云：“柏堂西崦数弓苔，小阁凌虚印社开。记得碧桃花发处，白云如水浸蓬莱。”深情地赞美了西泠景色优美如蓬莱仙境。

特别是 1917 年春深如海的五月，缶翁镌刻了一方著名的朱文印“西泠印社中人”，取石鼓篆法，封泥遗绪，古逸浑穆，雍容典雅，系缶翁金石经典之作。而且此印更为重大的文化意义和人文价值，是一代大师对自己印人身份的认同和金石精神的皈依。从此，每一个西泠印社社员，均以“西泠印社中人”自诩，成为一种集体的精神标志。正是这种人文主义的精神，使印社在组织结构上富有理念性和凝聚力，得到了文化艺术界的社会尊重。这是篆刻艺术超越了流派印期后所展示的一种鲜明的历史进步性和鲜活的艺术开拓性。

西泠印社所具有的这种公共意识，还体现出了国际性。印社创始不久，日本篆刻家河井仙郎在上海拜师吴昌硕后便慕名来到西子湖畔，和西泠四君子叶为铭、丁辅之、王福厂、吴石潜订交，交流印学，鉴赏古印，品评用刀。河井仙郎在其自述《西泠印社记》中曾生动地记录下了当时的场景：“……又各出所藏印，命余鉴赏。其中苍劲古秀，典雅工整，人不一家，篆不一体，博而且精，目不暇接。”这里不仅有篆刻艺术的切磋，亦有资格水平的审定。尽管河井仙郎师从吴昌硕，但如果没有相当的印学实力，是很难名列大家云集、名流荟萃的西泠印社的。其时加入西泠印社的还有日本文学家、篆刻家长尾甲。长尾甲的书斋名“无闷”，吴昌硕曾以书法、篆刻相赠。作为一名学者型的印人，他跻身于印社，其贡献要超越单纯的印艺推广。在西泠清幽雅致的小径之间，至今留有他遒劲质朴的“印泉”题书。由此可见，作为篆刻母国的首创印社，不搞独尊、不拘门户、不行封闭，以开放的雅量吸纳海外社员，显示了远见卓识。同时，这对日后西泠印社在日本的影响起到了极大的推动作用，并开吸收海外社员之先河。

尽管西泠印社是一个民间性的社团，但社长吴昌硕是一位很有公共精神的艺坛巨擘，他在1917年早春二月题赠印社的对联中就坦承：“印岂无源？读书坐风雨晦明，数布衣曾开浙派。社何敢长？识字仅鼎彝瓴甓，一耕夫来自田间。”正是在缶翁的作用下，印社从初创开始就推崇精英意识，唯才是举，贤者入社，摈弃了历代士大夫阶层所讲究的门阀圈和贵族气，从而真正达到了一流的艺术社团水准，这在当时的确是颇为令人刮目相看的。印社中云集了著名的学者、教授、书画家、考古学家、历史学家、鉴赏家、出版家等，有的甚至是泰斗级的。如胡匊邻书画印三绝。李叔同是一代新文化运动的先驱，在戏剧、音乐、书画、篆刻乃至教育上颇多建树。马衡系文物金石学家，是中国现代金石考古学的奠基人，郭沫若亦称其为：“继承了清代乾、嘉朴学传统，而又锐意采用科学的方法，使中国金石博古之学趋于近代化。”曾任“故宫博物院”院长，后出任西泠印社两任社长。此外，还有国学大师、古文字学家王国维，词学泰斗朱祖谋，经史学家、书法大家沈曾植，文化名人、教育家经亨颐等。他们的入社或雅集，奠定了西泠印社在印学上的制高点及艺术上的权威性，其意义远远地超越了篆刻范围，具有文化社会学的创建性。一个印社，拥有如此众多的文化巨人，形成群星灿烂的格局，可以称之为独特的“西泠现象”。

吴昌硕长期与艺界学林的鸿儒大师、名家高手交往，博览各大藏家的历代钟鼎彝器、名家书画、金石碑帖、珍本古籍等，因而在西泠印社倡导并形成了良好的艺术氛围和学术环境。印社正式创建后，每年春在清明，秋为重阳，社员及同好雅集西泠，观摩书画印作，探索风格流变，考订鉴赏秦汉古印，交流研讨印学艺理，同仁诗文联袂唱和，至今令人仰慕不已。《西泠印社社约》中即记：“本社同人会集之日，各携所藏相与传观。凡吉金乐石，法书名画，雕刻陶冶，图籍文玩，皆属之。”西泠印社所弘扬的这种学术意识，不仅符合篆刻艺术的本体性，因篆刻本身就是集书画、雕刻、诗文、金石、文字学等为一体的综合艺术，而且适应篆刻艺术的学术空间。印学发轫于春秋，上下几千年，古印、印材、印史、流派、印谱、印人等，研究课题众多。而西泠印社正是利用了群体的优势，有组织地开展学术研究，仅以西泠印社的几任社长为例，他们各有自己的学术强项，如吴昌硕在石鼓文的研究上别开生面，马衡在金石学的研究上独树一帜，张宗祥在版本学上的研究堪称泰斗，沙孟海在印学史上的研究探幽抉微。

缶翁平生很注重著作的出版，从自己的印谱到诗集，因而他的这种出版意识也深深地影响了印社。印社不仅将印谱辑录变成一种群体组织行为，而且对历代印谱进行了梳理剔选，去伪存真、去粗取精。如印社成立不久，即编辑成《吴让之印谱》10 册本，亦有 8 册本。丁辅之编辑《西泠八家印选》30 册本，又名《泉唐丁氏八家印谱》，可以讲这是西泠八大家第一次如此系统地集体亮相，丁辅之为此做了大量的考订工作。印社还不囿门户，也不计功利，力推有学术价值、艺术价值的各类印学著作。如印社成立第二年，即花相当精力推出《周秦古玺》。其后又推出吴大澂辑《十六金符斋印存》，这些都是印谱经典。据统计，西泠印社从甲辰年成立之日起，在短程的几十年中，即编辑出版了印学丛书数十种，印谱及书画集 100 多种，收藏了大量的古玺、秦汉印、流派印、碑版、封泥等。西泠印人的这种出版辑录功绩，在相当程度上也反映了现代媒体传播意识，同时也为当代篆刻艺术的振兴做了学术研究、资料考证、印谱辑录等方面的准备。

正因西泠印社的成员结构是社会精英型的，成员素质是文化名人型的，因而使西泠印社从成立之初起就显示了强烈的参与意识，亦有深沉的忧患意识，这既是中国古代士的精神的沿袭，也具有新文化运动意识的弘扬。因此，印社在保护传统文物、搜集金石碑版、整理古籍印史等方面都不遗余力。被传为佳话的是抢救、保护珍贵文物《汉三老讳字忌日碑》。

缶翁从 1913 年出任西泠印社社长至 1927 年归道山，这 15 年不仅是他一生中的最辉煌期，也是西泠印社的最辉煌期。缶翁是颇有君子之风与领袖风度的，他仅是在印社的整体文化构建上进行引导和产生影响，而在具体事务上相当超脱，对西泠四君子也是多加帮助扶持而从不干涉，从而形成了相当宽松而和谐的印社群体关系。

这一年的 10 月 31 日，年仅 20 岁的梅兰芳应上海许少卿之邀首次来上海献艺（这也是他第一次离开北京跑码头），在四马路大新路口丹桂第一台演出《彩楼配》、《玉堂春》、《穆柯寨》等，缶翁在友人的邀请下前往观看。缶翁早在苏州时，就在吴云的听枫园及顾文彬的过云楼等处听京剧、昆曲等。他看了梅兰芳的演出后，对其精湛的演技、婉转的演唱及婀娜的舞姿赞叹不已，备加推崇。梅兰芳亦久慕缶翁金石书画之名，由刘山农陪同拜望缶翁。尽管他们之间年龄要相差 50 岁，但梅郎的儒雅学养及对书画的喜好，使他与缶翁一见如故，相谈甚欢，从此结为忘年交。

梅兰芳（1894—1961），名澜，又名鹤鸣，字畹华。别署缀玉轩主人，艺名兰芳。祖籍江苏泰州，出生于北京。8岁学艺，11岁登台。祖父梅巧玲是清末著名旦角演员，名列同光十三绝。伯父梅雨田是京剧胡琴演奏家。父梅明瑞，字竹芬，由小生改花旦，可惜英年早逝。梅兰芳不仅学艺勤奋刻苦，而且善于思考变革，研究新腔，攻习昆曲，广采博取，形成了风格独具的“梅派”，为“四大名旦”之首。他亦是享有国际声誉的表演艺术大师，其表演被推为“世界三大表演体系之一”。

由于梅兰芳的祖父及父亲均喜好书画，并收藏金石古玩及明清书画，因而梅兰芳亦钟情于翰墨丹青，他认为中国京剧与中国书画有异曲同工之妙，其写意性、书卷气是互通的。他师从画家王梦白，并与在京的吴昌硕的学生陈师曾、陈半丁及金拱北、姚茫夫、齐白石等相熟，亦与京城收藏家朱翼庵订交，鉴赏古玩及字画。1914年，梅兰芳再度来上海演出期间，请海上名士袁克文一起去拜望缶翁，并出示自己的花鸟画作。缶翁见其画用笔严谨，章法自如，但整体画风较纤弱，建议其多学青藤、八大、白阳之法。自此，梅兰芳虽未列门下，但却执弟子礼甚恭，每次来上海演出，必到缶庐拜望请教，并邀请缶翁观看其演出。1920年8月，梅兰芳由京来沪演出，名票袁克文设宴款待，特邀缶翁出席，并对梅演出的名剧《天女散花》多有肯定。梅离沪时到缶庐辞行，吴昌硕以精心创作的《墨梅图》相赠，并情深意长地题七绝二首：“翾风舞袖翠云翘，嘘气如兰堕碧霄。寄语词仙听子细，导源乐府试听箫。”“画堂崔九依稀认，宝树吴刚约略谙。梅影一枝初写罢，陪君禅语立香南。”在缶翁的诗作中，这两首诗写得词语典雅而文采飞扬，语境丰沛而情韵盎然。第一首写了梅郎演技的精湛，“翾风舞袖”、“嘘气如兰”。第二首则对梅郎的艺术地位做了极高的评价，把他喻为唐代歌圣李龟年。“画堂崔九”语出杜甫《江南逢李龟年》：“岐王宅里寻常见，崔九堂前几度闻。正是江南好风景，落花时节又逢君。”

吉庆里缶庐的安排是一楼为会客室，二楼为画室，三楼为卧室。大门上贴有对联：“南华秋水，北苑春山。”门外左墙贴有“安吉吴”，右墙则一大字“聋”。缶翁自60岁后就自称耳聋，并自号“大聋”。这实则是一种听觉上的功能性障碍，并非真正的聋子，他仅是韬光养晦，不愿听不想听的不听，这亦是一种名士风度，即该装聋作哑时就大聋，为此公曾刻了两方印：“听有音之音者聋”及“学心听”。

自缶翁定居吉庆里后，王一亭亦成了缶庐的常客，时常相伴老人于左右，关系日见亲密，书画合作，诗文相和，乃至缶翁的许多家事都交王一亭办理。为此，有不少人认为王一亭是吴昌硕的学生，还把王一亭列入缶翁弟子录。实际上，王一亭与缶翁是情在师友间，从未正式拜师吴昌硕。缶翁在诗文题跋中也从未称王一亭为弟子，在中国人文传统中，拜师是十分严肃而神圣的，一经拜师，终生相认相尊，“一日为师，终身为父”。其直接可以佐证的是：王一亭曾在任伯年所画而未完成的《翠竹图》上，补画了缶翁小像，后题跋曰：“修竹数竿，任先生遗墨。清风习习，亟貌缶翁其中，距先生落墨时已廿易寒暑矣。回首师门，清泪盈睫。甲寅秋七月客春申浦上，王震谨记。”而在画的左下端，吴昌硕则以苍劲凝重的行草题曰：“岂敢侪嵇阮，清风满竹林。天心容月抱，老态作书淫。醉合吞湖海，愁真贯古今。为谁南斗倚，秋兴不须吟。画中之竹，廿年前伯年先生所作，一亭王君为余画像其中，呼之欲出。一亭，予友也。先生在师友之间也，道所在而缘亦随之。甲寅秋七月，老缶题记，时年七十有一。”此幅《缶翁小像》，乃海派三杰难得的书画之佳作，亦说明了王一亭与缶翁的关系。笔者当年曾向吴昌硕的嫡孙吴长邺问及此事，吴长邺答曰：“尽管王一亭与祖父关系非同一般，他的私房钱全部交由王一亭管理，但王确实未拜祖父为师，他们是好朋友。”

人居是人的最基本生活空间，尽管缶翁入住的吉庆里也算不上豪宅华居，但毕竟有了宽敞而稳定的生活、工作场所，有了与其身份亦算相符的画斋雅室。他在此或挥毫泼彩、奏刀镌石，或吟诗读书、聚朋会友，成为当时海上最高级别的艺术沙龙或是书画家雅聚之地。从此，缶翁的生活形态与从艺方式就是以海派书画大师与领袖的双重身份领军于海上艺苑，从而也标志着一个海派艺术真正的大时代的到来。

第二十八章　六三园中办艺展

民国三年甲寅（1914）。三月初三上巳节，海上“九老会”在徐园雅集修禊，并摄影留念。缶翁兴致颇高，并作诗《自题七十一岁小影》(《缶庐诗集卷六》)记之。海上九老会，由辛亥后寓居上海的士大夫们所组成，有陈三立、沈曾植、李瑞清、郑孝胥、朱祖谋、康有为等，乃仿效晚唐时白居易居洛阳香山时和八位年长的文人学士组成“九老会”诗文酬唱，文采风流。这在当时实际上是海上最为高端的艺林大师群体，陈三立、朱祖谋分别是当时的诗、词领军人物，而沈曾植、李瑞清、郑孝胥、康有为亦是书画巨擘，各领风骚，他们从整体上代表了那个时代诗文书画的水平。缶翁作为这个群体中的最年长者及金石书画诗文全能者，颇受推崇，海派书画文化达到一个承前启后的高度，这既是一种可遇不可求的时代机遇，亦是一种继往开来的历史契机。

海上九老会和当时超社、逸社、淞社、希社等，共同构成了文人士大夫以诗会友的社团组织。其后，上海书画协会成立，公推德高望重、人艺俱老的缶翁为会长。从年前出任西泠印社首任社长，到之后参与创建豫园书画善会（1909）及海上题襟馆（1910）等，亦共同构成了海上金石书画的协会组织，由此推动海派文化艺术的提升，展示了中国近代艺术史上大师林立、精英辈出的景观。而吴昌硕此时作为众望所归的海派书画领袖，正以其核心凝聚力、艺术引领力及社会影响力，上承庙堂之高，下接江湖之广，使海派艺术家真正以独立的公共群体面世，从而促进了整个海派文化圈的繁荣，并使海派艺术家成为近代艺术史上的领军团队。

这一年“桃红复含宿雨，柳绿更带朝烟”的四月，缶翁的弟子赵云壑购得缶翁 63 岁时所作《桃实图》，缶翁看后颇多感叹，题跋曰：“子之大弟购得是帧，出示示予，展观滋愧已甚。时越九年，而予画未有进境。老之一字，令人懊恼。适子云四十寿，再书以祝贺。”从中可见缶翁老而弥坚的不断进取之心。缶翁有着很浓厚的乡愁意识，无论他客居苏州还是定居上海，时常作诗作画忆念故乡，因而与海上同乡湖州人士多结识且为至交，如陈其美、王一亭、朱祖谋、周庆云、刘承干、张石铭等。这一年的四月，他为王一亭刻了朱文大印："人生只合驻湖州"边款曰："甲寅四月维夏，白龙山人属治石，时梅雨初晴，精神为之发越。七十一岁缶翁记。"这也表达了缶翁对乡情乡谊的认同与皈依。缶翁曾有题《菊石图》诗云："秋色江南如此，几时归去湖州。"

是年五月十五日，缶翁的老友、朝鲜籍书画家闵泳翊病逝于海上，缶翁悲痛不已，潸然泪下。闵与缶翁相交相知三十多年，可谓是异国知己、艺坛知音。缶翁于1912年5月定居海上后，当年农历八月缶翁生日时，闵泳翊慷慨解囊，为缶翁做69岁寿庆。当时海上艺苑有"三丐"之雅称，缶翁为印丐，高邕为书丐，闵泳翊为兰丐。闵生性豪放、为人爽直，常邀缶翁等书画名家到其"千寻竹斋"雅集，喝酒吟诗，挥洒丹青，笔走龙蛇，而闵则取箫吹奏，如泣如诉。闵对缶翁的篆刻甚爱之，从相识之日起便请缶翁治印，长达三十多年从未间断，达创纪录的三百多方，可谓是金石知己、印缘深厚。如今兰丐又入黄泉，怎不使印丐缶翁长歌当哭？他遂作长诗《挽兰丐》，跋云："丐闵氏，朝鲜人，善写兰，自称东海兰丐，客沪上，交卅余载，嗜予刻印，为余奏刀三百余石。癸丑冬忽患肝肺，甲寅五月十五日病殁，越数日归榇，年五十有五。"诗云："云垂涛立风怒号，客星西堕山岧峣。聋我两耳忽听宫商调，乃是兰丐别我吹铁箫。箫声不为求名利，平生故人珍重意。国无可归生同死，想见别时洒清泪。丐也画兰兼画竹，唯不画土笔尖秃。千秋不让所南翁，空谷孤芳自幽独……"闵泳翊虽然身在异国他乡，但他一直心系自己的祖国，因而他笔下的兰花均是无土兰，竹是无根竹，缶翁深知他的国殇情怀，满怀同情地理解其为"国无可归生同死"。而吴昌硕为他所刻的一系列印章，犹如一部印史，记录了他多舛的命运和深切的悲怨。如"甲申十月园丁再生"，甲申年为1885年，朝鲜为日本所侵，颇有亡国之痛的他要以此为重生奋起抗争。"椒房贵戚"、"石韫尚书"则记录了他显赫的皇家身世。而"园丁生于梅洞长于竹洞"，则显示了他对梅竹的喜好及崇尚其节操。这位兰丐常年以酒浇愁，终因酗酒伤身而55岁即病殁。

自缶翁入住闸北北山西路的吉庆里后，在好友王一亭的介绍下，认识了日本名士白石六三郎，他在离缶翁住处并不远的虹口公园北侧的江湾路上，开设有一家上海最大的日式私人花园——六三园，系一处高级会所，以精致的日本料理名闻海上。此位六三郎亦推崇中国文化，一经相识缶翁，便于是年5月、6月分别请缶翁为其画了《群燕图》及《崩流激石图》，并题诗曰："崩流激石如激空，空中无物唯天风。石如砥柱激不坏，声出石外如击钟。楼钟人，在颖师，琴意轩昂中。昨于芦子城旧家得读王孟津画帧，笔势莽荡如书法，蹊径尤为古拙。为鹿叟拟其意。甲寅六月安吉吴昌硕。”从缶翁的诗跋中，可见六三郎是颇有汉学造诣的。

白石六三郎是长崎人氏，原名武藤，1898 年在上海文蓝师路(今塘沽路)开出了一家名为“六三庵”的日式商店，生意兴隆。1900 年，他又开设了“六三亭”，以环境素雅、风味清鲜出名，成为上海挂头牌的日本料理店。1908 年，他在江湾路购得土地 6 000 坪，建造了此座大型园林及会所“六三园”，既有汉风唐韵，又有大和特征。园内环境清雅，景色旖旎，有大草坪、葡萄园、运动场等，遍植松竹梅及樱花，其中的绿樱尤为珍贵。每到阳春时节樱花盛开，绚丽多姿，灿烂似锦。后来，鲁迅先生还曾和郁达夫等人一起来此赏樱，不禁想起了东京上野的樱花。园中还养有鹿、鹤、猴、鸳鸯等动物，春花夏荷，秋枫冬梅，四时风光宜人。其主体建筑是二层楼的会所，飞檐翘角，一派古典气派，是日本政要，金融界、贸商界、艺界人士接待贵宾的宴庆、娱乐及休闲之地。1912 年 4 月，被迫辞去大总统的孙中山先生来上海时，日本友人宫崎滔天曾在此宴请。1922 年孙中山广州脱险后回到上海，日本驻沪总领事船津辰一郎也在六三园为孙中山接风。

白石六三郎颇有名士做派，常邀一些中国书画家、文人在此相聚，翰墨飘香，笔花飞舞，诗文唱和，并观赏来自京都艺伎的表演。由于书画家、大实业家王一亭和六三郎关系甚好，因此自吴昌硕于 1912 年定居上海后，特别是 1913 年乔迁闸北北山西路吉庆里后(离六三园并不远)，王一亭就时常邀请吴昌硕到六三园休闲小酌或品茗听曲。此时的缶翁虽已入耄耋之年，但他一直保持着鲜活的生活情趣，特别是对六三园雅洁明丽的环境很是喜好，从而也成了此地的常客。樱花盛开时，他和艺友树下喝酒挥毫。梅花绽放时，他携知己闻香踏雪寻诗。1920 年早春二月，吴昌硕和日本诗人、作家大谷是空在六三园的诗文酬唱，更是留下了名篇佳作，如大谷诗曰：“六三园里神仙客，偶落人间笑语和。好是隔帘春色动，梅花满树鸟声多。”缶翁即兴和道：“仙三人合题吾辈，不是泉明六志和。十二栏干今倚遍，梅花深处古春多。”六三郎还特邀缶翁撰写了《六三园记》，勒石刻碑树于园中，为六三园增添了一道亮丽的人文景观。六三郎见缶翁十分喜欢梅花，亦从古寺龙华移老梅一株植于园中，并邀老人于梅树下饮酒清吟。

1914 年金桂飘香、枫叶初红的时节，六三郎在他六三园中的剪淞楼上举办了“吴昌硕书画篆刻展”，这是年届 71 岁的缶翁个人第一次展览，一时嘉宾云集、盛况喜人。吴昌硕自己亦有“六三园宴集，是日剪淞楼尽张予书画，游客甚盛”的记载。特别是不少日本名流纷纷贴红认购，使缶翁艺名经此远播东瀛，誉满扶桑。六三园中缶翁生平第一次个展的成功举办，不仅有利于奠定缶翁作为一代海派书画领袖的地位，而且对缶翁艺术在海外特别是在日本的传播，起到了首推作用。

六三园是中日两国书画家交流的平台，而六三郎对缶翁的笔墨刀艺更是相当推崇敬佩，经常在宴饮高潮之际，向来客介绍缶翁艺术，可见六三园成了吴昌硕书画常年展示的窗口。而吴昌硕的日本弟子如水野疏梅、河井仙郎、长尾甲也和先生在六三园笔墨对应，雅兴联袂作画奏刀，诚如缶翁诗赠水野疏梅所云：“君知吾如吾知君。”河井仙郎虽远在日本，但每年必到上海拜望先生，请教艺事，并小聚于六三园。由于海派书画的领军人物吴昌硕时常做客于六三园，从1912年至1926年的十多年间，六三园实际上成了上海中日书画家艺术交流、展示的中心。海上书画家康有为、曾熙、吴待秋也时常在此雅集。1919年3月，中日收藏界在六三园联合举行了“沪上私家精品金石书画文物收藏展”。也正是六三园的揄扬及推介，加上王一亭、河井仙郎等人的努力，才促成了1922年在日本大阪高岛屋举办“吴昌硕书画篆刻展”。而吴昌硕也在六三园中先后结识了日本大画家富冈铁斋(1837—1925)，亲为其治印“东坡同日生”，还有日本著名汉学家、历史学家内藤湖南(1866—1934)，日本书画名家、大收藏家中村不折(1863—1936)等，从而奠定了吴昌硕在日本艺界的高端地位。

是年4月11日，为筹备参加1915年在美国旧金山举办的“太平洋万国巴拿马博览会”的中国书画出口，负责筹备征集上海出口的劝导员哈少甫在四马路（今福州路）上的题襟馆书画会发表了动员演讲：“此次赛会中国出口天产之外以美术为大宗。中华美术书画精粹，历朝以来，我国之毛笔画，欧美各邦甚为宝贵，日本收藏尤为珍重，对此颇为欢迎。诸公注意，如我江苏省人才颇多，上海为荟萃之地，书画名家尤众，祈诸君乘兴挥洒，一时名重中外。”（1914年4月12日《时报》）吴昌硕作为海派书画的领袖率先响应，创作了喜庆吉祥题材的《芝仙祝寿》，王一亭画了人物中堂，哈少甫画了《刘海》中堂，姚伯鸿画了青绿山，正客居上海的岭南派画家高剑父、高奇峰、高剑僧亦送了作品。1914年6月26日的《时报》中曾载道：“上海吴昌硕《芝仙祝寿》，笔法老到……”

吴昌硕的老友沈石友嗜砚藏砚。是年秋，沈请缶翁邀王一亭画《品砚图》，缶翁复信告知：“已通知一亭，《品砚图》可画，望裁纸样。如寄一拍像尤佳，前寄弟之照片，一时寻觅不得，故再请之……缶弟顿首，廿一日。”（《吴昌硕尺牍集》）王一亭画成后，缶翁即题诗《品研图为石友》："研林品类殊不齐，宋端豁石唐澂泥。洮河色绿龙尾碧，乾坤精孕光虹霓，石友好研老成癖，十载搜罗数逾百……"（《缶庐诗卷第七》）沈石友亦作《自题〈品砚图〉》云："砚林世多石不同，端溪之石为正宗。平生砚癖苦难疗，爱青花石逾黄琼……"在这之前，吴昌硕亦曾为沈画过《洗砚图》，并有诗题赠："砚癖空南阜，千秋一沈郎。洗能开骨相，磨亦挽苍桑。铭重周书补，泥轻汉瓦藏。石田耕有获，直欲傲侯王。"（《缶庐诗卷第七》）客观地讲，沈石友藏砚固然有不少名砚，如宋黄文节像砚、吕晚村手琢砚、明金孝章铭砚等，但缶翁为其书铭镌刻，则使之享誉艺林。

在缶翁的日籍弟子中，他对长尾甲感情极深。这一年的八月，爆发了第一次世界大战。不久，长尾甲归国，缶翁依依惜别，精心作《墨梅图》和《山水图》相赠存念，并诗题其《海滨送别图》："且歇东坡屐，言开北海尊。道心存瓦甓，游迹绘昆仑。秋水新诗魄，沧溟古月痕。归与吾羡尔，轶荡仰天门。"

第二十九章　1914 年的记账本

尽管吴昌硕从中年起就鬻艺书画篆刻，但一直是境遇不佳，门前冷落。自正式定居上海后，他的笔墨金石生涯才有了根本性的改观。然而，有关吴昌硕具体的售艺记录何处寻觅？有的只是零星的介绍，且不可靠。应当感谢上海吴昌硕纪念馆的执行馆长、吴昌硕的曾孙吴越（吴长邺子），他及时地为我提供了一本吴昌硕 1914（甲寅）全年的售艺账本《笔墨生涯》。

这是一本老式的线装账本，也是极珍贵的第一手原始资料。虽然连史纸页已经泛黄并有些虫蛀及斑驳，但却弥散出岁月的沧桑、旧时的韶光和笔墨的余香，封面上，吴昌硕用酣畅遒劲的笔触题耑："笔墨生涯。甲寅正月题。"并钤有"吴昌硕"印。手抚前贤遗泽，备感历史的温情、文化的洇润与艺术的守望。当打开这本《笔墨生涯》时，犹如观看了一部一代艺术大师在海上鬻艺生活的真实纪录片。

《笔墨生涯》起始于"甲寅正月"，吴昌硕是年 71 岁。应当感谢这位富有历史精神和社会意识的老人，他留下的这笔墨账本，为我们研究、了解那个时期海派书画家的从艺方式和经济形态，提供了一个相当翔实的经济样本和一段原汁原味的从艺信史。

吴昌硕的笔墨账本从 1914 年的正月初五至十二月终，记账形式为上是订购者姓名或笺扇庄名，有时记以具体内容，如花卉、山水、中堂、对联、扇面、册页、刻印等，下是所收润格数目及磨墨费，如拾伍元、墨三角等。当时订购吴昌硕书画的群体主要有三大类，一为笺扇庄（即类似于后来的画廊）及古董店，二为个人或收藏家，三为日本画商、画家及收藏家等。而笺扇庄无疑是吴昌硕书画销售的大头，有着相当稳定而数量颇多的订件。当时的上海，已成为中国乃至东南亚最大的都市。近代金融业的繁荣、商业消费的兴盛及市场经济的活跃，为海派书画搭起了坚实的社会平台。特别是上海为数不少的笺扇庄、书画店的积极拓展，对海派书画做了良性的推介和能动的推广，从而在全国率先建立了成熟的书画市场运作机制，为海派书画的崛起作了经济上的保障和艺术上的提升。1914年正标志着海派书画廊进入了鼎盛期，而吴昌硕的这本《笔墨生涯》就像一面镜子，折射出了海上书画笺扇庄的鬻艺风貌及经营之道。

《笔墨生涯》开篇的第一笔记录即是："甲寅正月五日，晚翠轩。永野四件，叁拾壹元八角，墨二角。"其后陆续向吴昌硕订画的有大吉庐、戏鸿堂、古香室、九华堂、朵云轩、国华堂、怡春堂、锦云堂、文源斋、晋古斋、锦润堂、文萃楼等十多家。客观地讲，已臻"人艺俱老"的吴昌硕当时属大师级的艺术身份，因此凡与吴昌硕交往的画廊亦属当时一流的大画廊或有相当品位的实力派画廊。如古香室就是著名的老笺扇庄，当时任伯年到上海开始丹青翰墨生涯时，因人地生疏而流落街头，后在胡公寿的推荐下进入古香室，由此开始名震海上。九华堂开设于清光绪十三年（1887），甲寅年（1914）重分股份后，分为"厚记"、"宝记"两家。该店在海内外书画界、收藏界颇负盛名，所代理书画家均属当时名家大家。吴昌硕在《笔墨生涯》账本中，亦分别记以"九华。宝记"或"九华。厚记"。而被誉为"江南艺苑"的朵云轩，创建于清光绪二十六年（1900），系当时有档次的画廊。而戏鸿堂、大吉庐、怡春堂在海上画苑亦颇有时誉。

画廊与画家是一种相互依存的社会机制，不是单纯的你买我卖的客户关系，而是对书画风格的走向、受众的审美引导及艺术的社会需求都产生作用的对应关系。通过吴昌硕的《笔墨生涯》账本，我们可以看到老人与这些书画店相互信任的良好关系。他给画廊的价格并不很高，让其有利润的空间。老人曾说："对画笺庄不要太计较，要让其有铜钿赚(进)。"由此可见，当时的海上画廊之所以能成为全国画廊业最兴盛、最规范、最具活力之地，真正形成一级市场的能动机制，是和海派书画领袖这种雅量与胸襟分不开的。此本《笔墨生涯》为我们提供了有益的启迪。

吴昌硕是深受中国传统人文精神浸润的艺术家，他为人和善，颇重友情，他题诗沈石友谓"石友介于石，镌肝淘俗尘"。他崇尚那种肝胆相照、超越尘世的书画缘、金石契、翰墨情。因此，在《笔墨生涯》中所记的个人订书画者达40多人，而且大多是与他相熟的友人，如王一亭、沈石友、哈少甫、张石铭、俞文荣、金诵清、徐星洲、毛子坚、管君年、商笙伯、吴石泉、潘宪臣、王吉生、谈幹臣、沈彝聪、赵云舫、徐小雅等，而其中王一亭、沈石友、哈少甫、商笙伯、张石铭等是他的挚友，徐星洲则是他的入室弟子。

从向吴昌硕个人订书画者的群体组成来看，其中有实业家、书画家、收藏家、画商、爱好者及一般的市民阶层。由此构成的鬻艺形态既普及推广了海派书画，亦凝聚提升了海派书画的市场人气及社会影响，由此打造了海派书画市场在全国的领军地位，这是《笔墨生涯》为我们所提供的值得研究的艺术社会学现象。如1914年向吴昌硕订购书画的个人中，王一亭是数额最高的，而且以大宗为主，达307.80元大洋，当时一块大洋折合现人民币约45元，计13 851.00元。如五月廿一日，王一亭一次就订购了101.8元大洋。而在吴昌硕笔墨账本中，唯一在名后加“翁”字的，也就是六月十二日的“一亭翁”，可见其亲密的关系。

在吴昌硕的《笔墨生涯》中，几位画商向他订购书画也是颇多的，如金诵清就订了451.40元大洋，俞文荣订了256.70元大洋。另外有一个值得关注的现象，就是有几位本身是海派书画的名家，亦向吴昌硕订购书画。在书画圈中，特别是在名家层次内，书画家大都是“以画易画”，一般不订购对方的作品。而这些书画家向吴昌硕订购书画，反映了他们对吴昌硕艺品的推崇和名望的尊重。如哈少甫为海上资深的书画名家，亦精鉴赏、富收藏。1910年，上海书画研究会成立时，李平书为总理，哈少甫、毛子坚为协理。1914年，哈少甫还出任美国巴拿马万国博览会上海出品分会征集劝导员，他就向吴昌硕订购过书画。又如商笙伯在清末曾任江西湖口知县，辛亥革命后居上海专事丹青，精花鸟、草虫，亦善人物、走兽，他也向吴昌硕数次订购。这种行为的本身，就进一步奠定了吴昌硕在海派书画界的首席地位。

向吴昌硕订购书画的还有南浔巨富张石铭，他是国民党元老张静江的堂兄，是名重海内外的大鉴赏家、清末民初的四大藏书家之一。他与吴昌硕交往甚密，他那保留至今、规模宏大的南浔懿德堂内，至今可见吴昌硕的丹青笔墨。另外，有趣的是，沙逊洋行亦在1914年的十一月初二，向吴昌硕以7.30元大洋订购了一副对联，可见吴昌硕在当时的海上艺苑已声誉日隆。

通过翻阅吴昌硕的《笔墨生涯》，有一个书画润格售价现象是值得关注的，即吴昌硕的书画平均每尺为4元大洋左右，折合现人民币为180元左右。而吴为当时大师级的书画家，他的这个标价，当时一般的职员、编辑及白领均是可以承受的。据包天笑回忆，他当时在商务编译所每天工作半天，月薪为40大洋。全天工作的许志毅则为60大洋。当时《申报》总主笔陈景韩月薪为300大洋，一般编辑、记者的月薪在60大洋，资深的为100大洋。商务印书馆监理张元济请胡适来商务工作，兼职亦可，月薪为300大洋。可见当时从高级管理人员到一般职员都买得起吴昌硕的书画，如《笔墨生涯》中就有“房东，13元”“常熟来客，6元”“山东客，10元”这样普通人的买画记录。可如今像吴昌硕这样级别的书画家动辄几万乃至几十万，实在是令人咋舌。

吴昌硕1914年的《笔墨生涯》，可谓是风生水起而高潮迭起。那么，吴昌硕那古朴雄浑、豪放遒劲的艺风是如何走红日本、誉满扶桑的？此本吴昌硕的《笔墨生涯》做了解读与诠释。自吴昌硕1912年定居上海，特别是1913年初春乔迁闸北北山西路吉庆里后，王一亭时常邀请吴昌硕到六三园休闲小酌、品茗听曲，兴趣所至，还挥毫泼墨作画写字，从而使白石六三郎亦成了吴昌硕的崇拜者。而六三园又属高级会所，系日本政商金融实业界及艺术界高端人士雅集之地，于是吴昌硕的艺名在日本不胫而走。从1914年开始，日籍人士订购书画者剧增，吴昌硕的《笔墨生涯》中均有记录可查。

《笔墨生涯》中出现频率最高的订购者是“霞峰”，有28次之多，共计301.60元大洋，折合成现人民币13 572.00元。尽管霞峰向吴昌硕所订书画从润格的数目上讲不是最高的，但从数量上讲是最多的。一本《笔墨生涯》几乎每页上都有“霞峰”，可见其与吴昌硕的交往是很密切的。那么，这个“霞峰”究竟是画廊名还是人名？我遍查吴昌硕的传记、年谱及相关史料，都未曾见有所提及。后请教了吴越兄，他告知“霞峰”乃是长崎一画商，全名叫友永霞峰，系吴昌硕书画在日本的经销商，其后人至今与他们吴家还有联系。当时在日本经销吴昌硕书画金额最高者为山本，他全年订画共计12次，但金额是556.40元大洋，折合成现人民币为25 038.00元。

民国初年时，中日两国书画家、收藏家、文人等交往甚多，他们特别崇尚吴昌硕书画中的金石之气和高古之风，向其订书画者很多，如佐佐木、篠崎、长尾、越山伊、岸田、安中、古河、小栗等，全年计325.30大洋，折合成现人民币14 638.50元。其中佐佐木、篠崎、长尾等亦是吴昌硕的好友。如1914年8月12日，吴昌硕就与王一亭、何诗孙、郑孝胥、佐佐木、篠崎等在六三园中雅集，这一天的《郑孝胥日记》载谓：“赴六三园主人白石叟之约，何诗孙、吴昌硕、王一亭等皆在座，日人有佐佐木、斋滕、篠崎等。”佐佐木全名为佐佐木苏江，不仅本人是画家，亦是策展人，早在1908年10月就在上海与长尾雨山一起发起举办了由中日书画家、收藏家铃木孤竹、庞莱臣、李平书、陆廉夫、毛子坚、哈少甫等人参加的“定期举行第三次书画展览会”。正是通过《笔墨生涯》，使我们看到日本书画商、书画家、收藏家及文人对吴昌硕书画的订购之盛况，全年合计为1 183.30元大洋，折合成现人民币为53 248.50元。由此可见，吴昌硕从1914年起，在日本已成为最受推崇、知名度最高的中国书画家，被日本艺界尊为“嘉道后一人”。

笔者对吴昌硕甲寅年《笔墨生涯》做了一个小统计，全年总销售额为：5 583.00 元大洋，折合成现人民币是 251 235.00 元。平均每月为 465.25 大洋，折合成现人民币为 20 936.25 元。这位大半生在艺坛飘零，为贫困所迫的大师，其好友任伯年曾为其绘过《饥看天图》、《酸寒尉像》，1887 年冬第一次举家迁上海时，曾在浦东陷入“极天下枯寂寒瘦之景”，而今终于在人生的暮年崛起于海上艺坛。他的“笔墨生涯”也告别了那“久久贫向隅”的日子。

第三十章　暮年变法入化境

艺事的修炼，人生的机缘，命运的转变，使缶翁的人生在古稀之年焕发了异彩，展示出璀璨的景观。如果缶翁在金石书画上的成就是卓越的，那么他生命的成就也是辉煌的。生命是人生中最宝贵的指标，也是生活里最大的硬道理。他在70岁后，依然拥有敏捷的才思、雄健的笔力及勃发的张力，活跃在海上艺坛，在丹青翰墨中叱咤风云。自定居吉庆里后，缶翁的生活轨迹主要有三大项：一为日常的书画篆刻，二即参加艺友雅集、诗社画会及慈善赈灾活动，三是外出访友旅行等。

民国四年乙卯（1915）正月，缶翁出示自己所藏八大山人《鹿》，让王一亭临摹，并题诗云："一亭画鹿饮岩阿，一例王孙感慨多。掷笔不堪回首处，纵横荆棘上铜驼。予藏八大山人画鹿，一亭喜其古朴有致，伸纸临之，为题二十八字。乙卯孟陬，安吉吴昌硕。"2月19日，缶翁与王一亭到郑孝胥处，《郑孝胥日记》中同日载："王一亭、吴昌硕、王叔庸来。"2月28日元宵，缶翁为王一亭刻朱文印"震仰孟"，边款谓："乙卯元宵，一亭索刻，老缶。"

是年寒食时节，海上六三园樱花盛开，春光烂漫。缶翁约王一亭及诸宗元等友人游园，赏樱品茗，观景听琴。缶翁诗情盎然，提笔作《六三园樱花齐放，约贞壮、一亭往游，叶娘鼓琴花下》："海天如镜天磨平，逆天排海飞长鲸。桑田幻出翻雷霆，麻姑数见吾何惊。春光如拭开林亭，花风凝白千树樱……"（《缶庐诗卷第七》）不久，缶翁又作杭州之行，在诸宗元陪同下畅游西湖，行访著名的烟霞洞，"一洞坐佛烟霞巅，洞穿江底凝龙眠。佛力制龙难制天，啼血雪山来杜鹃……"（《缶庐诗卷第七・烟霞洞题壁》）

已功成名就于艺坛的缶翁，此时正式进入了人生的收获时节。1914年冬，上海商务印书馆辑集缶翁所作花卉20幅出版《吴昌硕先生花卉画册》。卷首刊有诸宗元写的《缶庐先生小传》。由西泠四君子之一吴石潜所经营的西泠印社上海分社，亦从民国二年（1913）起，陆续出版了四集《缶庐印存》，为海内外篆刻界所瞩目。

吴石潜不仅为西泠印社的发展做出了重大的建设性贡献，亦是一位极有经营意识的事业家。他在上海时常拜访请教缶翁，以仿宋活字版编印了各种金石丛书及名家印谱，并研制出了配方独特、泥色润美的“西泠印泥”。为此，缶翁在是年仲夏诗题吴石潜小诗云：“金石缘深喜万端，灯光画脑手亲刊。料知社酒如泥醉，南北高峰作印看。”不久，吴石潜出资在西泠印社开掘一小池，涌出灵动的泉水，清碧映日，微波照月，成一雅致景观。缶翁以篆题书《潜泉》，并铭：“石潜宗台于西泠印社左壑凿一小池，泉涌如沸，即从潜泉题之记实也，乙卯仲夏吴昌硕。”吴石潜对此泉深爱之，亦将“西泠印泥”称为“潜泉印泥”。无论是在上海吉庆里，还是在杭州孤山畔，缶翁与石潜共话印林，探讨金石，使石潜获益良多，他既是缶翁金石的崇拜者，亦是推介者。他在《锐候心赏》中评缶翁篆刻曰：“近日东南数省印家，以吴昌硕大令当第一巨擘。其篆法皆由古籀、古玺、匋器，错综为用，高古浑厚，莫与为此。”

王一亭自与吴昌硕相交后，其书画创作深受缶翁影响，王一亭以前师事任伯年，主要在绘画的结构造型及笔墨的表现能力上打下了扎实的基础。而后他对缶翁的金石艺风甚是推崇服膺，使其书画风格为之大变，其绘画笔触老辣酣畅，线条跌宕恣肆，设色厚重华滋，尤其是书法，更是金石气息浓郁朴茂，运笔豪放劲健、气势郁勃开张，并且在画面上开始题诗写跋，凸显其文化内涵和文化功能。为此，他的闲章也开始与书画风格相匹配。是年九月重阳时节，缶翁为王一亭刻了朱文印“鹤舞”，边款：“一亭嗜予刻印，老眼昏花，弗笑弗则幸甚。乙卯重九，老缶。”另一方即是著名的朱文印“鲜鲜霜中菊”，边款云：“一亭索刻昌黎句。乙卯秋老缶年七十有二。”自此，王一亭所作的书画作品上，常钤有此二印，标志着白龙山人画风向缶庐画风的转型。缶翁晚年在海上享大名后，远胜于任伯年当时“户限为穿”。年迈的缶翁时为疾病所困，尤其是臂痛常发，有些书画就只能由王一亭来代笔，可谓深得缶翁衣钵。

随着入住吉庆里，缶翁晚年生活趋于稳定安逸。在经济上，随着他的书画金石风靡海上，可谓是日进斗金。在生活上亦有王一亭、赵云壑、倪墨耕等人侍奉左右，诸多照顾，顺风顺水。正是在这种情况下，缶翁对自己的书画篆刻进行了衰年变法，最终完成了“名家—大师—巨擘”的登攀，成为中国近代艺术史上的领袖级人物。他衰年变法的主体特征是：格古韵新，变汇通融，别开生面，以极鲜活而富有生机的审美形态，体现了时代精神和民族理念。是年11

月，吴石潜将缶翁各体书法及各种绘画精心编辑成《苦铁碎金》四册，由上海西泠印社石印出版。《缶庐印存》四集亦同时出版，从整体上反映了缶翁在金石书画上的艺术风貌。

吴昌硕自幼癖好临池，少长游吴门，博览群碑诸帖，刻意心摹手追，致力弥勤，因而他篆、隶、楷、行、草各体皆精，并各呈风格，曾编入《苦铁碎金》、《缶庐近墨》、《吴昌硕书画篆刻集》等。

吴昌硕的篆刻早年取法杨沂孙及秦李斯小篆，打下了坚实的根底。中年以后，涉足石鼓，临习精研不息，回殊流辈而自成风苑。他攻习石鼓并不单纯地摹仿形似，而是充分使用运笔的过程，写出墨韵气息。他曾竭力收集宋明各代精致拓本，晨夕观察研究，并掺入秦权量、封泥、汉砖瓦等文字古朴苍劲之意趣，兼及瑯琊刻石、泰山刻石的笔意气势，因而观其篆书，笔情雄勃，墨韵飞动。特别是晚年所书石鼓，笔致精悍朴浑、生拙并重，表现了雄迈的气魄。他写的石鼓对联气息高古朴茂而神采潇洒隽逸，枯涩润燥纯任自然，富有书卷气息，具有一种难以表现的“金石质感”。他篆书的结体也在继承前人传统的基础上发展而突破。篆体从秦李斯《泰山刻石》、《峄山碑》，汉《袁安表碑》，唐李阳冰《三坟记》、《城隍庙碑》及明清诸家的结体，大都工整平稳、端姿婉丽，字体外形呈长方形，上紧下松，左右两边对称匀整，笔画粗细间距略。吴昌硕早年所临习的石鼓文也趋于工稳端庄一路。后来他从散氏盘恣放随意、奇正相间的结体中得到启示，兼及行草书左紧右疏，左低右高，字形略成倾斜之势中取法，使篆体的书写左右参差高低相依，尤其是左右部首合成的字更加明显，呈现左低右高的梯形斜势，因此更显得气度宏放，疏朗开阔。晚年结体愈加豪放，发展为“强抱篆隶作狂草”的形式美境界，挥毫所至而气势酣畅，貌拙姿奇而纯任自然。

吴昌硕的楷书，从临习颜真卿入手，笔力丰厚扎实。后学钟繇，运笔更为谨严，通篇匀整，笔墨精到，他曾自称“学钟太傅三十年”，可见用功之勤与持之以恒，他在八十高龄，尚能为人书写茂密精严的工楷扇面。

吴昌硕的隶书从《汉祀三公山碑》入手，后又广泛观摩了大量汉碑拓本。特别是对《嵩山石阙》、《张公方碑》、《石门颂》等精研不懈，同时也受到杨岘、邓石如、吴让之诸家笔法的影响。晚年，他又在博览大批金石文物拓片和原件的基础上，参以篆、草之意，变横势为纵势，含有内涵的篆书玉柱遗绪及石鼓形意，用笔更为端庄浑厚、古朴持重而雄劲老练。隶书的结体大都为方形或扁方形，笔画多有波势挑法，左右舒展。而吴昌硕“曾读百汉碑”，以篆法结体掺入隶书，变隶书传统的横扁为竖扁，化扁形为篆书长形的字势，变左右舒展为上下伸展，并略有侧势，间架距离则上紧下疏，上宽下束。很多字的形体呈伞状形放射。有的则如千仞壁立，巍峨傲岸，显得气魄非凡，亦篆亦隶中颇有“万壑千岩奔赴腕下气象”，用笔朴拙雄健，线条凝重中见石鼓遗意，因而气息古雅。

吴昌硕的行草也别具风貌，老辣苍劲，气敦质厚，运腕驰笔中可见务朴不华，宁拙毋巧。他行草初学王铎，气息畅达，后又取法欧阳询及米芾诸家，自创一格，挺拔苍劲，酣畅郁勃，特别是他晚年的行草更入化境，以篆隶笔法作狂草，笔势跌宕起伏，厚拙奔放并重，折旋纵横均妙到毫巅，深得线条之精髓。他行草的结体也同篆书、隶书一样，有左低右高的特征，因而欹正相依，左顾右盼，给人以视觉上的起伏感，左重右轻、左紧右松。其点画交叉的结体，多为方圆对比，直曲相参，具有轻重疏密感，潇洒恣肆，朴拙险绝。

吴昌硕在书画诸艺术领域中通达融贯，因而他的运笔、章法、墨法以及作品的节奏韵律与篆刻有着内在的联系与外在的形意。吴昌硕的笔法不论用于篆隶行草，大多用逆笔藏锋、中锋运笔，所以点画厚重丰腴，筋骨矫健，含蓄耐看。运笔轻重任其自然，疾涩视墨色而定，墨饱则较疾，墨少则较徐。收笔或连笔处常出现枯笔“飞白”，显得笔断意连，气韵生动，同时他也善于将篆、隶、楷、草四体笔法互为变通，巧妙结合；篆隶中带有草意，行草中带有篆隶法。而行楷中则吸取篆书笔法，正面取势，笔笔中锋，方圆兼使而逆入平出，使点画均有厚重浑穆感。在篆隶方正圆浑厚重、逆入平出的笔法中，往往在笔画收尾处、转折处或“飞白”处，渗入行草笔法，能在平正圆重之外，又有灵动之意趣。故纵笔豪放而浑然洒脱，点画枯涩轻重、虚实飞动之情跃然纸上。

吴昌硕书法中的墨法，则是从他绘画艺术中取法。传统的中国画中墨有五色之说，即浓、淡、枯、湿、焦。墨法运用得好，具有无色而有色彩的效果，如浓湿则润滋呈妍，枯焦则燥涩呈险，使之神采焕发。字里行间，枯涩润燥相间相映，则风韵绰约，妍丽并存中见奇趣横生。吴昌硕书法喜用浓墨，笔酣墨饱，痛快淋漓，浑重朴茂，再兼以枯渴，更加意趣盎燃，绚烂多姿。

如果说吴昌硕的书法郁勃雄健而有大气磅礴之势，那么，这种磅礴的气势更多的是通过章法来体现的。章法在书法中称“行气布白”，在篆刻中称“分朱布白”。章法的疏密相间，直接关系到作品的气势和韵律，而吴昌硕在章法上的突出创造，也是带有鲜明的“吴派”印记。他的字法结构多用斜势，因此由字组成的行篇，自然也带有斜势。于是，吴昌硕采用绘画常用的虚实疏密、挪让参差、顾盼呼应等法来构成。首先是字距紧密，上下相接，因而气势连贯。其次是行中字有大小松紧，聚散断连，形成错落有致，横直有绪，变化而又统一。另外是行与行、字与字之间，左右前后、上下首尾的承接呼应、相互顾盼，形成全篇字的点画，有疏有密，有虚有实，由此相间构成黑白空间，面积大小不同，形状方圆各异。其点画之轻重方圆，线条之长短刚柔，形成了气势雄强、境界开阔的章法特点。

吴昌硕书法作品的节奏韵律感十分强烈，有种节奏铿锵、韵律跌宕的艺术魅力。他所书之字无论行列多少、字体大小、束张欹正，通过笔力的强弱疾徐、墨色的枯润聚散、笔法的多种变化，产生强烈的节奏感，这在他的行草作品中表现得更为淋漓尽致而生动激越。如他的自作诗一首，笔画的纵横之中，墨色的润燥之间，可见笔力振荡、气势激昂。字与字之间左欹右侧相顾，忽上忽下，时而二字相连，时而信笔相贯，上下承应互为映照，时有飞白牵丝相连，韵味浓郁而节奏韵律起伏多变。

吴昌硕的绘画也格调高雅、画风超逸。他的丹青创作重气韵气势，亦精布局章法，笔触老健遒劲，敷色雍容古艳，鲜丽处不轻薄，浑厚处不沉闷，独开大写意花卉的新生面。中晚期的作品则将篆隶和狂草笔意融入画中，达到了气韵生动、雄健烂漫的佳境，可见其主张“吾谓物有天，物物皆殊相，吾谓笔有灵，笔笔皆殊状”在绘画实践中的运用。他写松针、梅枝、兰叶如作篆隶，凝重刚健，书卷气颇浓。他画葡萄、葫芦、紫藤一如狂草，奔腾挥舞，处处渗透着书法金石的功力，于“奔放处离不开法度，精微处照顾到气魄”。吴昌硕在绘画上曾师承陈白阳、青藤、八大、石涛、扬州八怪等，然而他精研传统而不泥古，善于“破古法”而“出己意”，使他的大写意花卉变通得气韵丰约、敷色古艳、风格超逸，在构图上则饱满和谐而疏密有致，既无宫廷画的繁复，亦无野逸派的粗陋，弥散出浓郁的生活气息，具有鲜明的时代精神和鲜活的市民情趣。他的绘画以大写意书画为主体，并充分发挥自己擅长书法篆刻的优势，在画中渗以篆隶草法与金石气韵，并敢于从俗，不拘一格，大胆使用西洋红，一反传统文人士大夫视鄙运用大红为俗的观念，不仅开海派风气之新，而且在艺术史上，使清末民初画道中落的现象得到了改观。

在吴昌硕的艺术道路上，他从事篆刻艺术的时间最长，在前面的简历中就谈了他 14 岁奏刀学印，至此精勤不懈，老而弥坚，创作经历达 70 年之久，终于成了一位承前启后、开家立派的印苑巨擘，创立了影响深远的“吴派”。吴派的创立，在篆刻艺术发展史上具有不同凡响的意义，因为“吴派”把书、画、诗等多种艺术因素与表现形态生动而理性地融汇在一起，从而丰富了篆刻艺术的表现方法，开拓了篆刻艺术的表现领域，极大地提高了篆刻艺术的境界与水准。对于这一点，虽然明清许多篆刻家也曾做过尝试，如丁敬、邓石如、吴让之、赵之谦等，但他们的探索成功率及艺术内涵量都没有吴昌硕这样大，其形式美也没有吴昌硕的这样强烈，可见吴昌硕是位集大成者。

吴昌硕的篆刻艺术生涯漫长，经历了几个发展过程。笔者根据其篆刻创作的轨迹，初步分为：摹仿期、探索期、创新期三个阶段。

摹仿期——吴昌硕初涉印坛，正是浙派与邓派(邓石如、吴让之)、赵之谦派等流风艺绪影响印坛的时期。因此，吴昌硕也师法浙派、邓派、赵派。他20多岁所出的《朴巢印存》中可见他对于这些印章流派的摹仿痕迹。他31岁时刻的“骑虾人”一印，运用切刀法镌刻，工稳朴拙，可见丁敬、黄易等西泠八家的影响，颇有拙味涩趣。而他所刻的“武陵人”一印，章法、笔法取意于赵之谦，舒展清丽而线条婉丽。他35岁所作的“学源言事”则在边款上直言不讳地刻着“仿完白山人”，颇得邓石如篆法婀娜章法疏密自然的风韵。而他所刻的“喜陶之印”则取法于吴让之，所用刀法冲削并重，明快流畅，秀逸隽丽。这个时期，他主要在浙派、邓派、赵派诸家之间吸取艺术养料，打下了扎实的基本功，并注重学习浙派用刀的苍涩、邓派章法的畅达、赵派笔法的遒劲。

35岁以后，他上效秦汉，直接取法古玺，但主要还是以摹仿为主。他在37岁时所作的“周作镕印”一方印，章法工稳端庄，字法简约方正，刀法凝重苍劲，一派汉官印法。而“两罍轩”颇像战国古玺印，文字奇丽多姿，带有象形意态。在经历了师法浙派、邓派、赵派诸事后，吴昌硕又上效秦汉，因而为他的篆刻创作奠定了高古的格调和浑厚的气息。

探索期——在吴昌硕入不惑之年后，他开始突破前人樊篱，进入了探索变通的实践过程。自从他精研了秦汉印后，悟得古印之妙，并打开视野，多方博采，从历代钟鼎、玺印、权量、诏版、封泥、泉布、瓦甓、碑碣等金石文字及各家各流派印谱中多头取法，汇融于印。如他约41岁时所刻的“瘦碧”及“郑文焯印”二方，虽带有汉印遗风，但文字线条苍劲凝重，可见石鼓笔意。笔画与印章边缘或破或并或连，带有封泥印的苍莽古穆气息。特别是在运刀上已突破了以前较持重的方法而趋向于宏放厚重中见浑朴古拙。同时，他开始尝试将石鼓文以汉篆简约的方法书写入印，在此基础上将封泥、砖瓦等糅合成一种经常使用于印间的书体，如他所刻的“费君直审定金石文字”等印已将汉印笔法与石鼓、封泥融合一体，并于古朴苍茂中见秀劲姿态。而他所刻的朱文“西蠡”中，以汉篆法表现石鼓笔意更为鲜明，从中可见汉印的端姿，也可显石鼓的古意，于稳健中寓变化。这一时期所创作的“画癖”等都是吴昌硕探索时的成功之作，虽然这些印还没有他晚年那种貌拙气盛、豪放雄浑的风格，但这种印风的形成已揭开了序幕，为他的篆刻艺术通向大师之巅提供了阶梯。

创新期——吴昌硕50岁前后以深厚的功力和远邃的目光变法创新，“学古人而能自出胸臆”，已不为陈法所拘。他以纯熟自然的笔法、章法通过刀法移用到印章上，用笔结构，一变成法，显得俯仰造势、挺拔苍劲、气势雄强。这时他所刻的作品已挥洒自如，放而不率、拙而不滞，一气奏刀而成。特别是他的刀法进行了重大的变革，在吸取吴让之、钱松冲切披削的基础上，以纯刀硬入法奏刀镌刻，使笔画线条雄浑苍莽、刚劲豪爽、大气磅礴中颇具阳刚之美，从而使线条力避甜俗而趋劲拙。如他53岁、54岁所刻的“节堂”、“心月同光”、“高聋公”等印，笔法与汉篆、石鼓相结合，并掺用封泥法，印文与边缘或并笔而避实就虚，或残边而以笔画代边线，打破了印间方寸局促感，给人以开阔的空间感，显得气息生动而气韵流畅。而他57岁以后所刻的印章，已达到了人印俱老的艺术境界，进入了他创作的成熟期，最终形成了他吴派的印风体系，如他所刻的“心陶书屋”封泥法作边缘，而文字却采用石鼓文之笔意，恣肆秀逸中寓古拙灵动，刀法浑厚，颇有写意的丰腴感，是不可多得的精品力作。特别是他71岁所作的“子谷”印，虽然属于小印，但刀法浑穆挺劲，章法上大胆破边，仅在上下略加边线，因而显得宽绰宏放。他73岁所刻的“晏庐”，字似汉碑额，方硬古朴，刀法冲切并重，颇有雕镌的金石质感，而在章法上打破四周边缘，以笔画线条代之，仅在虚处略加一些以作点缀，似有似无。驱刀如笔中见气势奔走在指端手间，使印文线条浑厚中带滋润，酣畅中寓遒劲。吴昌硕曾说：“治印布白最难。”他在创作时，印稿总要反复推敲，再三修改，有时如遇一字布排不妥，则淬虑神志，即使枕上得之，也会急忙披衣而起，可见其创作态度何等严谨，因而他的篆刻艺术达到了出神入化之境地。

边款历来是篆刻艺术的有机组成部分，犹如书法、绘画中的落款，吴昌硕所刻的边款也极有艺术特色，对后来的篆刻者产生很大的影响。他边款早期以楷书为主，工稳方整，章法也颇为规矩。中年后进入他篆刻中的探索期，这时的边款显得明快爽捷，简练写意。晚年吴昌硕的边款镌刻更加气敦质厚，以单刀直切入石，落刀处钝，收刀处锐，富有笔情刀趣。边款的章法布局虽然欹正互掺，而错落有致，生动严谨。其时，吴昌硕的边款艺术也升腾到完美纯熟的极致，生辣峭拔而雄姿激越，无论是寥寥数字的短款还是抒怀言志的长款，都风貌自具，金石气息盎然。

第三十一章 热衷慈善搞公益

民国六年丁巳（1917），缶翁已74岁。老人每年元日有赋诗之雅习，以辞旧迎新。此年元日，缶翁仍作《丁巳元日》。早春二月，海上六三园内的早樱开了，花团锦簇、艳美如霞。缶翁乃偕友阮闇前往观花，并作五言长诗《闰二月十八日六三园看樱花同阮闇》："沧江流八荒，名园开一隅。樱花媚古春，云气光腴腴。杏失故态娇，桃羞静女姝。绿玉初含苞，大美天所拘……"（《缶庐诗卷第八》）

阳春三月，原成立于1910年的海上题襟馆，在吴昌硕领衔下的海派书画创作日趋昌盛，在此情况下，为适应新形势的发展，振兴会务，重新选举缶翁为会长，王一亭、哈少甫被选为会董，吴待秋为驻会专职会员。1917年3月28日《申报》以《海上题襟馆开会记》为题做了报道："四马路三山会馆隔壁海上题襟馆画会创设有年，久为名人荟萃之处。辛亥以还，萍踪星散，顿失旧观。今春同人等重行提倡会务，举吴昌硕为该会会长，哈少甫、王一亭为会董，吴待秋由京来沪，留驻会中。日来各书画名家如何诗荪（孙）、黄旭初、商笙伯、叶指发、沈墨仙、吴郯卿、伊峻斋、王梦白、王亦石、胡伯翔、严涌三、徐竹贤诸君常川到会，兴至挥毫，并由吴昌硕加以题句，悬挂四壁，任人登楼展览，不取分文，洵雅集也。"通过此则报道，可见缶翁在上海书画界公认的盟主地位和笔墨领衔地位，同时也折射出当时海上书画界创作的活跃和艺事的昌盛。那么多书画家来画会挥毫泼墨，雅集展览。清明前夕，老友沈石友从常熟寄赠缶翁爱食的象笋，老人甚开心，作画并题诗《石友赠象笋，画笋为答》以谢之："虞山象嫩牙牙萌，白若象齿以象名。石友寄将数六十，泥香沁鼻心怦怦。老妻解筐喜形色，剥砍忙乱山厨烹……"（《缶庐诗卷第八》）

在缶翁的笔下，展示出一幅举家欢食象笋图的场景。然而，仅过去两月多，是年五月十五日晨起，夫人犹谈笑自若，忙里忙外，及晚时，却被痰所噎，就突殁于家，享年70岁。这真是晴天霹雳，对老人打击甚大，他伤悲至极，竟得大病，病中几次欲赋诗悼亡，均泣不成声，难以下笔。后终强忍哀痛，成《夜不成寝书二绝句》：“桐棺一去隔浮云，来梦轻裾旧布裙。色笑承欢应似昔，缪家窝畔舅姑坟。”“溪堂同赋竹深深，往事低徊思不禁。诗戒已持心是佛，双眸观我当长吟。”(《缶庐诗卷第八》)

忆及前一年仲秋时，缶翁还请擅长人物的胡伯翔为其夫人画像，王一亭补景，画面上，施酒面容丰腴，脸带微笑，倚石而立，右为古松，左为金菊，王一亭题云：“季仙吴老伯母施夫人六十九岁玉照。丙辰仲秋，伯翔写照，王震补图。”缶翁原以为可和夫人策杖而行，携手偕老，而如今天人永隔，怎不使老人悲伤不已？缶翁与夫人一直是相敬如宾，相爱有加，相濡以沫。忆及同治十一年（1872）25岁的施酒在吴昌硕的老师施旭臣的牵线下嫁给家境贫寒的吴昌硕时，连聘礼也不要，过门不久，吴昌硕就与金杰出门远行，从此，吴昌硕长年在外游宦从艺、寻师访友，家中诸事及养子育女、照顾继母杨氏等均由施酒一人承担，面对繁重的家务及拮据的日子，施夫人无怨无悔，苦撑度日，曾变卖自己的嫁妆以渡难关。缶翁在诗中曾写道：“昨归今出门，一别一寒暑。”“薄宦如游民，浮家累妻孥。”正是由于施夫人的贤惠、勤劳与坚守，才使缶翁艰难的人生跋涉和坎坷的从艺历程有了一个稳定而温馨的生活后方和心灵归宿。唯其如此，缶翁在《采桑图为季仙》中真诚地写道：“《豳风图》里劳人在，夫婿心闲好读书。”应当确认：缶翁能成为一代大师、艺坛领袖，其夫人的牺牲与奉献，是功不可没的。

施酒也出生于诗礼传家的名门望族，她自己亦能文善诗，是位才女。她与缶翁举案齐眉，夫唱妇随，并能操刀篆刻，亦善作小印。她共生育了三子二女，恪尽教育之责，使其均学有专长。长子吴育天才早慧，惜年少便殁。次子吴涵，秉承家学，书画金石、诗文词章独具功力。三子吴东迈，有书画篆刻才华，深得缶翁真传。长女早夭。次女吴丹姮，亦能书画诗文，有才女之称。因此，缶翁对夫人是深怀感恩与感激的。1887年，施酒40岁时，缶翁举家迁苏州，他作《丁亥八月廿七日赠妻子》发贺寿：“山妻四十明朝过，往事低徊倍可嗟。曾把锄犁归老圃，更持门户向天涯……”(《缶庐诗卷第三》）缶翁对妻子是心有愧疚的。1897年仲秋，施酒50岁时，缶翁在苏州小游昆山归来，以《季仙五十寿》贺之：“桂子腾香设帨辰，廿年宦海共风尘。前身明月终修到，夫子粗官累食贫。劝我耕田因织字，呼童投辖助留宾。儿童今日添欢喜，共觅陶潜漉酒中。”(《缶庐诗集卷四》）此诗写得相当精微而精湛，是缶翁诗作中的经典。开篇写金桂飘香的时节为夫人设帨庆辰，廿年的薄宦生涯共度风尘艰难。“前身明月”语出晚唐司空图的《诗品·洗练篇》：“流水今日，明月前身。”谓终修得了夫人知音。后在

1909年春，缶翁梦到聘妻章夫人时，亦用“明月前身”语刻了朱文印，凸显了施夫人对缶翁的知遇之情。由于自己官职微小而累及家妻，但家妻却能尊重丈夫的识字生涯，苏轼当年曾有诗云“识字耕田夫”，亦是传统文人的耕读人生，虽然家贫，但妻子却善解人意，慷慨留客。“牵衣投辖”系典故，意谓热情留客用饭住宿，拉住客人衣裳，投其车辖于井。语出清王晫《今世说·德行》：“平生自奉甚约，宾客过从，则牵衣投辖，穷日夕不厌。”缶翁交友甚多，虽家贫，但仍常留客吃饭住宿，其妻亦无怨言，尽力款待。“漉酒”，语出《宋忆·陶潜传》中的“葛巾漉酒”，意谓执子之手，与之共老，相爱白头。正因施酒自己知书达理，她一生尊重缶翁的诗人情怀和艺士秉性。缶翁有感于此，在古稀之年作《赠内》诗云：“平居数长物，夫婿是诗人。”(《缶庐诗卷第五》)

正当缶翁暮年事业如日中天、艺林显赫之时，施夫人却撒手归西，缶翁深为惋惜，长夜难眠，思妻入梦，他在《夜坐有感》中云：“死者长已生声吞，昨宵入梦归来魂。梦醒一灯雌不温，成影徒诧哀翁存。”第二年春二月，缶翁命吴涵、吴东迈葬其母于故乡彰吴村近处凤麟山，并为缶翁做营生圹，诸宗元为作生圹志，缶翁以诗谢之。

是年七月，缶翁三十多年的好友沈石友在常熟病故，享年仅六十。缶翁闻此噩耗后，甚为伤悲，几次想提笔作挽诗而悲不成篇。沈石友1917年在虞山病故后，其友人肖中孚将其遗诗三巨册携至上海吴昌硕处，转述石友临终遗言，请吴点校作序。吴手捧老友诗稿，极为伤感，马上应允，并称石友诗有三变：少慕清逸，中趋真挚，晚举甚悲愤之心而托于闲适之致。此为评沈诗之论。然后，他资助出版了《鸣坚白斋诗钞》，不仅使沈的诗篇得以流传，也是吴对挚友一个负责的历史交代。为此，吴昌硕在《序沈石友诗集成，赋此当哭》中说：“虞山诗好名为累，遗老山宜瘦沈名。序敢泛言因梦入，田祈多稼盼儿耕。悲秋屋冷书盈匧，感事歌悽笛一声。旧摘黄花新酿酒，蹲蹲舞我慰平生。”(《缶庐诗卷第八》)就在前一年的9月9日（农历八月十二日），正逢沈石友生日，已年届73岁的缶翁在王一亭的陪同下，专程到虞山之麓沈石友的“笛在月明楼”为其祝寿，可见缶翁对其的深厚友情。民国成立后，沈石友家道中落且心境不佳，故未到上海来过，这也是沈石友与王一亭唯一的一次见面。当缶翁与石友互道珍重、握手言别时，一抹秋阳的余晖映照在他们的眉宇间，更添惜别的惆怅。想不到这也是两位挚友今生的最后一面。为此，缶翁在题《沈石友遗像》诗中含泪写道：“露顶炯双驢，依然古丈夫。没教神抱谷，狂如口淡觚……古心宁可貌，聊尔慰平生。”(《缶翁诗卷第八》)

老妻的离去，挚友的病故，使年迈的缶翁有一种内心的失落与寂寞，然而，缶翁人格的高尚和精神的可贵之处，就在于他不顾自己年迈体弱，依然体现出了作为大师的公共意识和领袖的社会责任。他热衷于慈善，投身于公益，奉献于赈灾，解囊于募捐，成为当时的大慈善家王一亭最坚定、最积极的支持者之一。是年冬，汴（河南）晋（山西）鲁（山东）湘（湖南）等省水灾极为严重，受灾达百余县，饥民数百万，各界人士为此发起救灾募捐，缶翁积极投入，绘《流民图》义卖赈灾，并和海上题襟馆书画会同人何诗逊、李瑞清、王一亭发起书画助赈。据1917年12月8日《申报》、《时报》中的《徵求书画助赈》载："敬启者：迩来天灾流行，汴晋鲁湘各处洪水汪洋，几成泽国，哀鸿遍野，惨不忍睹。上海书画会同人昔年于淮徐湘鄂水灾，曾经两次以书画售票得数千元助赈，此次仍拟踪而行之……""同人昔年"是指1907年吴昌硕所参加的徐园书画赈灾活动。

缶翁是一位极有仁爱之心和慈善精神的老人，他的领袖效应和大师地位，表现在率先垂范与以身作则。早在民国初年，甘浙鲁豫等省大水灾，缶翁就参加豫园书画善会同仁的助赈。1914年11月，由王一亭发起的上海孤儿院筹募经费菊花会开幕，缶翁就拿出了自己的画作，据1914年11月8日《时报》中的《孤儿院菊花大会纪事》载："本院此次开菊花大会暨急济券开会，屡次佈白，所有彩物，承沪上热心大善士踊跃捐助，颇觉丰富，如古玩、仪器、脚踏车，种种名目，不胜枚举。即重价物亦复不鲜，如吴昌硕、王一亭、清道士（李瑞清）、胡郯卿、朱良材、沈墨仙、汪洵、高邕、郑孝胥、黄山寿、闵园丁、朱筱韵、杜滋园、沙辅卿、胡少章、何熙伯、罗雪谷诸君有名书画百件，亦是徵吾国人之热心慈善也。"1915年10月21日，上海龙华孤儿院举行菊花会，吴昌硕与王一亭等人捐赠书画作品达200件。"亦为慈善渊薮，急公好义，胜于己任。"（1915年10月21日《时报》）为了征集捐赠品，缶翁不顾自己年老体弱，亲自陪王一亭走访或约请不少海上书画名家，如郑孝胥在10月19日的日记中载："夜，赴吴昌硕之约于东南部春家，晤王一亭，请为孤儿院书纸数幅以供卖票开彩之用。"1916年11月，缶翁与王一亭、黄山寿等人又以自己的多幅书画作品捐助中国救济妇孺会与上海孤儿院联合会合办的菊花会，以筹集经费。1919年秋，豫鄂皖苏浙五省暴发山洪，灾民多达数百万，情况相当危急。已年届76岁的缶翁马上和王一亭合作《流民图》，并印刷出版，义卖赈灾。1920年11月，在静安寺路（今南京西路）松茂阁楼上，海上题襟馆金石书画会发起书画助赈华北灾区，领衔捐画者即为吴昌硕、王一亭、程瑶笙等。1925年8月，湘灾书画赈济会收集海内外书画家作品赈灾。缶翁此时肝疾甚剧，时常疼得难以入眠，但他还是强撑病体，作画捐赠，显示了一种道义精神和慈善职责。

实际上缶翁定居上海后，身体状况一直不是很稳定，特别是早年战乱逃难时落下的肝病、腿疾、痛臂一直折磨着老人。一方面，老人以顽强的意志与病魔做抗争，另一方面，得到了王一亭等友人的照顾。1917年9月间，老人又犯病，是王一亭将他接到自己的家中，请医找药，料理静养。9月2日《郑孝胥日记》载："访吴昌硕，以联对与之，昌硕病，寓王一亭屋内，未见。"从中可见，随着缶翁晚年艺名的昌盛，求书画篆刻者亦难以应付，所以王一亭才将病中的老人接到自己家中以作回避。

是年，南通的李苦李来上海拜谒缶翁，成为缶门弟子。

第三十二章　名闻遐迩缶翁艺

民国七年戊午（1918），三月上巳修禊节，年届七十五的缶翁在友人和弟子的陪同下再度游风光秀丽、环境典雅的徐园。踏青赏春，老人赋诗和鲁山："花宜人醉醉宜歌，乘兴来觞晋永和。径僻孏寻闲草木，诗成愁对破山河。天风裂石携琴到，雪影翻池趁鹤过。何日南苕赋归去，水村烟坞一渔蓑。"人老念故土，是种常规的心态，况且缶翁有着浓厚的乡愁情结。因此，缶翁晚年诗作中充满了乡思，并刻了"小名乡阿姐"等怀旧之印。

是年仲秋，鸿雁南飞，霜染红叶，撩人乡思。缶翁以苍劲酣畅的笔调将早年所作的《鄣吴村诗梦中作》写出，交与涵儿家藏，以告示后代不忘乡梓之情。缶翁客居苏州及初定居上海时，还常回故乡鄣吴村探亲访友，寻觅旧踪，为乡亲们写字画画，不收分文。随着他在海上艺坛声名鹊起，经济条件得到改观，凡遇乡童叫公公者，均给红包。缶翁年事渐高后，由于腿疾，且鄣吴是深山，交通不便，他就让自己的儿子代他回乡探望乡亲，并资助村里公益活动。逢年过节，缶翁总要儿子寄钱到乡下，让乡亲们置办一些过节之物。据其嫡孙吴长邺对笔者回忆：当时凡是有乡亲到吉庆里来的，缶翁一律留饭，给零花钱，临走给盘缠，并关心地询问乡间情况，需要帮助的，均解囊相助。缶翁自己很节俭自律，常年一袭布衫布袍，上面满是斑斑点点的墨汁颜料，只有外出会客访友或赴宴开会，才换上一套出客的长袍马褂。当时上海的电费颇贵，缶翁自己作画写字时才开灯，平时闲坐喝茶时，则点油灯，他说这样又好像回到了芜园。

秋暮冬初，季节交换，缶翁旧病又发，家人及时请来了医生为其调理，王一亭亦多方照顾，不久得以康复。应一亭之请，刻朱文印"明道若昧"，边款曰："一亭先生属刻，安吉吴昌硕，年七十有五，时戊午。"刻印是需要眼力、腕力与臂力的，尤其是刻书画用的闲章，一般都较大，用力则更甚。缶翁自72岁后，一方面由于年迈病臂，一方面由于印名独步艺林，慕名求刻者难以应付，故自己刻的不多，除非是至亲至友者，大都是他写好印稿交给儿子吴涵或弟子赵云壑、徐星洲、赵古泥等代刻，然后他再补刀定稿，偶尔，他夫人施酒也奏刀相助。至于缶翁的书法、绘画，在其73岁后，亦有一些是由其子吴涵、吴迈及王一亭、赵云壑、徐星洲等人代笔的。

书画家的代笔，是艺术史上源远流长的老问题，特别是那些大名家、大师级的书画家在其晚年，由人代笔更是普遍现象。如唐代画圣吴道子有翟琰、张藏等代笔。宋艺术皇帝宋徽宗，则由一个画工团队在为其代笔。明代华亭派领袖董其昌有赵左、沈士尧、杨继鹏、吴易等代笔。扬州八怪之首金农有朱筠谷、项均、罗聘等代笔。缶翁后的张大千有何海霞代笔。齐白石有娄师白、齐子如等代笔。代笔者的笔墨水平大都是获得书画家本人认可的，在风格上也是一致的，从而才能获得书画家本人的授权。而且客观地讲，代笔者大都是书画大家本人得意的门生，能心摹心追、效法师者。因此，代笔作品尽管不能和原作画等号，但和仿品及赝品有着本质的区别。唯其如此，我们不必苛求缶翁，在他年事高迈又是多病缠身的情况下，请人代笔，包括他晚年的一些诗文请沈石友等代笔，亦是在常理之中的事。

是年，他曾到常熟游虞山，在一收藏家中见到了奚铁生（冈）的《杏花图》。奚是西泠八家之一，是一位博学多才的金石家，亦擅长花卉山水，画风高古朴茂，极富书卷气。缶翁见后甚佩之，借回细读品尝，并拟其意，可见缶翁老而好学的精神。是年还应商务印书馆所出的《小说月报》之邀，作花卉12幅供封面之用。《小说月报》于1910年8月创刊于上海，是我国近代文学期刊。初由恽铁樵、王纯农主编，主要撰稿人是鸳鸯蝴蝶派文人。1918年在新思潮日益传播的影响下，商务印书馆对该刊作了改良，以顺应潮流。为了增加该刊的艺术性，特邀德高望重的海派书画领袖作画以装帧封面，由此也可见海派书画在当时的社会影响力。次年，商务印书馆将这12幅封面画编成单行本《吴昌硕花卉十二帧》出版。是年10月27日，日本收藏家富三郎在六三园发起举办中日收藏家所藏书画展览会，缶翁亦以自己的书画藏品参加。1918年10月25日《时报》载："日本收藏家富三郎氏近拟发起一书画展览会，将各收藏家所收藏书画陈列一室，以供同好。吾国与会者，有吴昌硕、廉南湖、高野候诸名士，以虹口六三花园为会所。"随着缶翁书画金石盛名在日本的传播，日本书画篆刻家来上海必拜望缶翁，并以邀请缶翁出席各种艺展及雅集为荣。

民国八年己未（1919）元旦，在这万象更新之日，缶翁又推出了他新的润格，并题诗与跋语：

缶庐润格

衰翁新年七十六，醉拉龙宾（指墨）挥虎仆（指笔）。倚醉狂索买醉钱，聊复尔尔曰从俗。旧有润格，锲行略同坊肆书帙，今须再版。余亦衰且甚矣，深违在得之戒，时耶？境耶？不获自己，知我者谅之。

堂匾　二十两

楹联　三尺五两　四尺六两　五尺八两　六尺十二两

横、直幅　三尺十四两　四尺十八两　五尺二十四两　六尺三十二两

条幅　视整张减半　屏条六两

纨、折扇、册页　每件四两　一尺为度　宽则递加

山水　视花卉例加三倍　点景加半　金笺加半

篆与行书润例

刻印　每字四两

题诗、跋　每件三十两

磨墨费　每件二钱

（每两作大洋一元四角）

己未元旦老缶自订于癖斯堂

缶翁不仅骨子里是诗人，亦颇有幽默情怀，他这首润格诗是写得调侃而自嘲的。尽管其“倚醉狂索”且“曰从俗”，但主要原因是自己“衰且甚矣”，年迈体病，因而“时耶？境耶？”请各位“知我者谅之”，是颇有些无奈而带有歉意的。从 1914 年他的书画全年账本《笔墨生涯》中，就可见当时海内外求画者之广之多，从士绅名流、画廊扇庄到金融实业家、医生教师乃至房东市民等，几乎涵盖了社会各阶层。而至 1919 年，缶翁的社会名声及艺界影响已至峰巅，大有“家家昌硕，户户缶庐”之势态。正是在这种情况下，缶翁只能以重订润格来加以控制。但此举并未生效，人们依然趋之若鹜，唯缶庐是从。于是在民国九年（1920）元旦，缶翁只得再次重订润格，开头依然是前一次的润格诗，只是改了一字，为：“衰翁今年七十七。”

缶庐润格

堂匾　三十两

斋匾　廿两

楹联　三尺六两　四尺八两　五尺十两　六尺十四两

横直整幅　三尺十八两　四尺三十两　五尺四十两

屏条　三尺八两　四尺十二两　五尺十六两

山水　视花卉例加三倍　点景加半　金笺加半

篆与行书润例

刻印　每字四两

题诗、跋　每件三十两

磨墨费　每件四钱

（每两作大洋一元四角）

庚申元旦老缶自订于癖斯堂

这次涨幅还是较大的，最热门的堂匾一下子就涨了 10 两，而且纨、折扇、册页等小件也因缶翁年事高迈而去掉了。即使是这样，也依然难以应付。据吴长邺对笔者回忆，他小时早上起来，见楼下客堂中已来了不少求字求画者，有的求件者为了能快些取到，不惜加价，甚至以金条作酬。如果做历史的比较，可见缶翁在艺界地位与社会影响的提升。1914 年缶翁的润格是“堂匾念（二十）两、斋匾八两，楹联三尺三两，四尺四两，五尺五两”。而到了 1919 年，“堂匾二十两，楹联三尺五两，四尺六两，六尺二十两”。1920 年则是“堂匾三十两，斋匾廿两，楹联三尺六两，四尺八两，五尺十两”。其中堂匾涨幅最大，五年涨了 10 倍，六年涨了 15 倍。每两作大洋一元四角，堂匾 30 两，是 42 元大洋。而当时的高级白领、报馆主编、医生律师及大学教授收入在 300 大洋至 600 大洋之间，可见还是对应社会购买力的。而当下的润格每尺高达几十万亦有之，这是有违市场规律的。值得一提的是，1922 年，在《神州吉光集》第二期上，此份 1920 年的润格又重新全文刊登，并加了编者按：“缶老今秋病愈，精神顿减，谢绝作品，以资静养，没有必欲求其书画者，非经觌面许可，虽贽巨金为寿，拒而勿纳，旧有润例不足为凭也。”可见缶翁年近八十时，已是洛阳纸贵，即使是按润付酬，也是很难求到其书画了。

是年早春，为南浔富商、收藏家刘湖涵作水墨山水《琴罢咏天台》，笔墨颇得石涛遗韵，为此得意之作，题曰：“老缶写毕自读颇类石师为之狂喜。”初秋七夕，为“寓甲东南”的海上收藏家领军人物、亦是南浔富商的庞莱臣刻白文印“庞元济印”，边款：“莱臣先生正刻。己未七夕，安吉吴昌硕，时年七十又六。”

缶翁自入古稀之年，尤其是夫人施酒归道山后，喜与友人及弟子们相聚，王一亭深深地理解老人的心情，时常陪同缶翁出行，还约艺友们笔墨雅聚。是年花好月圆的仲秋时节，他们相聚为仁涛画扇，缶翁开笔画金菊，程瑶笙画曼陀罗花，倪墨耕画雁来红，王一亭乘兴题诗："负腹深惭识字夫，秋客同醉客同孤。欲移七尺珊瑚树，金谷园荒剩得无。己未仲秋云涛仁兄雅属，王震题字。"扇的另一面为郑孝胥书法。秋末冬初，老友沈寐叟（曾植）患病，缶翁悉知后扶杖登门探望，并送上为沈所刻的白文印"海日楼"及朱文印"延恩堂三世藏书记"。病中的寐叟相当感激，以诗谢之，并云："病榻萧寥，昌硕先生杖履扶过并为篆海日楼小印……复奉小石乞刻乙盦朱文。"年底，张弁群集拓缶翁所刻百多方印，编成《缶庐印存》八卷，褚德彝作序。这是老人生前一次较大规模的印谱出版，比较完整地展示了缶翁的金石之风、铁笔之功。

是年，缶翁的远戚孙辈诸闻韵、诸乐三兄弟来上海吉庆里。二位小乡戚颇有才华，书画亦颇有功底，缶翁对其赞赏有加。他们欲拜缶翁为先生，老人以大家均是亲戚不必拘此礼数为由婉拒。但自此二位小乡戚时常来缶庐请教书画金石，虽未列入室弟子，但仍师从缶翁习艺。据吴长邺讲：有一次诸乐三叫缶翁为"先生"，缶翁故意不搭理，朝他看了一眼，说："怎么叫先生呢？应该叫我舅公。"这就像王一亭一样，虽未执弟子之礼，但却行弟子之实。诸闻韵（1895—1939），字汶隐，别署天目山民，浙江孝丰鹤鹿溪（今安吉塘浦乡）人，幼承其父诸献生之庭训，能诗善画，毕业于上海美专。从缶翁学艺后，书画印深得缶门嫡传，誉满海内外，后历任上海新华、昌明艺校中国画系教授、系主任等，著有《画竹法理》、《诸闻韵画集》等。诸乐三（1902—1984），原名文萱，字乐三，号希斋，另署南屿山人，诸闻韵之弟，自幼聪慧，才思敏捷。书画篆刻传缶翁之神韵，功力深厚，自出新意。当年时常到吉庆里癖斯居，缶翁和其兄弟二人谈笑风生，竟日不倦。他曾任教于上海美专，后任浙江美院国画系教授、西泠印社副社长等职。

民国九年，庚申（1920），缶翁有元旦作诗迎新的习惯，是日作《庚申元日》诗。西泠印社的吴石潜来吉庆里，请为潜泉印泥写润目，款记："庚申元旦吴昌硕定年七十七。"万物复苏、细雨滋润的惊蛰时节，缶翁为葛书徵刻朱文印"鹤舞轩"。作为缶翁晚年的忘年之交，葛比缶翁要小 48 岁，但他是一位颇有学养且喜好金石书画的青年学子，对缶翁之艺极为崇拜。他与其弟葛昌枌共请缶翁刻了二十多方印。葛书徵（1892—1963），原名昌楹，字书徵，号晏庐，浙江平湖人，家以"传朴堂"藏书与"爰曰吟庐"藏画名闻海内，工于书画篆刻，精鉴别，为人豪爽真诚，有名士风度，与缶翁甚为相契，品茗论艺，尤喜谈金石玺印之事，其乐融融，为缶翁暮年生活带来不少乐趣。他与其弟昌枌广搜明清名人刻印千余钮，辑《传朴堂藏印菁华》十二卷，《晏庐印集》八卷。丁丑之劫，所藏遭毁，仅存藏印数百钮，因与丁仁辈合辑《丁丑劫余印存》二十卷，后又与胡淦合辑《明清刻印汇存》十二卷，为近代印学做出了巨大的贡献。

缶翁暮年一是喜欢和青年人交往，以获取年轻人的活力。他和年轻人在一起时，不倚老卖老、盛气凌人，而是很随和真诚，对年轻人鼓励有加，能帮就帮上一把；二是喜欢和儿童玩耍，以享受天伦之乐。是年端阳节，他为孙女棣吟作《钟馗图》："南山有进士能驱天下鬼，花神借护持相貌魁然伟。庚申重午节缶道人写付孙女棣吟。"

1921 年，春风和畅的四月，吴昌硕的三子吴东迈赴京，梅兰芳盛情款待，要东迈代其向缶翁问候请安，临别，将自己精心绘画的折扇赠与缶翁。画面上是站立枝头的绶带鸟，用笔生动细致，设色古逸典雅。东迈回沪后面呈缶翁，老人十分喜欢，赞誉有加，即兴在扇面上题跋云："客岁春夏间，畹华来沪，有过从之雅，尝作画奉贻，别去忽忽逾年矣。迈儿归自京师，出画扇，则畹华之贻，画尤美妙。当设色写生时，必念及缶庐颓老，重可感也。迈能珍弆之，讴尹日，是亦善承缶指也。辛酉大暑，书此一笑，时缶年七十八。"是日，海上名词家况蕙风及名书家朱古微都在缶庐，于是况填词《浣溪沙》一阕："绾结同心绶带宜，合欢消息好春时……"朱古微提笔书于扇上。1923 年冬，有友人传消息，说是梅兰芳将再度来上海，已年届八十的缶翁听后很是欢喜，即在画案上挥毫泼彩，并取法巢林笔意为梅郎事先画了一幅《梅花图》，题诗曰："危亭势揖人，顽石默不语。风吹梅花开，着衣幻作雨。池上鹤梳翎，寒烟白缕缕。癸亥腊八日为畹华拟汪巢林笔意，八十老人吴昌硕大聋。"遗憾的是梅郎因有事未能来沪，此件《梅花图》一直留在缶庐，后来吴东迈将此图捐给了杭州西泠印社吴昌硕纪念馆。值得一提的是：缶翁与梅郎这对艺术大师间的忘年之交，凸显了中国艺术的丰厚底蕴与互补形态，也诠释了那个时代从艺者的境界、修养与人格。

当年的四大名旦中，另有一名旦亦喜好丹青绘事，他就是有"无旦不荀"的荀慧生（1900—1968）。初名秉超，后改名秉彝，字慧声，艺名"白牡丹"。祖籍河北东光。其代表作为《元宵谜》、《玉堂春》、《棋盘山》等，与杨小楼、尚小云、谭小培一直又称为"三小一白"。他的唱腔以柔媚婉约而声情并茂著称，表演清秀俊美而协调融洽。他平时喜好绘画，早在 1921 年秋光浓艳的时节，他来海上献艺，就由缶翁的好友刘山农相伴到吉庆里，将自己的绘画作品请缶翁指教。老人慧眼独具，在这位年轻名伶的笔下，看出了一股郁勃的才气与潜在的底蕴，不仅亲笔示范，而且要其多临历代名家之作，以从中借鉴。缶翁对人的真诚与指点的具体，使荀很是感动。此后凡是来海上演出，必到吉庆里拜望老人。1927 年杏花红、梨花白的三月，荀慧生在上海一品香正式行了拜师礼，成为缶门入室弟子。他后又向陈半丁、齐白石、李苦禅等学习，终成戏剧界的丹青名家。

第三十三章　高岛屋展书画印

缶翁的晚年，尤其是在他生命的最后几年，他对慈善赈灾事业，书画社团的活动、展事，西泠印社的文化建设及对弟子门生的培养等倾注了大量的心血与精力。尽管随着年事的不断增高，各种疾病不断困扰他，但他依然以顽强的意志坚守在海派艺坛，应当讲，他是践行了大师责任和领袖担当的一代巨擘。

1921年的二月，西子湖上的春风还带有一些寒意，孤山脚下的晚梅还在绽放，缶翁应叶品三、丁辅之、王福厂等社友的邀请赴杭州相会，亦算是雅集，同时也是商谈一些印社事务。他行走在西泠印社绿木扶苏的曲径山道间，柏堂上的“西泠印社”隶书额，是他1915年时所题。观乐楼题联则是“天畴地载，山高水长”。经过这些年社友们的共同努力，印社已是颇具规模，景色旖旎，楼阁雅致，风光明媚。此次，缶翁又带来了一尊自己的半身铜铸塑像，那是日本友人、雕塑大家朝仓文夫为他所作。为此，印社建龛安放，并以石雕下半身与铜铸上半身合而为一，可谓是“金石一体”、“金石一身”。缶翁跏趺而坐，头微昂而神态安详地凝视远方。缶龛建于锦带桥后、闲泉上方的石壁上，后由王一亭捐钱建亭于龛上，并自书“缶亭”，两侧亦有王一亭手书“楹联”：“金仙阅世，石室遁形。”缶龛下刻有诸宗元撰、朱孝臧书的《缶庐造像记》，旁有石刻《缶翁像赞》，乃沈曾植书撰。缶龛造好后，因一般游人并不认识缶翁，误认为里面是佛像，因而对龛烧香叩头。就在此年底，缶翁再度来到西泠，亲眼看到有人又在龛前叩拜，他就自嘲道：“怪不得我老是头昏脑涨，原来是有人把我当佛拜，我如何担当得起。”从中可见缶翁的自谦与清醒。他仅是凡人而已，是不能当神拜的，当神拜他可消受不起。在孤山之巅岩石奇崛嶙峋、花木明丽秀媚的题襟馆一侧，建有一座重檐攒尖顶，外形仿吴越宝箧印经塔的“汉三老石室”。正是此年秋天，由吴昌硕、丁辅之、王一亭等人义卖书画筹集8 000银元从日商手中赎回了汉三老石碑，接着，他们又募集资金，于第二年建造了此座古朴端庄的石室以供存这块国宝之碑，吴昌硕为此亲撰《汉三老石室记》。缶翁以印社为家，为其建设筚路蓝缕，终其一生。

生命的过程、人的老去是无法抗拒的规律。这些年，缶翁的挚友及学生也开始相继离去。1920年是李瑞清（54岁），1921年是高邕（72岁），1922年是沈曾植（71岁），还有日本友人日下部鸣鹤（84岁），1923年是缶翁的弟子、年仅48岁的陈师曾病殁。这使缶翁老泪纵横，悲痛不已。犹忆年前缶翁到沈曾植位于新闸路上的书斋海日楼为其画《海日楼图》时还兴致盎然地题七绝一首："望京楼上日迟迟，手挽天河定几时？花药四阑云一衲，参禅无偈只攒眉。"而对于陈师曾英年早逝，缶翁更是深感如晴天霹雳，几乎不敢相信。他拿出爱徒当年送他的画册，用凝重苍莽的笔触写下了"朽者不朽"（陈师曾号"朽者"、"朽道人"），以寄无尽的哀思与高度的评价。陈师曾不但以睿智的艺术眼光及高迈的美学认知推崇缶翁的金石书画之风，师其学艺，执弟子礼甚勤，深得缶庐衣钵真传，而且他在北方大力推崇缶翁金石画风，提升了不少书画家的艺术创作能力和笔墨表现方式。特别是齐白石1917年在京城结识京派书画领军陈师曾后，时常互相切磋笔墨画艺。1919年齐白石正式定居京城，寄寓于法源寺。其时，齐白石的画风不为京城艺苑所接受，门可罗雀，生活窘迫。正是陈师曾向齐白石建议，笔墨变法，学缶翁的金石画风及彩墨画法，终于创出了红花墨叶派，由此崛起于画坛，成就了日后的大师。

正是由于陈师曾的引导，齐白石才得以取法缶翁笔墨变法。为了精益求精、更上层楼，齐白石萌生了向海派书画大家吴昌硕求教的心愿，因缶翁"衰年变法"，更突出笔力雄悍的金石之气与敢用大红入画的民间之趣，其创新精神为齐白石所服膺。为此，齐白石有诗曰："青藤雪个远凡胎，缶老衰年别有才。我欲九泉为走狗，三家门下轮转来。"

吴昌硕曾为齐写了著名的《齐白石润格》：

> 齐山人生为湘绮高弟子，吟诗多峭拔，其书画墨韵，孤秀磊落，兼擅篆刻，得秦汉遗意。曩经樊山评定，而求者钟相接，更觉手挥不暇，为特重订如左：石印每字二元　整张四尺十二元　五尺十八元　六尺二十四元　八尺三十元　过八尺另议　屏条视整减半　山水加倍　工致画另议　册页每件六元　纨折扇同　手卷面议　吴昌硕

这篇润格在中国现代艺术史上弥足珍贵，是一位当时的海派大师与未来的京

派大师的文字证、书画缘。虽然齐白石没有实现其拜师缶翁的心愿，可谓是大师与大师的不了情，但他们从此结下了真挚而深厚的终身友谊。特别是吴昌硕为齐白石所写的这篇润格，对齐翁的书画印诗“四艺”做了言简意赅的高度评价，肯定了其高迈磊落、卓尔不群的艺术格调，使回京后的齐白石声誉日盛。

值得一提的是，此份吴定齐之润格也为我们研究民国书画家的经济生活提供了一份真实的样本。历史地看，当时的上海已是开放繁华的现代商业大都市，海派书画市场亦相当兴盛。因此，海派书画家的润格在当时普遍高于京派书画家。如海派画家樊少云在1921年1月5日《申报》上刊的润格为：三尺十六元，四尺廿二元，五尺三十二元。京派书画家胡佩衡在1921年1月1日《绘学杂志》上刊的润格为：三尺六元，四尺十元，六尺二十元。再看吴昌硕为齐白石在这一年所定润格为：四尺十二元，五尺十八元，六尺二十四元。刻印每字二元。从中可见齐白石比同期的京派画家润格要高。而吴昌硕自己当时的润格是以银两计算的：三尺十八两，四尺三十两，五尺四十两。刻印每字四两。每两作大洋一元四角。可见吴的润格是属顶级大师档的。因此，缶翁为齐所定的这份润格，为借山翁白石奠定了相当厚实的经济基础。

1921年，在“扶桑正是秋光好，枫叶如丹照嫩寒”的时节，日本大阪江户崛的高岛屋美术部内，笔墨遒劲酣畅、色彩雍容瑰丽的丹青，线条雄浑豪放、气势郁勃强劲的书法，刀法刚健奇崛、高古质朴的篆刻令人目不暇接，赞叹不已，从而使前来参观者充分领略了来自书画篆刻母国——中国书画家的精湛深厚的造诣、鲜明独特的风格和高迈超拔的境界。这个展览即是“吴昌硕书画篆刻展”，高岛屋还为此专门出版了印刷精美、装帧考究的《缶翁墨戏》。此年，吴昌硕已七十又八,一位古稀之年的中国艺术大师能展示出如此勃发而激昂的创作活力，的确令日本的艺术家相当惊讶而仰慕。他从此声名大振，誉满东瀛。

1926年，又一个“霜叶红似二月花”的美丽时节，大阪高岛屋又推出了第二次“吴昌硕书画篆刻展”，此时吴昌硕已年届八十又三，并出版了《缶庐墨戏》。从《缶翁墨戏》到《缶庐墨戏》，这一字之改，是对吴昌硕从一位大师到一个流派的确认。此次展览的反响比以前更加热烈，由此奠定了吴昌硕日后在日本成为影响最大、地位最高、效者最多的中国艺术大师的基础。值得一提的是，此次高岛屋的艺术展示是缶翁暮年最后一次辉煌，其后，他再也没有在海内外办过展览，第二年即归道山，而高岛屋并没有忘记这位海派艺术的领袖人物，在缶翁逝世后，还连续为其办过几次展览。

第三十四章　寿乎寿乎愁尔独

在缶翁生命的最后几年，他刻的印并不多，除了由儿子及弟子代刀外，他自己刻的几方印，是很有寓意的。1921年四月初八浴佛日，他刻了白文自用印“我爱宁静”，边款：“老缶用钝刀作此，辛酉浴佛日，时年七十又八。”已功成名就、人艺俱老的缶翁，此时的心境趋于安宁平静，不喜欢太多的外界应酬。1922年的闰五月，他刻自用朱文印：“老夫无味已多时”，此语原出宋代人姜夔（号白石道人）的词句，缶翁在印的边款中写道：“……白石犹未五十，已无味已多时，其犹有杜牧三生之感耶……”而缶翁已是七十又九，笔底沧桑，刀下云烟，世间情怀，使老人感叹生命的流逝和岁月的易去。此时缶翁的书画金石乃至诗文，有了沉甸甸的人生感悟和生命的厚重。也就在1922年的2月3日，即农历正月初七的“人日”，缶翁为一直侍奉在身边、成为左臂右膀的海上大居士王一亭书写了一副对联：“风波即大道，尘土有至情。”落款为：“一亭先生崇仰禅宗，潜心精奥，谨以佛祖劝勉警悟为座右铭，是可具玄妙独到也。”王一亭是一位虔诚的佛弟子，当时宗教界的代表人物之一，他慈悲为怀，济世行善，此联正是对其人生的高度概括和客观评述：只有历经风浪波涛，才能踏上世间大道，只有普度红尘众生，才能至情至真，从而体现了一种大境界、大气魄、大追求。而这何尝不是缶翁自己漫长人生的风波掠影及至情写照？

缶翁越是到生命的暮年，越是注重弟子的培养与独特的指导，这也充分体现了一种大师的责任和领袖的作用。在这之前，他已收了陈半丁、陈师曾、赵云壑、徐星洲、赵古泥及日籍弟子河井仙郎、长尾甲等。1923年的初春，一位身材颀长清瘦、戴着一副黑圆框眼镜的青年，手提着一只蓝印花布包袱，轻轻地叩响了吉庆里的缶庐的大门。来者就是27岁、时在上海美专任教的潘天寿，他是在美专同事、缶翁的亲戚诸闻韵的引荐下来拜望老人的。

面对名震艺苑的海派书画大师，潘天寿显得有些拘谨木讷。缶翁却毫无架子，热情地招呼其坐下，并叫家人递上茶水。老人关切地询问了潘天寿在美专教书的情况，他深知一个年轻人刚从乡间来到上海生活的不易，说：“听诸闻韵多次提到你，说你画得不错。”一番寒暄，使潘天寿消除了先前的紧张感，他打开包袱，拿出自己所画的几幅花鸟画。缶翁戴起老花镜，相当认真地一张张审视：劲健的笔触，灵动的构图，郁勃的气韵，特别是笔墨线条中有一股难得的才气与书卷气。老人的嘴角现出了由衷欣赏的微笑。凭着漫长的从艺经历和授艺经验，缶翁以独具的慧眼感到，眼前的这位后生是不可多得的英才。于是，缶翁对潘天寿颇为赞许：“你的画的确蛮好，笔墨、构图都不错。”从此，潘天寿列于缶门弟子，时常去吉庆里拜望请教先生，老人也亲切地称他为“阿寿”。

潘天寿（1897—1971），早年名天授，字大颐，号阿寿。早年自署懒道人，心阿兰若主持。晚年自署东越颐者、颐翁、雷婆峰寿者等。浙江宁海县城关镇西北的冠庄村人。其父潘秉璋是全村唯一的秀才，精于诗文书法；其母擅长裁衣绣花。家庭影响使潘自小喜爱上了书画涂鸦。后入私塾读书，但只可练字，画画被视作不务正业。于是，他就躲在后厢房偷偷地画。潘曾说过：“我从 14 岁起就下决心要做一个中国画家。”他 1915 年入浙江省立第一师范学校，师从经亨颐、李叔同，毕业后回乡任教，仍刻苦自学书法绘画及诗文，钻研画论。1923 年初至上海，任职于上海美术专科学校。他师从吴昌硕，并遵师嘱，广采博取，深入传统，尤多取法于徐渭、石涛、八大等。1928 年任杭州国立艺术院教授。新中国成立后任浙江美术学院院长、中国美术家协会副主席。著有《中国绘画史》、《中国书法史》、《听天阁画谈随笔》、《治印丛谈》、《中国画院考》、《听天阁诗存》等。

正是潘天寿笔下的才气和睿智的悟性，使缶翁对其刮目相看。几天后的一个下午，潘天寿又再度来缶庐拜访请教缶翁。那天老人的精神状态颇佳，一老一少从画坛历代名家谈到当下的丹青翰墨，缶翁发现潘天寿对中国绘画流变极为熟悉，而且对那些代表性画家评价相当到位。在说及诗文创作时，潘天寿对如何遣词造句及用典取舍，也见解独到。缶翁的画斋内，时常响起老人开心的笑声。一抹初春的夕阳洒在缶翁的画案上，潘天寿见时间不早，就起身告辞。

第二天上午，缶翁一边喝着茶，一边想起昨天和阿寿相谈甚欢的情景，觉得意犹未尽，随即提笔写了一副著名的石鼓文对联赠其弟子：“天惊地怪见落笔，巷语街谈总入诗。”并托人带给了潘天寿。一个初登艺坛的年轻人，能得到大师的对联及称赞，这对潘天寿来讲，自然是喜出望外的，乃至很多年后，潘天寿忆及此事时，依然难以抑制激动之情：

有一天下午，我去看吴昌硕先生。正是他午睡初醒以后，精神甚好，就随便谈起诗和画来。谈论中，我的意见，颇和他的意趣相合，很高兴，第二天就特地写了一副集古诗句的篆书对联送给我，对联的上句是“天惊地怪见落笔”，下联是“巷语街谈总入诗”。昌硕先生看古今人的诗文书画等等，往往不加评语。看晚辈的诗文书画等，只说好，也往往不加评语。这是他平常的态度。这副送给我的篆书对联，自然也是昌硕先生奖励后进的方法，但是这种奖励方法，是他平时所不常用的。尤其所集的句子，真觉得有些受不起，也更觉郑重而可宝贵。很小心地什袭珍藏有十年多之久。抗战军兴，杭州沦陷，因未及随身带到后方而遭遗失，不识落入谁人之手，至为可念！回忆联中篆字，以“如锥划沙”之笔，“渴骥奔泉”之势，不论一竖一画，至今尚深深印于脑中而不磨灭。

在缶翁的直接指导下，潘天寿的创作热情高涨，在上海美专他那间狭小简陋的宿舍内，灯光时常是最晚一个熄掉的。不久，潘天寿又画了一幅大的山水障子，他自觉用笔洒脱，气势也颇豪放，于是拿去缶庐请先生指教。随着画卷的打开，老人的目光在奇峰秀谷、古木嘉树、云烟流岚中徘徊，只是“嗯嗯嗯”地附和着，不像平时那样快人快语，即兴评点，神情显得有些庄重而欲言又止。

夜晚，缶翁的家人发现他独坐灯下，凝神过后，提笔在纸笺上落墨——《读潘阿寿画山水障子（寿台州人）》：

龙湫飞瀑雁岩云，石梁气脉通氤氲。久久气与木石斗，无挂碍处生阿寿。寿何状兮颀而长，年仅弱冠才斗量。若非农圃并学须争强，安得园菜苽果助米粮。生铁窥太古，剑气豪毛吐，有若白猿公，竹竿教之舞。昨见画人画一山，铁船寒壑飞仙湍，直欲武家林畔筑一关，荷篑沮溺相济攀。相济攀，靡不可，走入沙室峰，蟾蜍太么麽，遇着吴刚刚是我。我诗所说疑荒唐，读者试问倪吴黄。只恐荆棘丛中行太速，一跌须防堕深谷，寿乎寿乎愁尔独。（《缶庐诗补遗》）

这是中国近代艺术史上著名的大师戒免诗。缶翁先是从地缘籍贯上评说了阿寿的个性。龙湫、石梁均是台州的名胜，正是灵毓的山水赋予了阿寿“无挂碍”的超脱秉性。其次是赞阿寿身材颀而长，年少而才盛，并肯定了他良好的从艺素质，是可塑之材。然后切入正题，评述他所画的此幅山水景色奇丽峻逸，峰回路转，“相济攀，靡不可”。最后他直言告诫弟子对古人重功力、遵法则的传统有些疏忽，笔墨构图有些放纵狂野，看来阿寿为了弄出自己的风格而走得太急太躁了。于是他直率而尖锐地指出：“只恐荆棘丛中行太速，一跌须防堕深谷。寿乎寿乎愁尔独。”缶翁是了解弟子的，尽管阿寿外貌有些木讷，性格较为内向，但他骨子里在从艺上有股桀骜不驯、不甘平庸的超人气魄，这种艺术秉性是可贵的，但也要谨慎与控制，这种秉性会成就一个卓越的艺术家，有时也会毁掉一个从艺者，为此缶翁相当担忧。

阿寿是有理性的，他深刻地理解先生的担心与忧愁。为此，他进行了冷静的思考，决定以功力为基础，以法规为依据，然后再广采博取、变汇通融。阿寿曾颇有感慨地忆及当年先生对其及时的诫勉：

> 但是有一次，我画成一幅山水之后，自己觉得还能满意，就拿去给昌硕先生看看，他看了以后，仍旧只是说好。然而当天晚上，却做了一首长古，第二天的早晨，就叫人带交给我，诗里的内容，全与平时不同，可说诫勉重于夸奖。因此可知道昌硕先生对学术过程极重循序渐进，反对冒险速成。

正是在缶翁的耳提面命下，阿寿如醍醐灌顶，日后终成一代书画大师，亦系众多缶门弟子中最杰出者。阿寿对此是深怀感恩之情的。他在《忆吴缶庐先生》诗中云：“月明每忆斫桂吴，大布衣朗数茎须。文章有力自折叠，情性弥古侔清癯。老山林外无魏晋，驱蛟龙走耕唐虞。即今人物纷眼底，独往之往谁与俱。”（《潘天寿美术文集》）

缶翁生命的最后两年，又收了两位重要的弟子。1925 年的元宵节，年轻的南通才子王个簃走进了吉庆里的缶庐，他是由缶翁的挚友诸宗元介绍，前来拜师缶门的。原来，王个簃在南通中学毕业后，执教于当地的城北高等小学，尤推崇缶翁的篆刻书画，临习仿效，并求教于南通的缶门弟子李苦李。他还曾将自己刻的印章请诸宗元带给缶翁指教评点。因此，虽然是初次见面，但彼此早已熟悉，相谈甚欢。当天老人又看了他随身带来的书画作品，感到颇具功力及格调，尤以篆籀之笔作画，金石气息酣畅。

王个簃（1897—1988），名贤，字启之，江苏海门市三星镇人，自幼喜好书画诗文。16 岁去南通求学，后赴上海，为缶翁入室弟子。曾任上海美专、东吴大学、上海昌明艺专教授。新中国成立后任上海画院副院长、名誉院长、西泠印社副社长等。著作有《个簃印谱》、《王个簃画集》、《个簃题画诗选》、《王个簃随想录》等。

缶翁见王个簃谈吐得体、举止儒雅，不仅书画篆刻颇具造诣，而且精于诗文，学养深厚，且考虑到他一人在上海谋生颇不易，于是聘请他为其孙吴长邺的家庭教师，让其人住缶庐，成为缶翁的亲授弟子。每到夜深人静时，吴昌硕和王个簃灯下品茗论艺，老人征询对他当天所画作品的意见，并拿出自己的诗作与其探讨，这不仅体现了缶翁的虚怀若谷精神，亦使这位年轻的弟子获益良多。王个簃还陪同缶翁外出游历，共赏名胜风景。正是这种朝夕相处、相伴左右，使王个簃深得缶翁书画金石真谛，得其衣钵，受其嫡传，诗、书、画、印俱佳于艺坛。为此，缶翁在《题个簃印存》两首诗中做了较全面的评述："弄石乐如何？盘中比泻珠。虫鱼天不老，瓦甓道之腴。铤险医全局，涂歧戒猛驱。漫诗秦汉格，书味出唐虞。""猎碣春秋日，王郎食古时。龙吁迷铸凿，驼纽别蛮夷。老学师何补，英年悟最宜。蟾蜍依少室，风格太离奇。"（《吴昌硕诗集·缶庐诗补遗》）

也就在这一年，又一位年轻的才俊叩响了吉庆里缶庐的大门，他就是时年26岁的沙孟海。也许是一种艺术的缘分，去年梅香清溢的岁末，缶翁到老友词人况蕙风家聊天，无意中看到了沙孟海的篆刻印章，很是欣赏，即题曰："虚和整秀，绕有书卷清气。"沙孟海悉知后，高兴不已。于是，第二年开春，他就带着一沓厚厚的篆刻印稿，前来请缶翁评点指教。他准备出印谱，因此，要让缶翁来做最后的圈选评定。沙孟海幼承庭训，临习篆书，在其父的指导下，"日临数纸，从不中辍"。后学篆刻，尤服膺缶翁高古朴茂的印风，其书法功底扎实，且学识广博，因而篆刻颇具格调，气度不凡。缶翁欣然应允，要其过几天来取。

沙孟海（1900—1992），原名沙文若，又名沙文翰，别号石荒、沙村、兰沙等，浙江省鄞县塘溪镇沙村人，出生于名医书香之家，自幼喜好书印诗文，就读于慈溪锦堂学校，毕业于浙东第四师范学校。1922年，沙孟海到上海担任家庭老师，于书法、篆刻及古文、小学用功精勤，在海上鬻文售字，初露头角。1925年任教商务印书馆图文函授社，从冯君木学古文，后师从吴昌硕，艺事大进。曾任国民政府教育部秘书。新中国成立后任浙江美院教授、西泠印社社长、中国书法家协会副主席、浙江书法家协会主席、浙江博物馆名誉馆长。系中国当代书坛巨擘，是现代高等书法教育的先驱者之一。著作有《印学史》、《沙孟海书法集》、《中国书法史图录》、《沙孟海论书文集》等。

几天后，沙孟海来到了缶庐，老人将选定的印稿交给了他，还为他题诗鼓励："浙人不学赵撝叔，编师独出殊英雄。文何陋习一荡涤，不似之似传让翁。我思投笔一鏖战，笳鼓不尽还藏锋。"可谓是评价甚好、期望殷切。这使年轻的才子相当感激，遂行弟子礼，列为缶翁门生。而由缶翁选定的印稿后由国学大师、书法家马一浮定名为《兰沙馆印式》。好在沙孟海任教的处所离吉庆里不远，晚上有暇，他总会到缶庐请教先生，询问艺理，探讨刀笔。缶翁的人生经历、从艺甘苦及金石书画之道，使沙孟海获益甚多。这种润物无声的大师教诲，为日后沙孟海在艺术上的登攀夯实了基础。巨擘指授，入门精进，取法即高，终集大成，从而使沙孟海亦成为一代宗师。

缶翁作为一代大师、海派领袖，他的历史贡献是为近现代艺苑培养和造就了一个大师群体和三位巨擘，前期是陈师曾，后期是潘天寿、沙孟海，并且影响和扶持了一代大师齐白石。

第三十五章　关注社会担道义

缶翁一生爱梅、写梅、画梅、咏梅，自称“梅知己”。早年在家乡安城的芜园，他就移栽野梅，后以《梅》诗记之：“野梅古怪奇崛，不受剪缚，别具一种天然自得之趣。予芜园所有如此。空山梅树老横枝，入骨清香兴世稀。得意忘言闭门处，墨池冰破冻虬飞。”随着年岁的增长，特别是进入古稀之年后，他的恋梅情结更深厚浓烈了。他在一幅梅画上题诗曰：“十年不到香雪海，梅花忆我我忆梅。何时卖棹冒雪去，便向花前倾一杯。”（《缶庐别存》）1923年的惊蛰期间，缶翁为印社事务而赴杭州，得闲乘船漫游西湖，从友人处悉知余杭超山报慈寺前有一株宋梅花盛开如锦，清香弥盛。老人兴致盎然，欣喜地率家人及弟子共赴超山赏梅踏春。在古梅幽径的入口处，建有一座古朴方正的“宋梅亭”，这是年前海上儒商诗人、缶翁的好友周庆云捐资而造的。石亭两边的柱子上镌刻着缶翁手书的对联：“鸣鹤忽来耕，正香雪留春，玉妃舞夜。潜龙何处去？有梦猿挂月，石虎啸秋。”如今老人在亭中小憩，环顾满目春色，顿觉心旷神怡。那清逸的冷香亦飞入老人的笔端诗中，乃至梦境之中。老人认为自己的前生也许就是超山之间的一枝梅，“生前知己许寒梅”。

是年八月初一，缶翁迎来了自己的八十华诞。生辰，是生命的节日，也是人生的庆典。每逢整十大寿，缶翁都以诗自贺，况且八十高寿，他自赋长歌《自寿》：“谓我何求颡有泚，八十翁犹求不已。安得银河倒泻甲兵洗，心太平在黄庭里……”然后老人又乘兴作五言诗三篇：“道尽相无尽，朝存杖亦存。昭回倬云汉，佚荡下天门……”（《吴昌硕诗集·缶庐诗补遗》）这些诗反映了缶翁坎坷苦难的经历和曲折艰难的艺途，所盼老年的安康宁静：“求无可求剩渊默，天地悠悠无终极。”缶翁还作了自寿联：“寿庙杖朝，铭并周书期不朽，歌惭奉爵，骚闻屈子独能醒。”

作为成就斐然、声名日隆的一代巨擘、海派领袖，其八十寿庆，自然是海上艺界的盛事。是日，亲友弟子及各界名流，借北山西路海宁路口的茧业公所为其祝寿，嘉宾云集，群贤毕至，亲朋好友、各界名流均以诗画相赠、寿礼相贺。晚上，京剧名伶梅兰芳演《拾玉镯》，荀慧生演《麻姑献寿》，并与袁寒云合演《刺头汤》，戎伯铭演《贵妃醉酒》，画家熊松泉演《华容道》，可谓盛极一时。挚友诸宗元专程从西子湖畔赶来，撰祝寿文奉之，缶翁亦以诗《贞壮来自武林以文寿余，赋谢》谢之："文章凿肝肺，寿我寿而臧……"（《吴昌硕诗集·缶庐诗补遗》）此外，缶翁还为此次寿庆准备了一份特殊的寿礼——自书巨幅"寿"字 80 幅，以分赠亲友弟子，其中一幅尤为精彩，请王一亭补画一鹤，自己留下以作纪念。1923 年 10 月 7 日的《时报》还以《寿人寿世吴昌硕》作了专题报道："且翁为书画家领袖，此次以文字书画颂翁者，琳琅满壁，闻亦绕有可观，届时海上名流，济慧一堂，定必各极一时之盛。寿人寿世，洵不虚也。"

这个当年出生于安吉半日村的"乡阿姐"，在经历了漫长的生命历程和曲折的笔墨生涯后，终于成为近代艺术史上里程碑式的一代大师，海派艺术也正是随着他个人艺术进入巅峰期而出现了鼎盛期。然而，多少年来，我们对于这个近代艺术史上的史实，既没有做全面、深入的研究，也未做客观、公正的评判。

尽管一生历经磨难，且疾病缠身，然而缶翁是个极为热爱生活的老人，生性幽默、语言调侃的他虽年逾八旬，除了日常和艺友弟子们书画赋诗外，有时在和大家茶余酒后，还能拍谱唱曲，京韵昆腔，对客高歌。老人对孙辈尤为垂爱，呵护有加，笔墨之余，还常和幼孙辈玩耍，撩袍嬉戏，缶庐的画斋内荡漾着老少忘情的欢笑。而缶翁与老友的交往也很紧密，他是一个极重友谊情缘的人，凡听到哪个老友患病不适，便不顾自己亦年迈体弱及腿疾不便，还扶杖前往探视。而老友们了解他是念旧之人，也时常到吉庆里缶庐与他论书品画，谈天说地，这其中，陈三立、朱彊邨、朱古微等和他诗文唱和酬答最多。

是年 11 月 27 日，缶翁的长孙女棣华举行婚礼，老人平素甚喜欢孙辈，对棣华的出嫁，很是高兴，特精心画了《牡丹》、《紫藤》、《菊花》、《天竹》四条屏，并题诗跋吉语，以作嫁妆。这些画悬于新房后，宾客争着鉴赏，珍如拱璧。棣华毕业于南洋女子师范学校，亦是她原来就读的母校，任职于湖州旅沪公学女子部国文教员。她善于辞令，能说英语，亦会书画，乃得缶翁之传。是日贺客盈门，缶翁亦相当兴奋且应酬无暇，身体颇为疲劳，休息了数天，方才好转。

这年底，京剧名旦梅兰芳再度来上海献艺，他所演的《卷簾寨》相当精彩，举座叫绝，轰动上海。缶翁亦前去观看，喝彩不断。12 月 25 日晚，于右任专门在美丽川饭店宴请梅兰芳。缶翁亦应邀在座，那天由于老人很高兴，谈笑风生，话锋甚健。老人还即兴裁纸画梅，并题诗曰：“十年学画梅，颇具吃墨量。兴来气益粗，吐向落纸上。浪益观者笑，酒与花酿。法疑草圣传，气夺天地放。能事不能旬，毋乃滋尤谤。瘦皎舞拏下，清气入五脏。会当聚精神，一写梅花帐。卧作名山游，烟云真供养。”（此诗在《缶庐别存·题画诗》中亦有，与此稍有不同）诗笔老健，文辞古逸，禅意浓郁，举座诵读，叹其诗、书、画三绝矣。于右任亦助兴作七绝一首书于画末：“辉映人天玉照堂，嫩寒春晓试新妆。皤皤国老多情甚，嚼墨尤矜肺腑香。”气息清新，意韵俊朗，与缶翁笔墨相得益彰。以画佛擅长的王一亭提笔作达摩像，造型生动传神，笔墨酣畅劲健，并题句曰：“木不可渡，苇亦可渡，佛法神勇，无乎不可。”《时报》（1924 年 1 月 4 日）报道谓：“梅（兰芳）得此二画欣悦无限，即亲自藏于行箧中。”

民国十三年甲子（1924），缶翁已八十有一，每逢新年元旦，老人都要赋诗迎新，以抒发对人生的感怀，对生命的感悟，对生活的感知。是年他作了《甲子元旦书怀兼呈彊邨》及《元日又书》（《缶庐诗补遗》）。

初春时节，海上六三园的早樱开得相当绚丽明媚。3 月 7 日晚，六三园主设春宴特邀海派书画名家吴昌硕、王一亭、任堇叔、吴仲熊等赏樱雅集。宴毕，园主陈设笔墨，德高望重的缶翁开笔绘樱花，题以“冠冕群英”。此幅画笔触劲健爽捷，设色古艳典雅，尽得樱花之神韵。樱为日之国花，日本友人见此甚为敬佩，鼓掌唱歌。王一亭随后画无量寿佛一幅，缶翁见之即兴题句：“寿无量，佛云然。人不学佛，妄想一登彼岸，难乎难。佛说如是世所传，佛不能见，佛在吾肺肝。一心念佛心常端，佛低眸处开笑颜。无以名之一指禅，屠刀放下心平安。心平安，寿无量，无罣碍处无碍相。”这是一首相当精湛的佛理禅风诗。王画吴题在当时已是一种高端的组合，此画配此诗，殊为难得。六三园主六三郎更是不胜惊喜，表示要将此幅作品携至东京本愿寺，勒石以寿其传。是日，缶翁还作了《六三园看樱花和彊邨》（《吴昌硕诗集·缶庐诗补遗》）。

3 月 9 日，江苏省第一届美术展览会在陆家浜职工教育馆隆重开幕，这是一次规模甚大的展事，可谓是集中展示了海派书画的大阵容，也标志着海派书画进入了历史上的全盛期。缶翁以《墨梅》、《墨松》参展，其他如王一亭、诸闻韵、潘天寿、贺天健、黄宾虹、高剑父、俞寄凡、王济远、吴杏芬、钱瘦铁、樊少云、朱铭新、查烟谷等均有佳作。同时还展示了上海美专、第四师范、第一女师、第一中学等学校的学生作品。除了国画外，亦有水彩、油画、粉画、木工、竹工、雕刻、塑像、刺绣等，反映了海上美术教育的兴盛。此次展览影响甚大，当时上海的报刊给予了连续报道：“吴昌硕之《墨梅》、《墨松》，各具擅长，俱臻

上乘，琳琅满目，诚为盛观。至学校之国画成绩，容当探明续告。”（3 月 17 日《时事新报》）

缶翁虽年事已高，但仍勤于艺事，朝夕挥毫，泼洒丹青，“吾谓笔有灵，笔笔皆殊状。”（题《墨梅》诗，《缶庐别存 · 题画诗》）诚如杜甫所言：“丹青不知老将至。”也就在此年仲春时节，赵石农十多年前送他的那方虞山特产砂石砚被磨穿。此方砚细腻而厚实，发墨甚快。缶翁平时书画用墨均由专人所磨，他喜浓墨，日常书画创作又多，终磨穿砚底，从中可见缶翁书画创作量之大，笔墨用功之勤。此砚原一直珍藏在吉庆里缶庐，后遗失于抗战避难中。

是年 5 月 17 日，中日绘画展览会在上海纱业公会举办，中日两国画家联袂相聚，中国画家画作 281 幅，日本画家画作 144 幅。中国画家以吴昌硕为领军，缶翁画了《老少年》、《紫藤》、《山水立轴》，王一亭有《八仙》等，金拱北有《山水》、《花卉》等，商笙伯有《雪景寒鸦》，吴仲熊有《山茶花》等。本次中日绘画是第三届，先在北京展出，后移师上海。上午展览开幕活动结束后，吴昌硕、王一亭等宴请日本画家于海上著名素菜馆功德林。午后，中日书画家开座谈会，共同讨论画学。当时上海的《申报》、《时报》等均做了多次报道。由于吴昌硕是海派书画的领袖，并在日本享有盛誉，甚得扶桑画界推崇，因此当时的中日画展影响甚大，徐世昌、黎元洪、张静江、陈宝琛等人均参加。1920 年 4 月，中日美术协会在上海成立。1921 年 11 月，第一届中日联合美展在北平举行，发起人为吴昌硕、王一亭等八人。名誉赞助会员为徐世昌、黎元洪等八人。当时展出中国画 42 幅，日本画 69 幅。第二届于 1922 年 5 月在日本东京商工奖励馆举行。第三届即是本年展，规模甚大，几乎囊括了当时中国著名的画家及日本有代表性的画家。第四届于 1926 年 6 月、7 月分别在日本东京上野公园内的东京美术馆、大阪国之岛的中央公堂举行。第五届于 1929 年 11 月 1 日在上海康脑脱路（今康定路）徐园大礼堂举行。王一亭致开幕词：“今日中日两国现代绘画展览于上海徐园，集两国艺术界之精英，聚会一堂，诚盛举也。”此届时，吴昌硕已归道山，但凭借着前四届成功举办的影响，本次展览规模为历届之最，中国书画家的作品达 455 幅，日本书画家的作品达 214 幅。

尽管中日联合美展的具体操办者是王一亭，但吴昌硕从中发挥了领袖级人物的重要作用。缶翁以其在当时中国书画界的权威性及在日本艺术界的影响力，起到了巨大的号召力，使王一亭从策划到实施，均得到了可靠的保障，从而使中日两国书画家的艺术交流与合作达到了鼎盛期。正是在此基础上，王一亭、叶恭绰于 1930 年春组织了“中日艺术同志会”，由“联合展”而发展成“艺术同志会”

的协会组织，这是一种规模化的发展。参加该会的中国书画家有王一亭、狄楚青、黄宾虹、张大千、潘天寿等56人。

1931年4月21日，日轮“上海丸”载着以王一亭为团长，吴湖帆、钱瘦铁、孙雪泥、李秋君、郑午昌、王个簃、郑曼青、吴仲熊等为团员的中国艺术家访问团离沪赴日（张善孖、张大千先期赴日），同行的还有书画收藏大家庞莱臣、周湘等。4月28日，“中日古今绘画展”在日本东京上野美术馆开幕，日本各界人士参观，盛况空前。5月16日，日本天皇裕仁还接见了王一亭。缶翁在日本之所以有“印圣”、“艺圣”的尊称，是和他身体力行地推行和日本书画家艺术交流合作的努力分不开的。从和日本文化艺术界名流日下部鸣鹤、水野疏梅、富冈铁斋、内藤湖南、中村不折的交流到收日本弟子河井仙郎、长尾甲，从在海上日本名园六三园到日本高端画廊高岛屋办展等，缶翁在传播、弘扬中华文化艺术上做出了历史性的贡献。唯其如此，才有五届中日联合美展及东京上野的“中日古今绘画展”。可以这样讲，在那个年代，以吴昌硕、王一亭为代表的海派书画家将中日两国民间性的艺术交往做到了极致。尽管以后日本军国主义者用侵华的战火阻隔了这种交往，但其艺术的影响与历史的作用，是应当肯定并加以研究的。可惜的是，这段曾经的史实，似乎已被淡忘。

缶翁越是进入生命的暮年，越是展示出对人生的超然与对世事的释然。他原本似乎并不信佛，但随着年岁的老迈，可能是和佛弟子王一亭朝夕相处，受其影响，他暮年也开始“观自在菩萨”了。民国十四年乙丑（1925），已83岁的老人作《乙丑元日诗》中云：“元日坐岑寂，人情百不谐。涉江潮上下，耕研亩东南……莲花趺不住，彼岸佛如何。”（《吴昌硕诗集·缶庐诗补遗》）字里行间颇有生命的认知和佛意的弥散。春意盎然的四月，吴昌硕再次为挚友王一亭撰写了《白龙山人小传》。早在1921年，缶翁就为王一亭写过《白龙山人传》。这两份王一亭小传，不仅语言精到、评价精当、介绍精要，而且凸显了缶翁对他的推崇，从王一亭的经商、从艺、信佛、慈善及公益诸方面一一论及，情感真挚，极有史料价值。

是年一月初，缶翁乘人力车经过南京路先施公司门口时，不慎被所驶电车撞翻，缶翁从车内向外扑倒在地上，鲜血满面，急送医院救治，所幸仅是皮肉之伤，并无大碍。老人对此也很坦然，并以幽默调侃的笔调写了《一跌》诗三首：“须眉齿颊血模糊，何物幺么祟老夫……”“覆车幸不瓦学士（石曼卿句），掷地同为石敢当……”（《吴昌硕诗集·缶庐诗补遗》）

此次撞车有惊无险，由于是外伤，缶翁休息了一些日子便恢复了艺界活动。

5月26日（乙丑闰四月初五）起，中华教育改进社美育组、江苏省教育会美术研究会假三洋泾桥安乐宫举办中国画名家近代展览会。吴昌硕以五幅作品参展，其中《桃实》、《葡萄》尤为精彩，气势雄浑，笔力苍郁，设色古艳，甚得推崇。其他如王一亭、曾熙、刘海粟、谢公展、潘天寿、钱瘦铁、唐吉生、胡杏芬、吴臧龛等亦提供了精品力作。1925年5月27日的《申报》载："昨日为中国画名家近作展览会开幕日，记者之会观览，参观士女纷至沓来，车马盈门，足见社会热爱艺术之兴趣日益增高。"（《国画名家近作展览会参观记》）

是年5月30日，震惊中外的"五卅惨案"发生了。是日，上海学生两千多人在租界内散发传单及发表演说，强烈抗议日本纱厂资本家镇压工人大罢工，打死工人顾正红，并要求收回租界，英国巡捕逮捕了100多人。下午，上海万余市民聚集在英租界南京路的老闸巡捕房门口，要求释放被捕学生，愤怒高呼"打倒帝国主义"的口号。英国巡捕竟悍然开枪，当场打死13人，重伤数十人，逮捕150多人。"五卅惨案"的发生令全国震惊，各大、中城市纷纷罢工罢课。6月1日，上海全市的总罢工、总罢课、总罢市开始了。

海派书画家历来有关注社会、参与时事、伸张正义、扶贫济困的传统。6月26日，上海美专学生会开书画展览三日，发售编号书画券，对号取件，以捐资救济罢工工人。吴昌硕尽管年事甚高，且身体不佳，但他闻讯后依然慷慨捐画，积极参与。在他的带领下，康有为、章太炎、曾熙等元老级的书画家均提供了义卖作品。

缶翁是一位极有人格魅力的老人，他处世包容、行事低调、对人谦和、重情崇义，不论是高官大吏还是布衣寒士，他均一视同仁，可谓是广结善缘、艺助众生。这年初夏，王一亭为刘山农画了一幅肖像，缶翁见后欣然题诗："颂橘娱亲古性情，伯伦酒颂又书屏。凴渠左纽谈文字，茂茂毫毛我自铭。逢君前度未商量，一语封题雁寄将。莫更人前语天姥，东南倾矣北风凉。山农仁兄正之，乙丑夏，吴昌硕八十二。"此外还有朱其石、王个簃、严独鹤等亦在此幅肖像上题跋。刘山农（1878—1932），本名青，字照藜，后改字文玠、介玉，号天台山农。原籍浙江黄岩，生于嘉兴。清末民初著名书法家，运笔苍劲雄浑，气息古穆郁勃。清末入苏军司书礼，后任江北护军使秘书长兼军法处长。辛亥后退伍寓居上海，以鬻字为生，并编辑上海《小说新报》、《大世界报》，组织"萍社"。他既能写小说，又善作诗谜，亦是京剧名票。作为一名颇时尚新派的人物，缶翁与他相当友善，从他处亦了解了不少时事新闻，亦算是老人重要的忘年交之一。

缶翁的暮年相当重视并关注美术教育。他是刘海粟创办上海美专的积极支持者，从其学艺的诸闻韵、诸乐三、潘天寿等均是美专的骨干教授，王一亭亦是美专的重要资助者。是年初夏，缶翁与王一亭、杨雪玖、曾熙、杨东山等一起筹备开办了城东女学国画专修科，并借小南门中华路359号为该科校舍。7月15日至19日，城东女学国画专修科举办教授书画展览会，已身为该科导师的吴昌硕、王一亭、曾熙、杨东山、吴杏芬都提供了作品，该科教授吴臧龛、张叔通、唐吉生、沙辅卿、钱瘦铁、杨雪玖、吴若安等亦有书画参展。这些作品标价出售，所得即为开办经费。按吴昌硕在当时的身价地位，其画价已不按润格计，而是重金难求。但凡社会捐助或慈善义举，缶翁都决不推辞，无偿捐出。

是年秋季，湖南水灾严重，尤其是湘西辰沅一带，饿死者触目皆是。海上书画家们闻讯后，紧急动员，共襄义举。8月11日起至9月底，湘灾书画助赈会在总商会商品陈列所开展览会，进行抽签取件义卖。缶翁又领衔参展，提供了平时不多画的山水及巨幅中堂花卉，令人为之动容。1925年9月20日《申报》载：“海内书画名人集作品八百余件，陈列总商会商品陈列所，抽签助湘赈……缶老工花卉，山水间或作之，然不多见。昨者见山水一帧，笔墨飞舞，花卉中堂尤见工力。老人之文章诗歌、书画篆刻，能名世者，岂偶然哉！……”（《湘灾书画展览会之一瞥（松山）》）

由于连日赶画劳累，再加上年迈体弱，缶翁病了。缠绕他多年的肝疾又发了，而且此次甚剧，疼痛使老人八九夜不能入眠。即使这样，缶翁还是每日吟诗不断。好友朱古微来吉庆里看他，劝他安心养病，病中戒诗。缶翁却笑而拒之，不以为意。后幸得名医诊治，方才好转，随即又作长诗《病愈寄朱彊邨》：“老至苦肝病，耳塞风聊聊。不死老是贼，薄罚谁能逃。攒眉造成劫，张目八九宵……”（《吴昌硕诗集·缶庐诗补遗》）全诗笔调明朗幽默，可见老人乐观的心态。

是年商务印书馆辑集缶翁70岁所作画16帧，以当时最先进的珂罗版精印问世，题为《吴缶庐画册》。

第三十六章　生前知己许寒梅

一位年逾八十的耄耋老人，在其暮年依然能让生命勃发出旺盛的创造力，让人生焕发出高昂的正能量，这在中国艺术史上是具有文化建树意义的。民国十五年丙寅（1926），缶翁83岁了，元旦之日，他按往年旧习，作《丙寅元日》诗：“我生休问左徒天，八十三翁抱研田。老眼厌看龙汉劫，疑心狂纪虎儿年……”（《吴昌硕诗集·缶庐诗补遗》）一种人生的自信与襟怀的豪放，洋溢在字里行间。

1月29日，吴昌硕任导师的城东女学国画专修科第一届成绩展览会开幕，其中学生们的国画作品清新可观，令现代书画界耳目一新。当晚6时聚会，在王一亭的陪同下，缶翁欣然前往，并在聚会上出示了近书的石鼓文，王一亭亦提供了《岁朝清供图》等，1926年1月31日的《时报》以《城东女学国画展览会》为题作了报道。

二月兰绽放的初春时节，海上名园六三园主白石六三郎深知缶翁喜梅画梅咏梅，专门从龙华移来一株老梅树，特请缶翁在王一亭的陪同下来六三园，由缶翁选地种植，以示对这位中国艺坛巨擘的尊重。为此，缶翁以《为鹿叟种梅》诗记之：“疏泉培土陟陂陀，垂老难充郭橐驼。解语有花吾借问，汉阴风格比如何。”（《吴昌硕诗集·缶庐诗补选》）不久，在细雨霏霏、牡丹花开的暮春时节，应日本南满洲铁路株式会社理事樱木俊与梅野实之邀，在六三园仿兰亭修禊雅集，恭请缶翁等光临。梅野实平日爱画如命，极崇拜吴昌硕之丹青，他们专程来沪，就是为了专事联系中国画家，以加强中日画家的交流为己任。雅集开始，王一亭开笔作画，缶翁即席题诗：“龙蛇斗战气槎枒，破碎山河梦亦赊。画里有诗烦写出，南洲云月满洲花。”其忧国忧民之心、感时伤怀之虑溢于笔端。特别是“破碎山河梦亦赊”，更是极具杜工部遗韵。缶翁接着又画写意花卉一幅，录旧作诗题之。其子吴臧龛画墨牡丹后，题诗云：“花开花落成顷刻，爰将墨汁代胭脂。”赵云壑、钱瘦铁均画山水，诸闻韵画了翠竹与老少年等。在缶翁领衔下的此次丹青笔会，再次显示了海派书画家的创作实力与文化修养（见1926年4月24日《时报·六三园觞泳记》）。也就是在这次雅集中，摄影师拍了一张吴昌硕与王一亭听日本艺伎叶娘弹古琴的照片。想不到在吴昌硕归道山后，有人竟以“大师情事”为名，捏造了吴昌硕与叶娘的绯闻，王一亭即以当事者身份予以澄清。

缶翁的晚年，其热心公益的崇高风范并没有因年迈体弱、声名日隆而受影响。是年5月15日起，海上书画联合会在安乐宫举办书画展览会募捐，缶翁又担纲领军，捐出自己的书画作品，王一亭、曾熙、徐悲鸿、钱化佛、陆廉夫、吕十千等人亦捐赠书画。特别是吴昌硕的作品，颇受关注，当场购券者相当踊跃。本月20日，为补助共和女学办学经费，丙寅书画展览会在纱业公所开幕，缶翁亦慷慨捐出画作，康有为、张謇、王一亭、郑孝胥、黎元洪、马轶群、谢公展、高晓山等人均有作品捐赠。据1926年6月4日《申报》载：“丙寅书画会已于日前开幕，会场在北车站爱而近路北山西路口纱业公所内，地位既宏大，陈列品又丰富，琳琅满目，美不胜收。现代名人如康南海、张南通、吴昌硕、王一亭、谢公展、马轶群、高晓山、谭海陵等，近代如清道人、陆廉夫、蒲作英、程瑶笙、黄山寿等。前代如龚半千、石涛等，均有真迹精品。定价亦廉，与市上不同，参观者纷纷争购，颇为热闹云。”（《丙寅书画会开会之盛况》）从中可见当时书画名家作品参加义卖募捐或赈灾慈善等，价格要远低于市场的润格，一般只要买张入场券或门票五元大洋即可抽签。如抽到缶翁的书画，那是抱了个大金娃娃。如按平均计，缶翁的一件作品至少在30两银，约42元大洋，当时1元大洋折合成现人民币约35元左右，合计为1 470元。因此，当时通过义卖募捐或赈灾慈善途径得到缶翁等大师的作品，是一条极经济的途径，所以每次募捐活动都购者云集。值得一提的是，缶翁当时年事已高，即使是按润格求画，也很难保证。

第四届中日联合美术展览会于6月16日至30日在东京举行，继之，7月7日至11日在大阪举行。本次展览，中国画家提供的作品达500件之多，吴昌硕宝刀不老，提供了大气磅礴之作。王一亭、陈半丁、庞莱臣、顾鹤逸、陈宝琛、郑孝胥、庄蕴宽及徐世昌、梅兰芳、黎元洪、载洵等都提供了作品。东方绘画协会还出版了《第四回日华绘画联合展览会图录》。

由于日本书画深受中国书画的影响，特别是对缶翁金石风的书画尤为崇拜，因而当时中日书画家的笔墨交流甚多，缶翁不仅积极参与，有时甚至是抱病参加。历史地看，缶翁把日本艺界对他的崇拜不仅仅是看作个人的，亦是看作对整个中华文化艺术的推崇。为此，他以领袖的气魄与职责，为弘扬中国书画之道而力所能及地增强中日笔墨友好交往。正是如此，在缶翁生命的最后几年，是中日两国书画家交往最频繁、艺术氛围最友善、笔墨探讨最活跃的时期，也是中国书画界最受日本书画界尊重的时期。这应当讲，离不开缶翁的人格感染力、艺术影响力和笔墨号召力。那个时期，凡是日本一流的书法家、画家、金石家、汉学家、文学家、收藏家乃至名士，均服膺缶翁，如碑学大师日下部鸣鹤，大画家富冈铁斋、桥本关雪，汉学家内藤湖南，大诗人大谷星空，大收藏家中村不折，名士水野疏梅，金石家河井仙郎等，乃至日本皇室及日本首相伊藤博文、犬养毅等均以得到缶翁之作为珍宝。在近代史上，吴昌硕无疑是在日本最受推崇、影响最大的艺术家。

是年荷花初绽之时的6月20日，中国画家吴昌硕、王一亭、曾熙、吴杏芬、唐吉生等与日本画家木村、杏园等十多人在上海法租界贝勒路（今黄陂南路）仁寿里373号唐吉生宅举办中日书画家挥毫会。这是一次别开生面、规模甚大、对外开放的艺术聚会，据1926年6月18日《时报》载："凡沪上中国书画家及同好之士，均可参加。此会系公开性质，社会人士均可前往参观，其于午前到会者，会中并备有中餐。倘请各名家书画，取资甚廉，（分）别为三元与一元两种。"原本像缶翁这样高龄且巨擘级的艺坛领袖，完全可以不参加这样社会性的公共笔会，但为了增进中日两国画家的友谊，扩大中国书画的国际影响，推动海派书画的整体发展，缶翁还是欣然前往。这不仅是一种人格境界与职业精神的体现，而且从深层的性格心理来看，是缶翁对艺术与社会的热爱。一个经历了那么多苦难坎坷乃至生离死别的老人，是恪尽自己的生命能力回馈艺术与社会，以示惜缘与感恩。

正因缶翁在日本享有极大的名望与声誉，因而日本各界向其求书画者甚多。是年6月11日至13日，在大阪朝日新闻本社楼上举办了"吴昌硕·王一亭画展"，举办者是早稻田大学故大隈部长纪念事业后援吴王会。大隈重信（1838—1922）是日本明治时代的政治活动家、教育家。他于1882年在东京郊区的一片稻田里创办起了东京专门学校。1902年建校20周年时，正式改名为早稻田大学，成为日本最著名的私立综合大学之一。大隈重信是以"学问的独立"、"知识的实际应用"及"造就模范国民"为办校方针。大隈重信还倡导三种精神：在野精神、进取精神、庶民精神。并推行"东西方文明调和"的办学思想，使早稻田大学在日本大学中最早吸收欧美学术文化，向亚洲各国开放门户，吸收各国留学生。1907年，大隈重信任早稻田大学总长，日本皇室封其为侯爵。早稻田大学设立了大隈重信纪念事业馆，通过高田博士向中国著名书画家吴昌硕、王一亭征求书画作品。

值得一提的是，大限重信是个较为复杂的历史人物。他出生于佐贺县佐贺市的藩士家庭，早年因参加政治活动被捕，1868年以徵士任参与，并兼任外国事务挂判事。1869年至1873年间曾任民部大辅、大藏大辅，后任参议、大藏卿，史称“大限财政”。1888年任伊藤博文内阁外相。1890年建立了日本进步党，任党首。1898年与板垣退助联合组阁，任首相兼外相。1914年第二次组阁。1915年1月，向袁世凯政府提出“二十一条”。1915年10月，内阁总体辞呈。历史地看大限重信，作为教育家和早稻田大学的创办者，他是有所贡献的。然而，作为政治家，在对待中国的态度上，是具有强权性和扩张性的。而早稻田大学所设立的大限纪念馆，主要是为了纪念他在创办早稻田大学过程中的所作所为，是纪念一个教育家。正是冲着这一点，吴昌硕、王一亭才应邀赠送书画。同时，作为一种底线，在吴、王所赠的这些书画中，没有一幅内容是直接评介大限重信的，都是传统的花鸟山水或诗句古语，体现了一种明朗的政治态度。同时，也体现了中国书画家的雅量，以德报怨。正如王一亭信札中所点明的大限纪念事业是为了“发展文化，同文同种，同种善因，同收善果”。由此可见，作为海上书画界的双璧，吴昌硕、王一亭在民族气节这个大是大非问题上，还是相当自重自律的。

是年夏，华商书局编辑了吴昌硕、王一亭、谭少云三人书画集《吴王谭三家墨妙》。此本书画集作品精彩，题材丰富，印刷精良，集中收录了缶翁晚年的花卉及石鼓代表作，缶翁的不少友人同道均作了题跋。1926年7月8日的《申报》以《吴王谭三家墨妙》为题作了介绍：“中国日本之言书画者，莫不知有海上三家，其笔墨之精妙入神，久为艺林推重，但真迹殊不易得，若面授、函授，又无比例，是学者深引为憾。本局不惜重金，广事搜罗，集其成品，汇为大成。”从一个侧面反映了当时海上书画教育的兴盛与多元，面授、函授均有之。也就在这一年的夏季，缶翁的弟子、京剧名旦荀慧生来沪，请缶翁以隶书题匾额“小留云馆”，并署款云：“不堪持赠君，留之且自赏。高馆秋氤氲，想见层云上。丙寅夏为慧生兄书于海上，吴大聋年八十三。”是年12月22日，中华艺术大学兴学展览会在老靶子路（武进路）福生路（罗浮路）俭德储蓄会开幕，捐赠书画作品达数千件，缶翁一如既往地奉献丹青翰墨。当时的海派书画名家王一亭、经亨颐、李叔同、吴仲熊、俞剑华、吴镜汀、张聿光、江小鹣、周天初等和日本书画家前田利三、三岸好太郎、冈田七藏等及中华艺校本校的教授陈望道、徐悲鸿、陈之佛、洪野、陈抱一等均有佳作捐赠，以致沪上各界参观者蜂拥而入，争向售券处购券，以待抽签书画。

这一年，日本大阪高岛屋第二次展出吴昌硕书画，刊印出版《缶庐墨戏》第二集。

民国十六年丁卯（1927），缶翁八十又四。往日元旦，缶翁必作诗迎新。丙寅年，他不仅作了《丙寅元日》诗，而且在红笺纸上按旧俗迎春书红：“元日书红，笔虎诗龙。八十三翁，生甲辰雄。气鼓神通，佛在其中。”气势豪放，激情洋溢，充满了人生的自信和生命的礼赞。而此年缶翁没有作元旦诗，而是应好友周庆云之约饮春宵楼，老人以调侃的笔调写了《梦庭约饮春宵楼戏成》：“拌吾聋不听，陪梦坐春宵……”（《吴昌硕诗集·缶庐诗补遗》）

1月2日，海上书画联合会借爱多亚路（今延安东路）59号安乐宫，举办古今名人书画展，以纪念该会成立一周年，缶翁提供了自己的作品。该会会员以自己的近作及收藏书画参展，参观者订购相当踊跃。1927年1月3日的《申报》以《安乐宫书画展览会纽带》做了报道。

冷香清逸的初春时节，去岁从龙华移植六三园中的老梅繁花盛放，白石六三郎按日本风俗邀缶翁、王一亭等饮酒于梅下，老人很是高兴，即兴作诗：“老梅腾跃如蛟龙然，鹿叟自龙华移至园中。丙寅二月，缶为择地栽之，今春花盛开，叟招饮梅下，诗以张之：梅树有涯生，山移抱月明。权枒劳手植，风格避颜赪。春懒蛟扶起，落枯鹤踏平。宛如张一帖，快雪表新晴。”（《吴昌硕诗集·缶庐诗集补遗》）

人间三月天，王一亭的门人将其历年所作题画诗稿编辑成集，请缶翁为之删定并作序《白龙山人题画诗序》：“诗与画，其体差，其旨则等。故工诗者易为画，善画者易为诗……王君之画，固绵邈高浑，直逼宋元；而其诗又温婉排奡，悉称其画……”从缶翁为王一亭所作《白龙山人传》、《白龙山人小传》至《白龙山人题画诗序》等，可见缶翁与王一亭的知己之情和挚友之谊。正是王一亭的甘为辅佐、侍奉左右，使缶翁的大师效应和领袖能量得到了充分的发挥。也正是吴昌硕的笔墨精神与艺风引领，使王一亭的书画境界和人文造诣得到了高端的提升，最终形成了近代艺术史上的“海上双璧”与海派书画的“双子星座”。这种“双赢”、“共荣”的艺界人文氛围和人际关系，是我们应当珍惜的资源及追慕的榜样。

是月，缶翁居住的闸北发生了兵乱，缶翁与家人避于西摩路（今陕西北路）李伯勤府，途中作诗：“闸北兵乱，移居西摩路。李氏瀛在庐，途中得句：风色莽团沙，寒林乱点鸦。行行江有汜，叠叠浪生花。赪尾鱼歌未，狂呼鹿逐邪。任渠魑魅舞，烂醉拍胡笳。”“绝望依南斗，其凉又北风。酒瓢辞独醉，书担走随翁。蜃气兵尘外，鸿哀草泽中。杜陵吁剑阁，恻恻梦魂通。”（《吴昌硕诗集·缶庐诗补遗》）作为一个在年轻时就饱受战乱之苦的老人，对兵乱的灾难性后果，是相当了解的，其感受像安史之乱中的杜甫那样。在借居李家时，恰逢李的新居落成，题书横批隶体大字“瀛在楼”，落款：“伯勤世讲，新居落成。冯眺得所，浴沾霞气。仙比谈瀛，诗和潮音。客来题壁，庐为君有，我亦陶然。丁卯春仲吴昌硕借居南楼，时年八十又四。”

吴昌硕的三子吴东迈当时在余杭塘栖任局长之职，当他悉知上海闸北兵乱老父及家人避难于李伯勤处后，即将老父及家人接来余杭塘栖镇小住，让老人在山明水秀、环境清逸的乡镇得以休养生息。塘栖距梅乡超山仅七里水路，适逢超山宋梅又吐艳了，缶翁闻讯后，即率儿孙辈们乘舟前往，报恩寺住持持正法师热情地恭迎缶翁的到来，并在那棵千年宋梅下设下了简朴的佛家素宴。在阵阵清幽的梅香中，缶翁与法师谈禅论道，说诗评画，意兴酣畅。法师提出请缶翁赋诗记之，老人即兴吟道：“如如佛如何，世变太幺么。梅剩宋一树，木难清到河。蛟螭蟠郁郁，须发趁皤皤。人寿休狂说，千年一刹那。”“梅尔铁铮铮，黄妃塔已倾。夕阳收五季，残雪麦孤撑。香见佛弹指，月明龙点睛，此时仙一比，蓬勃看云生。”（《吴昌硕诗集・缶庐诗补遗》）一位历经沧桑而功成名就的老人，其暮年已进入了一种闲看云起云落的境界。

超山的这株宋梅，经受了千年阳光雨露的滋养与冬雪春雨的滋润，枝干虬劲，花开六瓣，香压群芳，可称梅王。缶翁尤其爱观其花色，俏而不媚，艳而不俗，一派典雅之气，从而与梅坞的各种梅花交相辉映，形成了“梅乡十里香雪海，清芬弥漫溢青山”的奇观。自诩“梅知己”的缶翁此时伫立在梅影下，观望着林木苍翠、景色明丽、古寺幽逸的超山，闻香遐思，心潮起伏，天人合一。冥冥之中，他觉得自己前生也许就是超山之上的一枝梅。于是，老人指着报恩寺侧、宋梅亭畔的一块向阳坡地，郑重地嘱咐其儿子东迈：“如此佳地，百年后得埋其间，亦为快事。”老人的心愿是归隐梅林，融入青山，冷香永伴。

超山探梅后，缶翁又至善宁寺赏牡丹。一路踏青游春，观花吟诗，老人兴致酣畅，在《普宁寺看牡丹》诗的结尾，他豪迈地写道：“山倘胭脂夺，狂歌待老夫。”（《吴昌硕诗集・缶庐诗补遗》）面对盎然的春色和盛发的花朝，老人生命的热情与生活的热情也被激活，这是缶翁人生最后一年中的华彩乐章。

西湖之夏，风荷拂波，孤山叠翠，苏堤笼烟。缶翁在王个簃的陪同下来到了杭州西泠印社，入住于观乐楼。这也是“天下第一名社”的第一任社长最后一次来到他所心仪的印学圣地，与印社同仁们探讨金石、品赏印作。观乐楼是西泠四君子之一吴隐的重孙吴善庆于1920年捐资所建，以纪念吴氏先祖季札，丁仁撰文，缶翁书丹，勒碑以记。站在楼前，可以观赏湖光山色，令人心旷神怡。缶翁在此作了《湖上戏书》诗四首，并和王个簃留影于“汉三老碑”石室前，老人对于这块“浙江第一石”是怀有特殊感情的。

就在缶翁小住西泠的日子里，老人的次子臧堪不幸在上海病逝，家人考虑到缶翁经受不住这个打击而秘不相告。吴臧堪颇有才华，其书画篆刻乃至诗文，深得缶翁真传。缶翁返沪后，家人以臧堪赴日本为由而瞒之。缶翁暮年的生活有王一亭相伴，王个簃相随，儿孙们相依，友人们相从，还是温馨而和睦的。是年秋仲，王个簃请王一亭为缶翁造像。王一亭深解王个簃之意，于是精心绘制后，题诗云：“得句谢陶千古钦，参禅花药一阑同。乱离无可谈风格，沁笔沧江写缶翁。丁卯秋仲，白龙山人写。”缶翁见后，以调侃而自谦的笔调题诗云：“是酸寒尉，是乡阿姐。少壮及老，果何为者？白龙山人谓真可写，翁曰不然！我视为假。耳病已聋，词拙已哑。书画篆刻，在古人下。人或誉之，自信者寡。诗所托尚，长江东野。五言七言，不风不雅。此在儿时，文字般若。捻髭早稀，谢不入社。芜园未归，无冬无夏。发短尚簪，骨瘦可把。生圹久成，身尚不捨。沧海横流，苟全若瓦。南山之寿，悠然见也。个簃大弟台丏一亭图予老态，属录自赞。丁卯九月同客沪江，吴昌硕老缶年八十四。”（《王个簃随想录》）此首诗，缶翁不仅回顾了自己漫长的人生，讲了自己的从艺情况和人生形态，那些无奈遗憾、惆怅失落等，都被豁达而超脱的生命观而忽略。“南山之寿，悠然见也”是硬道理。此时又出现了一个好征兆，缶翁的指甲全部蜕脱换新，色泽光鲜红润。这是返老还童的长寿相，缶翁心情也为此洒满了阳光与自信。其时，他的日本弟子河井仙郎等及日本书画收藏家邀缶翁访问游览日本，老人也有此意。但缶翁的家人及好友王一亭从老人的健康状况考虑，还是未能成行。历史没有假设，如缶翁此次能到扶桑展示其书画金石之艺，定会让日本艺界为之震撼，形成“吴昌硕旋风”。

重阳时节，好友诸宗元专程从西子湖畔来沪看望缶翁。于是，缶翁约请了诸宗元、狄楚青、周庆云、姚虞琴等友人登高于华安公司崇楼，观月赏秋，赋诗唱和。缶翁作《九日华安楼和同饮者》：“醒离骚客睡陈抟，未补蹉跎寿坐叹。天步又移佳节到，酒才难安众宾欢。诗逃薄罚杯金谷，海立高悬月玉盘。秋兴杜陵聊借问，泪痕丛菊几时干。”（《吴昌硕诗集·缶庐诗补遗》）

是年 11 月 5 日，第八届天马会美术展览会开幕。此届展览本来早就要举办，因时局动荡，才作迟延。这是一次综合艺展，经审查委员会鉴别，国画入选 160 多件，西洋画 100 多件，摄影 60 多件，雕刻 10 多件。国画作者以吴昌硕为首，他提供了最近之作，这也是老人最后一次参加公开的画展了。其他书画家如王一亭、吴杏芬、丁悚、唐吉生、张道藩、钱瘦铁、谢公展、吴湖帆、曾熙、冯超然等均有佳作展出，当时的《时报》做了报道。

11月上旬，老友朱古微、龚景张来吉庆里看望缶翁，品茗论艺，所谈甚欢，后在缶翁的卧室床前留影（此为缶翁生前最后一张照片）。从照片上看，缶翁的确已显苍老且瘦弱，一代大师的生命向暮了。

也许是出于潜意识，也许是出于垂老思，缶翁越是暮年，他的乡愁意识越是浓烈，就在当月他还作了《半日村图》，并题诗《画半日村图书后》："庚辛劫覆延陵族，半日衔山画一村……"（《同上》）日有所思，夜有所梦。也就在完成此幅《半日村图》后的一晚，他又梦见自己回归故乡鄣吴村，醒来后遂作《昨梦》诗："加餐葱蒜兼鱼肉，举箸踌躇碍吐吞。人颂寿翁宜饮食，自知泉路近黄昏。雨晴且覆寥天笠，门户难抛半日村。昨梦玉华山下坐，看人打稻饲鸡豚。"（同上）是日，老友朱祖谋来访，当他把这首诗出示给朱看时，敏感的朱祖谋将"自知泉路近黄昏"用笔蘸墨涂掉了，他认为此句不吉利。

11月25日（农历十一月初二），缶翁的孙女棣英出阁，喜堂设在吉庆里本宅，介绍人是老友刘山农。缶庐上下处于热闹的喜庆之中。缶翁也很是兴奋，楼上楼下地走动。当晚，缶翁睡起小便，溺器掉地，侍者入里问讯，缶翁说没什么，只是左边有些麻痹。翌日晨起，缶翁进燕窝汤一碗。不久，就觉有物塞喉，起喘而不能言，实为中风症状。家人先是请中医来诊治，服药调理，不见好转。又请西医，吃药打针，仍不见效。王一亭赶来探视，随将自念佛珠给缶翁，并高声教之念佛，老人已口不能言，手不能动，只有唇微颤指拨念珠而已。昏迷三天后，一代书画大师、海派艺术领袖吴昌硕于11月29日（十一月初六）归道山。《申报》1927年11月30日以《吴昌硕逝世》为题做了报道。

此刻，在缶翁的画桌上，还放着三天前朱祖谋来访时他为其所画的墨兰，并有题画诗："兰生空谷无人护，荆棘纵横塞行路。幽芳憔悴风雨中，花神独与山鬼语。紫茎绿叶绝世姿，湘累不咏谁得知？当门欲种恐锄去，王者香贵嗟非时。"老人赞咏了空谷幽兰坚韧清逸的王者之香。此画此诗尚在，斯人已去，终成绝笔。

12月1日，吴昌硕大殓，前往吊唁的国内外各界人士不下数千。可见缶翁在中国艺术界的至高地位。如老友王一亭、商笙伯、曾熙、周庆云、李平书、顾纯生、冯君木、姚虞琴、陈蔼士、袁克文、赵叔孺、刘山农、吴待秋、丁辅之、于右任、高欣木等均参加。缶翁的弟子赵云壑、王个簃、诸闻韵、吴松龄、汪克钝等缟衣与吊。缶翁的日本友人白石六三郎、吉井民三郎、柴田六次等都前来吊唁。日本大阪高岛屋亦电请王莒荪代吊。京剧名旦、缶翁门生荀慧生亦专程从京城赴沪，穿白衣致奠，痛哭灵前。缶翁正是从其人格、艺品上使人高山仰止，景行行止，树起了一座非人工所能建造的纪念碑。“风波即大道，尘土有至情。”这是缶翁当年书赠王一亭的对联，而用在他自己身上，也颇为贴切。

原定的吴昌硕、王一亭、吴杏芬、钱瘦铁四人画展，因他的去世而改为“吴氏追悼纪念展”，于12月17日在日本人俱乐部举行。这也是缶翁逝世后的第一个纪念展，海上书画名家及吴氏家族均出席了开幕式。

1929年秋季，缶翁的灵柩从上海移至超山寄厝待葬。1932年的冬至，缶翁的灵柩入葬在大明堂畔、宋梅亭旁的墓穴。中国近代艺术史上的巨擘终于如其生前所愿长住梅林，永结青山。墓坊石柱联是缶翁的同乡、前翰林、陕西学政沈为所题：“其人为金石名家，沉酣到三代鼎彝，两京碑碣；此地傍玉潜故宅，环抱有几重山色，十里梅花。”

缶翁是有缘的，他的长眠之地正是“生前知已许寒梅”的香雪海，完成了心灵的践约；超山是有幸的，它入住了一位“绝艺飞行全世界”的吴昌硕，成为艺界的精神原乡。从此，缶翁与超山，将穿越历史，走向永恒。

写于2014年5月31日　海上禅风堂

后记：一切是为了抵达

所有的寻觅、探索、行旅，都是为了真正的抵达。

在写《海派书画领袖——吴昌硕评传》的一千多个日子里，有幸与大师一路同行，穿越在历史的风波云烟、岁月的雪泥鸿踪、人生的春花秋月中，颇多感悟与启迪。这是一次心灵之旅。

随着史料深入的发掘及考证寻找的发现，使我产生了一种抵达的感觉。坦率地说，对于吴昌硕这位海派书画领袖的学术研究、艺术评述，我们做得是很不够的。尤其是对吴昌硕历史地位的确认，也是远远不到位的。我作为一个自小受其艺术影响的后来者，一个西泠印社的社员，对于老社长，感到我们是有愧、有负于他的。如 1925 年，已年届 82 岁的吴昌硕肝疾臂痛日趋严重，使他时常难以入眠，身体相当虚弱，但当震惊中外的“五卅惨案”发生后，他强撑病体作画义卖支援罢工工友。是年秋，湖南水灾极为严重，是他抱病参加湘灾书画赈济会，面对老人的作品，不少赈灾者为之动容。他作为一代艺术巨擘，对传统的书画篆刻进行了全方位的突破，由此开创了一个海派书画的大时代与鼎盛期，尤其是他高扬的豪放奇崛的金石精神大旗，是那个时代的民族精神的折射。在中国近代史上，像这样一位艺行天下、道义相担的前贤，似乎还无人能与之比肩。

吴昌硕身材瘦小，且体弱多病。然而，他却在其翰墨丹青、金石篆刻中焕发出如此雄健苍莽的气势与高迈阳刚的气派，令人赞叹不已，成为一个时代的艺术标杆和审美高地。我在撰写其评传时，认真梳理了他的从艺脉络和人生历程，从最初寄居于学者、收藏家杜文澜的曼陀罗斋，后到坐馆于名流、收藏大家陆心源的皕宋楼、吴云的平斋等，及至结交当时最高级别的青铜金石收藏巨擘潘祖荫、吴大澂，可以讲，他对古代金石书画的观察、鉴赏、研究是相当深入的，这为他的艺术变法与创新提供了相当丰厚的资源。同时，他与当时的书画金石名家张子祥、杨岘、任伯年、高邕、胡公寿、吴伯韬、蒲华、顾麟士、倪墨耕、胡三桥及其后的海上士大夫群体陈宝琛、陈三立、沈曾植、李瑞清、朱祖谋、曾熙等相当友善，笔墨相交，使他能广采博取、艺领群贤。他亦是一位相当睿智幽默而与人为善的老人，这就使他极富人格魅力。况且他培养了一个大师精英团队，如赵古泥、陈师曾、赵云壑、钱瘦铁、诸乐三、潘天寿、沙孟海、王个簃等。唯其如此，吴昌硕能成为一代海派书画领袖，乃是众望所归。

写人物传记，无疑是以史实为依据，这就需要花费大量的时间与精力。原来此本评传想在今年四月结束，以赶八月的上海书展，但随着写作的深入，有不少原来的疑点需要考证澄清，有不少新发现的史料需要增加。我与本书的责编商量，我们达成了共识，不应赶时间，还是以内容需要为根本。如吴昌硕于咸丰十年庚申（1860）的乡试是否去考？是否考中？有人认为是延误了考试日期没有入场，有人认为是去考了，但未金榜题名。吴昌硕为何要入住铁瓶巷？从入住苏州到入住上海，吴昌硕是怎样来渡过他的双城记的？ 1887 年底，吴昌硕举家移居上海，为何又在 1888 年夏秋之季离开上海重返苏州？至于吴昌硕何时定居上海，以往大都是持 1911 年说，我为此专门作了较长时间的考证，确认是 1912 年。此说现已为学界、艺界所采纳。另外，如吴昌硕 1914 年后的润格变化影响如何？他与王一亭是否是师生关系？特别是吴昌硕的晚年，参加了大量的赈灾慈善、策展参展及对外文化艺术交流等活动，翻开当时的《申报》、《时报》等，时常可看到有关吴昌硕的报道。然而在以往的吴昌硕研究中，他晚年这些大量的社会活动是被忽略的。这就使吴昌硕的研究，特别是他生命最后十年的时段，留下了不少空白，正是为了填补这些空白，我推迟了原定的出版时间，但我觉得是值得的。

当我为本书画上最后一个句号时，已是 2014 年 6 月 4 日。这一天正是我的六十岁生日，这是颇有象征意义的。如果说，缘是天意，分是人为，那么我自幼喜好书画，十岁开蒙刻印，这一路与翰墨金石为伴，深受缶翁艺术的涵养与滋润，如今为缶翁写传，也是一种可遇而不可求的缘分。五十春秋，当初那青葱的岁月，青涩的梦幻，青春的憧憬，都已在回眸的瞬间化作永恒的记忆。吴昌硕定居上海时已六十又九，但在这人生的暮年，他却焕发了如此郁勃的艺术创造力，的确不仅是展示了辉煌的笔墨原创力，亦凸显了绚丽的生命成就感，足使我们高山仰止，景行行止。

本书的写作，得到了吴昌硕的嫡孙吴长邺先生的热情支持。我在 2007 年 10 月拜望他时，他已 88 岁高龄，且多种疾病缠身，但他还是接受了我长时间的访谈，澄清了一些历史疑问。吴长邺先生的公子吴超、吴越兄亦是我的好朋友，他们为我提供了其家属珍贵的史料及照片，如1914年吴昌硕全年的《笔墨生涯》（售艺账本）等，弥足珍贵，还亲自陪同我赴鄣吴村考察。吴超兄现任上海海派书画家后裔联谊会会长，吴越兄现任上海吴昌硕纪念馆馆长，他们为弘扬缶翁精神也做出了不懈的努力。

文汇出版社的社长桂国强、编辑文荟对本书的出版，给予了大力的支持。美编周夏萍女士亦为本书精心设计了古朴典雅的封面。我至今还是手写一族，我的太太朱敏为我用电脑敲击成了此书，并协助我一起收集、整理资料。最后我还要感谢上海市委宣传部，使本书入选2012年的文化基金资助项目。

2014年7月26日大伏

于海上禅风堂灯下

参考书目、论文

1.《吴昌硕诗集》 华东师范大学出版社 2009年版

2.《吴昌硕谈艺录》 吴昌硕著 吴东迈编 人民美术出版社 1993年版

3.《吴昌硕作品集》(上、下) 上海人民美术出版社、西泠印社 1989年版

4.《吴昌硕印谱》 上海书画出版社 1985年版

5.《吴昌硕书札》 上海书画出版社 1999年版

6.《艺术大师吴昌硕》 吴东迈著 浙江人民出版社 1958年版

7.《吴昌硕》 吴东迈著 上海人民美术出版社 1962年版

8.《我的祖父吴昌硕》 吴长邺著 上海书店出版社 1997年版

9.《吴昌硕年谱》 林树中著 上海人民美术出版社 1994年版

10.《吴昌硕传》 王家诚著 百花文艺出版社 2007年版

11.《百年一缶翁——吴昌硕传》 吴晶 浙江人民出版社 2005年版

12.《吴昌硕和他的故里》 王季平著 西泠印社出版社 2004年版

13.《海派书画——百年辉煌背后的人文精神和经济形态》 王琪森著 文汇出版社 2007年版

14.《中国艺术通史》 王琪森著 上海锦绣文章出版社 2012年版

15.《海派书画艺术散论》 王琪森著 广西师范大学出版社 2013年版

16.《海上翰墨雅韵》 王琪森著 文汇出版社 2007年版

17.《浮生印痕——赵之谦传》 张钰霖著 浙江人民出版社 2007年版

18.《大笔淋漓——潘天寿传》 卢炘著 浙江人民出版社 2004年版

19.《白龙山人王一亭传》 陈祖恩 李华兴著 上海书店2007年版

20.《海上奇人王一亭》 沈文泉著 中国社会科学出版社 2011年版

21.《王一亭年谱长编》 王中秀著 上海书画出版社 2010年版

22.《海上墨林》 杨逸著 华东师范大学出版社 2009年版

23.《任伯年研究》(《朵云》第五十五集）上海书画出版社 2002年版
24.《上海名人名事大观》 熊月之主编 上海人民出版社 2005年版
25.《上海——一座现代化都市的编年史》 熊月之主编 上海书店 2007年版
26.《近现代金石书画家润例》 王中秀、茅子良、陈辉编著 上海画报出版社 2004年版
27.《印学史》 沙孟海著 西泠印社出版社 1999年版
28.《中国印学年表》 韩天衡著 上海书画出版社 1993年版
29.《历代印学论文选》 韩天衡编订 西泠印社出版社 1999年版
30.《中国篆刻大辞典》 韩天衡主编 上海辞书出版社 2003年版
31.《中国绘画史》 潘天寿著 上海人民美术出版社 1983年版
32.《吴门画派》 江洛一、钱玉成编著 苏州大学出版社 2004年版
33.《中国美术史纲》(上、下卷） 李浴 辽宁美术出版社 1984年版
34.《书法美学史》 萧元著 湖南美术出版社 1990年版
35.《历代书法论文选》(上、下卷） 上海书画出版社 1979年版
36.《日本书法史》 榊莫山著 上海书画出版社 1985年版
37.《中国美术大辞典》 邵洛羊主编 上海辞书出版社 2002年版
38.《西泠印社》 魏皓奔主编 杭州出版社 2005年版
39.《文化人的经济生活》 陈明远著 文汇出版社 2005年版
40.《士与中国文化》 余英时著 上海人民出版社 1987年版
41.《城市社会学》 康少邦、张宁等编译 辽宁人民出版社 1986年版
42.《近代上海——都市社会与生活》 罗苏文著 中华书局 2006年版
43.《上海史》 唐振常主编 上海人民出版社 1989年版

论文：

1.《海派书画家崛起的经济形态和从艺方式》 王琪森 （2005年11月27日《文汇报》）
2.《上海·“1912年现象”论》 王琪森 （2007年12月2日《文汇报》）
3.《对“海派书画”概念的史认和群体的评述》 王琪森 （2010年2月7日《文汇报》）
4.《海派收藏的三次高潮与五大名家》 王琪森 （2006年6月18日《新民晚报》，本文入选《第三届世界华人收藏家大会论文集》）
5.《士大夫群体加盟海派书画的历史意义》 王琪森 （2007年9月9日《新民晚报》）

6.《近代海派书画家慈善赈灾述略》 王琪森 （2008 年 5 月 18 日《新民晚报》）
7.《1912 · 岭南画派在上海的叙事与研究》 王琪森 （2010 年 12 月 30 日《文汇报》，本文入选《岭南画派国际学术研讨会论文集》）
8.《海派早期美术教育的兴起与发展》 王琪森 （2009 年 10 月 29 日《新民晚报》）
9.《赵之谦的文化缔造意义与艺术中介精神》 王琪森 （1990 年第 3 期《朵云》）
10.《论吴昌硕艺术研究的当代意义》 王琪森 （2007 年 6 月 17 日《文汇报》）
11.《海派书画领袖吴昌硕定居上海考》 王琪森 （2012 年 5 月 21 日《文汇报》）
12.《1914 · 吴昌硕在海上的笔墨生涯》 王琪森 （2012 年 1 月 8 日《新民晚报》）
13.《吴昌硕家族二次绑架奇案》 王琪森 （2008 年 1 月 20 日《新民晚报》）
14.《海派书画领袖吴昌硕的创新意义》 王琪森 （《名家谈创意》学林出版社 2008 年 10 月版）
15.《王一亭的传奇生涯及艺术人生》 王琪森 （2008 年 8 月 31 日《文汇报》）
16.《王一亭：不该被遗忘的海派文化传播者》 王琪森 （2009 年 8 月 16 日《文汇报》）
17.《精品力作耀扶桑——谈新发现的一批吴昌硕、王一亭在日本书画》 王琪森 （2009 年 3 月 12 日《解放日报》）
18.《关于任伯年的死后萧条考》 王琪森 （2007 年 8 月 12 日《解放日报》）
19.《海派书画家中的“四教授”——论刘海粟、徐悲鸿、张大千、潘天寿的艺术贡献及历史影响》 王琪森 （2012 年 10 月 8 日《文汇报》）
20.《一位富有建树性的海派收藏大家——读庞虚斋藏画集胜》 王琪森 （2012 年 4 月 27 日《文汇读书周报》）
21.《老上海，不仅仅是风花雪月》 王琪森 （2007 年 5 月 21 日《解放日报》，本文系第六届海派文化学术研讨会大会宣读论文，收入《海派文化的兴盛与特色》一书，文汇出版社 2008 年 6 月版）
22.《三代海派书法家崛起的经济形态考》 王琪森 （《海派书法国际研讨会论文集》上海书画出版社 2008 年版）
23.《民族精神的一种范式：金石精神——篆刻艺术意识形态论》王琪森 （2007 年第 6 期《中国书法》）

图书在版编目（CIP）数据

海派书画领袖——吴昌硕评传 / 王琪森著. —上海：文汇出版社，2014.10
ISBN 978-7-5496-1246-8

Ⅰ.①吴…　Ⅱ.①王…　Ⅲ.①吴昌硕（1844—1927）—评传　Ⅳ.①K1825.72

中国版本图书馆 CIP 数据核字（2014）第 204019 号

海派书画领袖——吴昌硕评传

作　　者 / 王琪森

责任编辑 / 文　荟
特约编辑 / 安春杰
装帧设计 / 周夏萍　张晋

出版发行 / 文匯出版社
上海市威海路755号
（邮政编码200041）
经　　销 / 全国新华书店
排　　版 / 南京展望文化发展有限公司
印刷装订 / 江苏省启东市人民印刷有限公司
版　　次 / 2014年10月第1版
印　　次 / 2014年10月第1次印刷
开　　本 / 889×1194　1/16
字　　数 / 250千字
印　　张 / 16

ISBN 978-7-5496-1246-8
定　　价 / 49.00元

·本书系2012年度上海文化发展基金会资助项目·